国家社会科学基金西部项目成果

包容性增长视角下基本公共服务与区域经济发展关系研究

Baorongxing Zengzhang Shijiaoxia
Jiben Gonggong Fuwu Yu
Quyu Jingji Fazhan Guanxi Yanjiu

人民出版社

责任编辑:陈　登

**图书在版编目(CIP)数据**

包容性增长视角下基本公共服务与区域经济发展关系研究/方　茜　著.
　-北京:人民出版社,2015.7
ISBN 978 - 7 - 01 - 014963 - 9

Ⅰ.①包…　Ⅱ.①方…　Ⅲ.①地方政府-社会服务-关系-区域经济发展-
　研究-中国　Ⅳ.①D625②F127

中国版本图书馆 CIP 数据核字(2015)第 137822 号

包容性增长视角下基本公共服务与区域经济发展关系研究
BAORONGXING ZENGZHANG SHIJIAOXIA JIBEN GONGGONG
FUWU YU QUYU JINGJI FAZHAN GUANXI YANJIU

方　茜　著

人 民 出 版 社 出版发行
(100706　北京市东城区隆福寺街 99 号)

北京市文林印务有限公司　新华书店经销

2015 年 7 月第 1 版　2015 年 7 月北京第 1 次印刷
开本:710 毫米×1000 毫米 1/16　印张:21.5
字数:310 千字

ISBN 978 - 7 - 01 - 014963 - 9　定价:48.00 元

邮购地址 100706　北京市东城区隆福寺街 99 号
人民东方图书销售中心　电话 (010)65250042　65289539

# 前　言

在我国，不容忽视的一个现象是，公共服务在国家层面的快热与区域层面的慢热形成较大反差。说实话，现有研究对"公共服务与国家发展"的讨论较为透彻，坚定了中央推行公共服务之决心，却不足以激发地方基层管理者推动公共服务的热情。就一个地区而言，政府是基本公共服务的主要供应者，实施基本公共服务均等化战略需要大量的财政收入，必然导致生产性公共支出的减少，对区域经济产生影响。抓"公共服务"还是抓"经济"面临两难冲突。发展公共服务与发展经济果真势不两立，存在此消彼长的关系吗？抑或存在一致的可能，拥有共赢的空间？

从"经济增长"来看，民生与经济的关系似事难以调和，饼的大小一旦确定，两手抓难免厚此薄彼。但从"包容性增长"来看，两者关系不再是单一的线性，存在双赢的空间。包容性增长是强调以人为本，坚持经济社会协调、可持续发展的增长，倡导的是权利公平、规则公正、成果共享和利益共容，内容涵盖了经济、社会、文化、民生、生态等领域。当前我国出现的一些经济社会问题与收入分配差距扩大、公民分享经济发展成果的参差不齐有关，基于经济增长的分析已无法满足国家发展的需要。用"包容性"对发展加以限定，是对单纯追求经济增长的一种修正，也增加了"基本公共服务与区域经济"的相容性。在该视角下，以"民生＋经济"多视点、"效率＋公平"多目标、"时间＋空间"多维度，对基本公共服务与区域经济展开讨论，既可对理论有所拓展，又可缓解管理者"两手抓"的焦虑，研究具有较好的理论与现实意义。

现有研究存在以下问题：基于"包容性增长"视角的讨论缺乏，研究十分零散，系统性不强；对基本公共服务作用区域经济发展的路径缺乏系统、整体的思考；对两者关系强弱、近年来变化情况，所做的比较分析、量化分析较少，研究的数据支撑不足；对基本公共服务和区域经济现行策略、政策的包容性、排斥性的讨论十分匮乏，对激励相容、双赢等问题的思考亟待弥补。

针对这些问题，本研究从七个层次有序展开：一是包容性内涵解析。对包容性概念进行辨析，对基本公共服务与区域经济发展的包容性进行分析。二是现状评价及关系强弱判定。对我国近十年基本公共服务水平发展状况及变化趋势进行分析，对我国基本公共服务水平、均等化与经济增长、包容性增长的关系强弱进行判断。三是两者作用机理分析。对两者发展关系的经济学、管理学以及系统理论分析。经济学分析运用发展经济学、公共经济学、福利经济学理论，注重对介质要素的阐述。管理学分析运用组织行为学需要层次理论、期望和公平理论，从个体角度讨论基本公共服务作用区域经济的微观路径。系统学分析利用系统反馈环进行整体思考。四是静态结构关系分析。运用 ISM 构建"基本公共服务作用区域经济发展解释结构模型"，对模型结构及要素关系进行分析，讨论基本公共服务作用于区域经济发展的直接路径和间接路径，提出以公共服务促进区域经济发展的建议。五是动态时间关系分析。分析时间要素对"基本公共服务作用于区域经济发展效果"的影响，建立系统动力学模型（SD），进行仿真实验，根据实验结果提出改善系统运行效果的建议。六是政策分析与对策建议。从国家、区域和项目三个角度对我国基本公共服务政策进行归纳，对 2000—2015 年我国公共服务政策目标变化和重点转移进行分析；在借鉴国外经验基础上，提出基本公共服务政策改革思路及共赢策略。七是案例讨论与专题研究。以四川为例，对基本公共服务与区域经济发展的关系进行系统分析，有针对性地提出改革建议。围绕民生、财政这些热点话题，对本研究进行专题讨论。

为实现以上目标，对问题的分析糅合了经济学、管理学和系统理论等多学科研究方法。如在机理分析中运用了文献分析法和比较分析法；在实证研究中运用了基准评估法（Benchmarking）、层次分析法（AHP）和统计分析法；在系统解构中运用了静态解构模型技术（解释结构模型，ISM）和动态分析技术（系统仿真模型，SD）；在区域比较分析中运用了聚类分析；在政策分析中运用了公共政策分析和比较分析法；在案例分析和专题讨论中运用了实地调查法和访谈法。对问题的定量分析我们主要使用了 Matlab、Vensim PLE、SPSS 和 Excel 软件对数据进行整理、归类、分析和绘图等。

本研究有意义的工作与主要研究结论如下：

包容性增长视角下，发展基本公共服务与发展经济一脉相承。在实现"人的发展"这个目标上，基本公共服务与区域经济保持高度一致。包容性增长的前提是"增长"，重点是"包容"。这与区域经济强"增长"，公共服务重"包容"刚好吻合。两者都遵循"共同发展"和"均衡发展"的原则，并具有共享的特性。

我国基本公共服务水平呈逐年递增态势。相比而言，社会保障增长最快，其次为公共安全、公共文化、医疗卫生和环境保护；公共教育和基础设施发展平稳；就业服务发展缓慢。基本公共服务的发展速度低于全国人均 GDP 增速和财政收入增速，存在改善力度不足的问题。2005—2010 年我国基本公共服务均等化程度逐年增加，与 2000—2004 年形成强烈对比。

以 2005 年为分水岭，我国基本公共服务与区域经济的发展关系已从不包容向包容过度。实证研究发现：从发展水平来看，2000—2004 年我国基本公共服务与经济增长高相关，但与包容性增长低相关；2005—2010 年我国基本公共服务与经济增长、包容性增长都是高相关。从均等化来看，2000—2004 年我国基本公共服务均等化与经济增长、包容性增长发展方向不一致，2005—2010 年则趋于一致。

基本公共服务与区域经济的包容性隐含在两者的作用机理中。站在微观的视角，基本公共服务通过满足个体需求激发行为的积极性，提高劳动生产率；通过增进公平，缩小个体生存环境差异，优化区域人力资源分布；通过嵌入考核，建立"个体努力→目标达成"的逻辑线，促进官员积极作为。站在中宏观视角，基本公共服务通过稳定人们的预期，释放内需来拉动经济；通过引导生产要素区间合理流动，带动要素补位来完善市场；通过细化分工，降低交易成本促进增长。

以基本公共服务促进区域经济包容性增长的系统路径有五：一是发展基础教育，以劳动者素质提升带动技术进步。二是通过社保、医疗制度完善，转变养儿防老、土地养老、储蓄养老等观念，提升不同年龄群体的消费欲望。三是以就业服务供给增加个体和家庭收入，提高整体消费能力。四是以基础设施建设投资拉动区域经济增长。五是减小区域势能差，促进统一市场形成，带动经济一体化。

时滞是干扰基本公共服务与区域经济关系认知的重要原因。仿真实验发现：基本公共服务对经济增长和部门业绩作用小，这可能导致政府部门忽视公共服务对经济的积极作用，在财政调节上不作为。高质量的经济发展需要长时间的等待。但经济发展所需的时间越长，政府部门的业绩表现越差。这可能是部分官员倾向"经济增长"考核，而非"经济发展"考核的原因。

基于上述研究发现，包容性增长视角下以基本公共服务助推区域经济发展的政策建议如下：

以基本公共服务一体化促进区域经济一体化。可从区域跨界、项目跨界和组织跨界三个层面推进。其中，区域跨界重交通基础设施建设，意在提高区间人员通勤率和生产要素流动率。项目跨界重在基础教育、社保医疗等公共服务的大区域统筹，实现人力资源区间流动无障碍。组织跨界强化政府、企业和社会组织三方合作，以信息平台搭建、组织机构设立和互动机制建设为着力支撑点。

以基本公共服务助推新型城镇化，拓展经济发展空间。强化宜居、宜业和宜人，具体做法是：做好住房保障工作，改善人民群众居住条件；创造更多的非农就业岗位，带动农民工从"好就业"向"就好业"

转型；完善公共基础设施，构建现代公共文化服务体系，改善人民群众生产生活的环境。

以标准化提升服务品质，优化经济发展软环境。国家应将基本公共服务标准化作为均等化的考核内容，强化公共服务标准化理论的研究，开展公共服务领域基础通用标准的制定，鼓励标准化组织发展，增加标准化试点，力争在一些地区先行先试、逐步推广。

以基本公共服务民营化、市场化和社会化激发经济成长内生动力。"三化"的实质是基本公共服务供给载体扩大化。在符合《政府采购法》的基础上，不断扩大发包的领域，明确对非营利组织的优惠政策，是调动企业、社会组织积极性，实现公共服务精细化管理的极优路径。也可通过联合生产、公共服务民营化，鼓励社会组织参与公益性服务等方式实现公共服务广度、深度的拓展，激发区域经济成长的内生动力。

本研究在以下四个方面有所突破：一是从包容性增长角度审视基本公共服务与区域经济，将两者联动考虑，获取既改善民生又推动经济的思路；二是建立"基本公共服务作用于区域经济发展解释结构模型"，对两者的作用机理进行深入分析；三是对我国基本公共服务与区域经济发展关系进行了实证研究，得出了一些有价值的结论；四是利用仿真实验分析时间要素对两者关系的影响。

受时限所制，本研究并不完善，对问题的讨论也不够深入。毕竟，基本公共服务均等化是一个长远而宏大的目标，非一朝一夕可以达成。在经济发展新常态下，其推进的广度、深度、进度存在一些变数。如何有针对性、有效地促进包容性增长，实现全面建成小康社会的目标？诸如此类的问题不仅考验着学者的智慧，也检验着实践者的开拓精神。不过值得庆幸的事，基本公共服务均等化作为国家目标已深入人心，迟早会开出绚烂的花朵。吾辈只需等待而已。

# 目　录

# 第一章 绪 论

当前，在世界经济低迷、资源环境紧张、人口红利将尽的多重风险下，我国经济发展进入新常态。新常态下经济减速与结构调整必然导致政府财政收入增速放缓，这将对财政依赖度高的基本公共服务产生负面影响。如何在新常态下处理好经济发展与民生改善的关系，是各级政府必须直面的问题。

理论上，作为政府的两大基本职能，公共服务与经济调节各司其责、互为补充。现实中，两者存在诸多冲突。从资金来源看，政府是公共服务的主要供应者，实施均等化战略需要大量的财政收入，必然导致生产性公共支出的减少，对区域经济产生影响。从选择偏好看，基本公共服务的实施与效果达成之间存在较大时滞，追求短期政绩的地方官员更愿意选择见效快的经济，快"经济增长"与慢"公共服务"形成强烈落差。从发展目标看，基本公共服务与发展经济都是为了"人的发展"。但现实情况是，高速的经济增长多以环境污染、生态破坏为代价，降低了人们的生活质量和满意度，导致了目标与效果的巨大反差。从受益群体看，两者具有"共享"的特性。区域经济发展不能排斥弱势群体、贫穷地区以及下一代，而基本公共服务的目标就是让改革发展的成果能更好地惠及人民群众。但城乡二元结构、贫富两极分化以及地区经济差距增大的现象却发出与"共享"相反的信号。

发展公共服务与发展经济果真势不两立，存在此消彼长的关系吗？抑或存在一致的可能，拥有共赢的空间？从"经济增长"来看，民生与经济的关系不可调和，饼的大小一旦确定，两手抓必然厚此薄彼。但从"包容性增长"来看，两者关系不再是单一的线性，存在双赢的空间。包容性增长是强调以人为本，坚持经济社会协调、可持续发展的增长，倡导的是权利公平、规则公正、成果共享和利益共容，内容涵盖了经济、社会、文化、民生、生态等领域。用"包容性"对发展加以限定，是对单纯追求经济增长的一种修正。

# 第一节　研究背景

将包容性增长作为研究的关键词，其本意即是针对我国现实发展进程中存在的不包容现象，或者可以说是冲突。改革开放 30 余年我国政府围绕经济增长这个指标运作得风生水起。1978—2012 年，我国主要经济指标呈逐年上升趋势，见图 1 - 1。

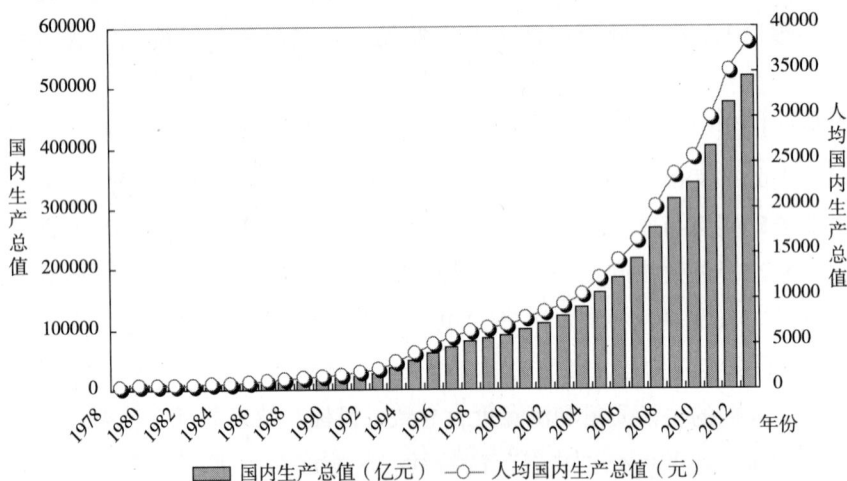

图 1 - 1　中国经济发展趋势图（1978—2012 年）

资料来源：《中国统计年鉴 2013》。

以国内生产总值指数（1978 年 = 100）不变价格计算，"六五""七五"至"十一五"，我国国内生产总值最低年均增长率 7.87%，最高 11.84%。1979—2012 年，国内生产总值的年均增长率更是高达 9.8%，见表 1 –1。

表 1 –1 中国国内生产总值年均增长率

| 年份区间 | 六五 | 七五 | 八五 | 九五 | 十五 | 十一五 | 1979—2012 |
|---|---|---|---|---|---|---|---|
| 国内生产总值年均增长率 | 10.76% | 7.87% | 11.84% | 8.72% | 9.87% | 11.48% | 9.8% |

资料来源：根据《中国统计年鉴 2013》数据计算而得。

然而，高速增长的经济并不意味着发展状况良好。中国发展研究基金会副秘书长汤敏认为，我国经济增长过程中出现了一些问题，最大的问题是收入分配不公。经济增长了，但并不是所有人都能受益，有的人受益多，有的人受益少，特别是贫困人口受益更少。从发展现状来看，我国在改革初期实施的非均衡发展战略以及在发展过程中"关注增长而非发展"等问题已导致国家在发展进程中出现了非常明显的不包容现象。

## 一、城市与农村：城乡差距拉大

困扰我国的城乡二元差距，在改革开放初期曾让人乐观于短暂的缩小，但自 20 世纪 90 年代以来，我国城乡之间的差距却在不断扩大。从城乡居民收入与支出指标来看，1990 年我国城镇居民与农村居民的收入和支出比分别为 2.2 和 2.19，2012 年增加到 3.10 和 2.82。

樊继达认为，导致我国城乡差距加大的主要原因是，国家以农村对城市的剪刀差来发展城市，城乡差距是经济发展策略直接导向的结果。1949—1978 年，我国进行大规模工业建设，实行优先发展重工业策略，农村和城市被割裂为两个没有市场联系的部门。农村支持城市，农业支持工业的二元结构就此形成。[①] 1979—2002 年，中央决定调整城乡利益

---

① 在此阶段城乡关系主要表现为：工农业产品非均等交易（1978 年以前，国家从农业中提取的经济剩余约为 6000 亿—8000 亿元）、城镇居民与农村居民发展权利和机会不均等（就业、福利制度差异大且劳动力不流动）。

关系，实现家庭联产承包责任制，调动了农村生产积极性，改善了农业生产长期落后的被动局面，但农业对经济发展的贡献度在不断下降。在此期间，农村为城市提供了大量的剩余劳动力，为沿海地区劳动密集型企业的发展奠定了基础，但农民工无法享受与市民相同的公共服务，两者之间的差距仍在不断拉大。① 2003 年以来，中央连续出台了多个"一号文件"，促进农民增产增收，提高农业综合能力，开创社会主义新农村建设局面。政府在农村、农业发展中"缺位"和"不到位"的现象有所好转。但历史遗留的经济、社会、文化差距，以及城乡在基础设置、资金投入、人才使用等经济增长要素上存在的明显弱势，都使得城乡差距缩小的目标不可能一蹴而就。②

## 二、富人和穷人：贫富分化加剧

经济增长本身难以解决所有的不公平问题，它只能提供解决问题的经济手段。如果没有目标明确的有效政策来保障贫困人口分享增长的好处，内部的差距可能继续扩大。③ 大量研究结果表明，虽然经济增长是战胜贫困最基本和最重要的力量来源（Ravallion，1995；Dollar 和 Kraay，2002）④，但经济增长的减贫成效在很大程度上还取决于一国或者地区初始的不平等程度，以及伴随经济增长的不平等状况的变化（Balisacan 和 Nobuhiko，2003；胡鞍钢等，2004）。⑤ 与此同时，当不平等程度超过一定限度，还会损害整体经济的增长和减贫效果，使贫困群

---

① 樊继达：《统筹城乡发展中的基本公共服务均等化》，中国财政经济出版社 2008 年版，第 10 页。

② 高云、谢倩：《构建和谐社会的动态进程与改善政府公共服务》，《云南行政学院学报》2005 年第 6 期。

③ 中国（海南）改革发展研究院编：《中国人类发展报告 2007—2008：惠及 13 亿人的基本公共服务》，中国出版集团公司/中国对外翻译出版公司 2008 年版，第 20 页。

④ Ravallion, M., "Growth and Poverty: Evidence for Developing Countries in the1980s", *Economics Letters*, Vol. 48, 1995, pp. 411-417; Dollar, D. and Kraay, A., "Growth is Good for the Poor", *Journal of Economic Growth*, Vol. 7, No. 3, 2002, pp. 195-225.

⑤ 杜志雄、肖卫东、詹琳：《包容性增长理论的脉络、要义与政策内涵》，《中国农村经济》2010 年第 11 期。

体陷入持续贫困的恶性循环。进一步说，好的经济增长是减贫的必要条件而不是充分条件，即"经济增长一定导致减贫"，经济增长导致的发展结果还受经济增长的模式、成果分享情况以及不平等程度的变化等多种要素的影响。

1990—2012 年，我国城镇居民人均可支配收入翻了三番，农村居民人均纯收入翻了两番多。但是，这种增长在地区间、人群间的速度存在明显差距，国内贫富差距不断扩大。由表 1－2 可知，我国东部、中部、西部以及东北四个区域存在较大的发展差距。2010 年，东部地区国内生产总值已经占到了全国的 53.09%，西部地区却仅占到了18.63%。东部人口是西部人口的 1.42 倍，但东部国内生产总值却是西部的 2.85 倍。从人均指标来看，东部人均国内生产总值为 50793 元，是全国平均水平的 1.52 倍；中部和西部该指标仅是全国平均水平的0.73、0.70。

表 1－2　中国区域经济发展比较（2010 年）

| 指　　标 | | 全　国 | 东　部 | 中　部 | 西　部 | 东　北 |
|---|---|---|---|---|---|---|
| 国内生产总值 | 绝对值（亿元） | 249529 | 232031 | 86109 | 81408 | 37493 |
| | 占全国比重（%） | 100.00 | 53.09 | 19.70 | 18.63 | 2.86 |
| | 均值（亿元） | 14098 | 23203 | 14352 | 6784 | 12498 |
| | 地区/全国 | 1.00 | 1.65 | 1.02 | 0.48 | 0.89 |
| 人均国内生产总值 | 绝对值（元） | 33427 | 50793 | 24249 | 23482 | 33677 |
| | 地区/全国 | 1.00 | 1.52 | 0.73 | 0.70 | 1.01 |

资料来源：根据《中国统计年鉴2011》整理而得。

1978—2010 年，我国城镇居民与农村居民的恩格尔系数都呈下降趋势，但农村居民的指标值一直大于城镇居民，且差距未见明显缩小，见图 1－2。1991 年，城乡居民恩格尔系数差距最小（3.8 个百分点），1999 年达到最高（10.5 个百分点），2000 年后，两者差的绝对值在

6.8—9.7 个百分点间波动，2010 年两者差为 5.39 个百分点。

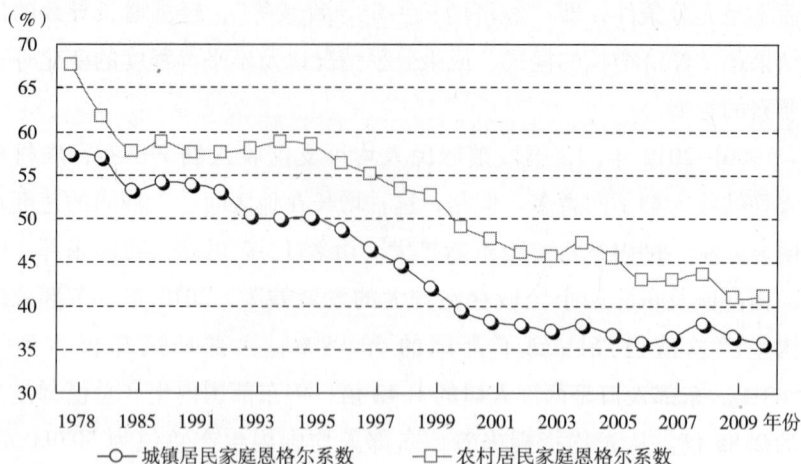

**图 1-2   中国城乡居民恩格尔系数比较**
资料来源：《中国统计年鉴 2013》。

  基尼系数反映的是一个国家和社会收入分配差异的合理与否，与社会收入分配公平程度相关。① 来自国家统计局的数据显示，自 2000 年开始我国的基尼系数呈逐年上升趋势。1978 年我国基尼系数为 0.317，2001 年我国的基尼系数为 0.447（超过了一般认为 0.4 的社会失衡临界点警戒），2008 年我国基尼系数升至 0.469。近几年，国家统计局没有公布城镇居民的收入基尼系数，原因在于根据现有城镇住户调查而计算出来的城镇居民收入基尼系数偏低。农村居民基尼系数从 2000 年至今一直在发布，国家统计局公布的 2011 年我国农村居民的基尼系数为 0.3897。2012 年华中师范大学中国农村研究院发布的《中国农民经济状况报告》中提出，与改革开放初期的 0.29 相比，我国农村居民的基尼系数已经大大提升，马上可能超过警戒线。2012 年 12 月西南财经大

---

  ① 基尼系数界于 0—1 之间。当基尼系数为 0 时，表示绝对平等；当基尼系数为 1 时，表示绝对不平等。市场经济国家衡量收入差距的一般标准为：基尼系数在 0.2 以下表示绝对平均，0.2—0.3 之间表示比较平均，0.3—0.4 之间表示较为合理，0.4—0.5 之间表示差距较大，0.5 以上说明收入差距悬殊。同时，国际上通常把 0.4 作为收入分配贫富差距的"警戒线"，认为 0.4—0.6 为"差距偏大"，0.6 以上为"高度不平均"。

学中国家庭金融调查发布的报告则令人吃惊。数据显示：2010 年中国
家庭的基尼系数为 0.61，城镇家庭内部的基尼系数为 0.56，农村家庭
内部的基尼系数为 0.60，这些数据远超全球平均水平。

此外，在我国总消费中，最富的 1/5 人口占到了 50%，最穷的 1/5
人口只占 4.7%。据 2008 年《胡润百富榜》的数据，榜上有名、个人
资产在 7 亿元人民币以上的我国富豪有 1000 位（2004 年个人资产在 5
亿元人民币以上富豪，仅有 400 位）。其中，前 400 名富豪总资产为
22484 亿元，占到 2007 年 GDP 的 8.94%（比 2004 年提高了近 3 个百分
点）。"贫者越贫，富者越富"现象在我国不断凸显。

### 三、国富与民富：国富不应民贫

中国有世界一流的经济增幅，有世界一流的外汇储备，然而最广大
的人民群众却没有世界一流的收入。[①] 20 世纪 80 年代中期到 90 年代中
期，我国城镇居民收入的增速高于政府收入增速，但 1995 年后我国城
镇居民和农村居民的收入出现了下滑趋势，居民收入的增速开始落后于
财政收入增速，国民收入开始向政府倾斜。

国家财政收入猛增意味着国库殷实，国家机器运转拥有更大的经济
基础保证，但是其增速远高于居民收入增加却会在调节国库和百姓钱袋
之间出现偏差，从而挖下一个"自己将把自己打败"的国富民穷的陷
阱。改革开放 30 多年，我国三大需求对国内生产总值增长的贡献有了
质的改变。早期经济中"最终消费"独占鳌头，但后续发展一路下滑，
从 1997 年的 87.3% 下滑至 2012 年的 55%，见图 1 - 3。

耶鲁大学经济学家陈志武教授认为：中国在 1951 年的时候，民间
消费占到当年 GDP 的 68%，政府消费仅为 GDP 的 16.5%。到 2007 年，
民间消费降到 GDP 的 37.5%，政府消费则上升到 GDP 的 28%，收入和
财富逐渐地转移到了政府的手中。与此情况形成鲜明对比的是印度、韩
国、日本这三个很有代表性的近邻，分别代表了发展中国家、发达国家

---

① 孙焕英：《国富民穷不是好特色》，《党政论坛》2009 年第 4 期。

中的"一年级新生"、发达国家中的"老生"。2007 年他们的民间消费
分别占到了 GDP 的 55%、52%、55%，美国的比例是 71%。有学者测
算，若将基尼系数考虑在内，我国绝大多数家庭储蓄应当不足 3 万元。[①]
许多专家认为，国富民贫的格局持续下去，中国经济中的结构性失衡将
愈演愈烈，长此以往也将使民众对高速经济增长缺乏切身感受，导致民
间需求的乏力，经济增长缺乏持久动力。

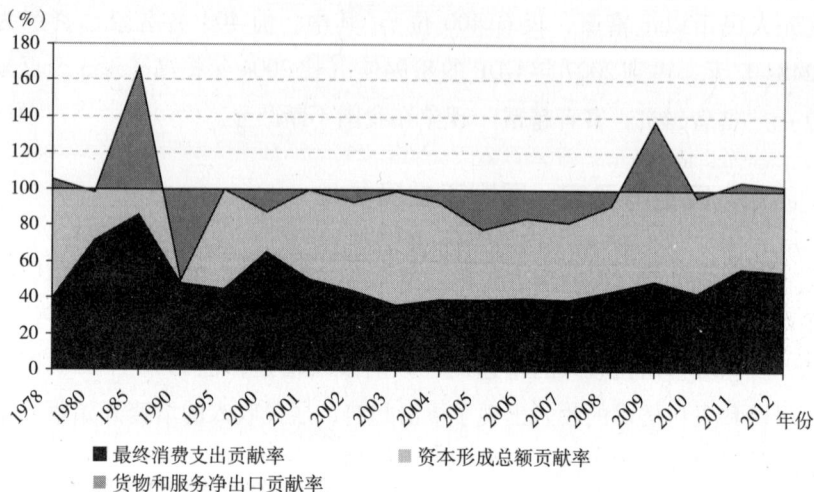

图 1-3   中国三大需求对国内生产总值增长的贡献率（1978—2012 年）
资料来源：《中国统计年鉴 2013》。

## 四、现在和未来：中等收入陷阱

前面谈到的是区域间、群体间、国富和民富之间的不包容，是从空
间和对象角度进行的分类，还有一种不包容现象较为普遍，是从时间上
进行的分类。简单地说就是现在的发展与未来的发展。

中等收入陷阱这个概念是世界银行 2007 年首先提出的。世界银行
将世界经济体划分为即低收入、中等收入和高收入三类。根据 2011 年

---

① 刘宁、雷雯：《后危机时代中国经济的反思：富国与富民的统一》，《开发研究》2011
年第 11 期。

的最新标准，低收入为年人均 GNI 在 1005 美元以下，中等收入为 1006—12275 美元，高收入为 12276 美元及以上。有历史经验证明，人均 GDP 达到 3000 美元附近时，快速发展中集聚的矛盾将集中爆发，经济长期停滞不前，贫富分化严重，腐败多发，陷入所谓的"中等收入陷阱"。① 2012 年我国人均国民总收入 4270 美元，从"下中等收入"转变为"上中等收入"经济体，中等收入陷阱的问题日渐严重。

陷入"中等收入陷阱"的经济体有一些共同的特征，如经济增长不稳定、金融体系脆弱、收入差距过大、公共服务短缺以及创新能力不足等。此外，这些深陷弥足的经济体还有就业不足、贫困集中、腐败严重、信仰缺失和社会动荡等问题。中国虽与这些已陷入中等收入陷阱的经济体特征有所不同，但需警惕。

从微观的角度看，造成中等收入陷阱的一个主要原因是社会阶层固化或对立。我们知道，只有当社会流动性保持在较高程度的时候，才能保证机会平等，才能发挥每个人的积极性，鼓励大家勤奋工作、积极向上和努力创新。一项有关社会流动性的跨国比较显示：在秘鲁、智利和巴西这些国家，代际受教育程度相关性高达 0.66、0.60 和 0.59，表明这些国家的垂直流动性很差。同样的指标，发达国家一般在 0.40 以下，美国和瑞士偏高，但也没有超过 0.5。我国当前的状态是农村居民想上行，蓝领工人想上行，但阻碍重重，社会流动性偏低。

党的十八届三中全会提出要全面深化改革，也就是说，现在的改革不仅是经济层面的改革，还是社会、文化、政治层面的改革；不再是摸着石头过河，是可以看到未来的改革。2013 年上海自由贸易区的设立是我国的一个大胆尝试，旨在更加积极主动地对外开放，使其成为推进改革和提供开放型经济的试验田。让上海先行先试，再逐步推行到全国的自由贸易区做法，无非是为了突破现有发展瓶颈，以特殊政策、特殊方法、特事特办的思维实现经济的稳步增长。

在重重的发展困境下，国家既要实现经济稳定增长，又要改善民

---

① 清华大学社会学系社会发展研究课题组孙立平：《"中等收入陷阱"还是"转型陷阱"？》，《开放时代》2012 年第 3 期。

生，促进社会安定和谐，激发人民群众积极向上、勇于创新的精神。作为政府四大职能之一的基本公共服务将在更大范围推进、更大力度推广，以更加先进、科学、高效的供给带动政府职能转型和经济职能达成，担纲下一阶段发展的重要角色。

# 第二节　研究框架

## 一、研究思路

本研究完成了以下四项工作：一是现状把握。量化评价我国基本公共服务发展状况，并就基本公共服务与区域经济的关系强弱进行判断。二是理论探索。从包容性、作用机理、结构关系、时间关系四个维度，逐层剖析基本公共服务与区域经济发展的关系。三是政策研究。在分析现行政策、借鉴国外经验的基础上，有针对性地提出我国基本公共服务与区域经济发展的共赢策略。四是通过案例分析和专题讨论，将对两者关系的讨论延拓到小空间和多领域（见图1-4）。

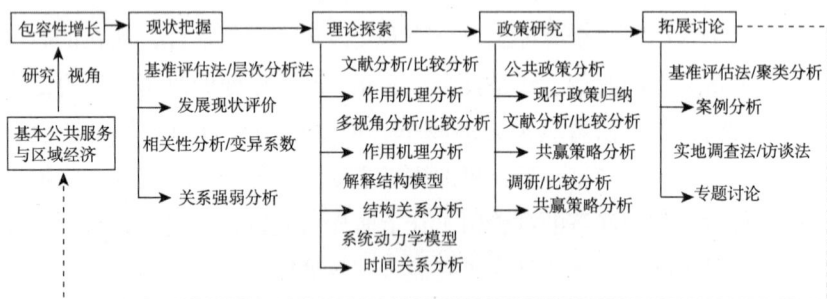

图1-4　研究基本思路

具体而言，从以下七个层次展开，见图1-5。

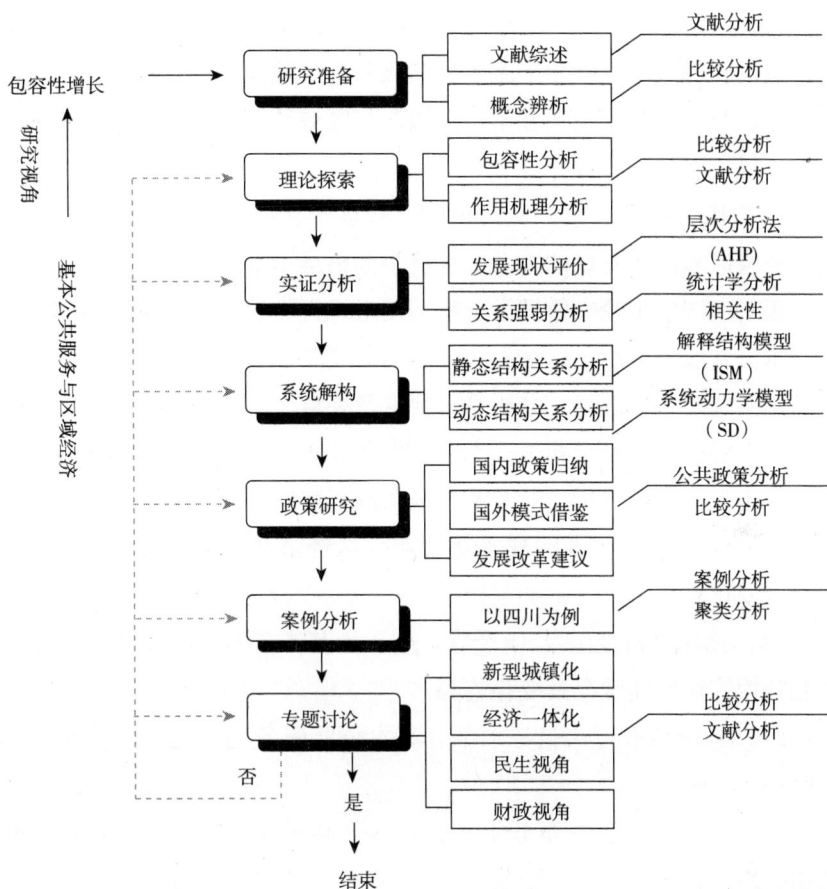

图 1-5 研究技术路线图

第一层次（研究准备）：对相关研究进行综述，寻找现有研究的不足，对研究涉及的重要概念进行辨析。

（1）研究综述。对国内外研究进行整理、归纳，明确研究的积淀及不足，提出本研究的切入点及创新点。

（2）概念辨析。对研究涉及的关键概念进行辨析，明确本书界定。

第二层次（理论探索）：对包容性增长视角下的基本公共服务与区域经济发展的相容性进行讨论，对基本公共服务与区域经济的作用机理进行分析。

（1）相容性讨论。"包容"与"发展"的辩证关系，包容性增长的价值取向；经济增长视角下基本公共服务与区域经济的发展冲突与现实表现；包容性增长视角下基本公共服务与区域经济在经济、社会、文化和民生等方面的相容性。

（2）作用机理分析。从经济学、管理学、系统学角度分析基本公共服务与区域经济发展的关系。经济学分析运用发展经济学、公共经济学、福利经济学理论。管理学分析运用组织行为学理论，从个体角度讨论基本公共服务作用于区域经济发展的微观路径和激励机制。系统学分析运用系统动力学理论，分析系统要素及要素之间的相互作用。

第三层次（实证分析）：对区域经济增长、包容性增长、基本公共服务发展状况进行分析，对关系的强弱进行判断。

（1）量化分析全国及31个省、市、区经济增长、包容性增长发展状况及变化趋势。

（2）量化分析全国及31个省、市、区基本公共服务水平、基本公共服务均等化发展状况及变化趋势。

（3）分析基本公共服务水平、基本公共服务均等化与经济增长的相关性。

（4）分析基本公共服务水平、基本公共服务均等化与包容性增长的相关性。

第四层次（系统解构）：从静态结构关系和动态结构关系两个角度切入对基本公共服务与区域经济发展关系的讨论。

（1）静态结构关系。利用系统分析方法（解释结构模型技术，ISM）建立"基本公共服务作用于区域经济发展解释结构模型"；利用该模型分析基本公共服务作用区域经济的重点要素、关键路径与运行机制。

（2）动态时间关系。从个体偏好、考核绑架、绩效时效，讨论时间要素对管理者发展策略选择的干扰；分析两者之间存在的系统环路（增强或调节）及时间滞延；建立"基本公共服务作用于区域经济发展系统动力学模型"，进行仿真实验，验证时间要素对基本公共服务作用区域经济发展效果的影响。

第五层次（政策研究）：对现行政策与实施路径进行分析，讨论基本公共服务与区域经济现行策略（政策）的相容与相斥。

（1）对基本公共服务（就业服务、社会保障、基础教育、基本医疗、环境保护）近年推行策略、出台政策进行归纳总结。

（2）对国外公共服务供给特征及经验模式进行分析。

（3）提出以基本公共服务促进区域经济包容性增长的改革建议。

第六层次（案例分析）：以四川为研究对象，对基本公共服务进行全面分析，提出促进基本公共服务与区域经济共同发展的改革建议。

第七层次（专题讨论）：从民生和财政角度对基本公共服务与区域经济发展的关系进行讨论。

## 二、研究内容

本书共分为十一章，具体研究内容如下：

第一章对整个研究框架进行介绍，从研究背景、研究框架和研究概览三个层次递进。

第二章对关键概念进行辨析。主要对经济增长与经济发展、包容性增长与经济发展、公共服务与基本公共服务等概念进行辨析与界定。

第三章重点讨论基本公共服务与区域经济的包容性。从包容与增长的辨证关系、包容性增长的价值取向、公共服务与区域经济的现实冲突与相容性，共四个角度切入讨论。

第四章对我国基本公共服务与区域经济发展的状况进行判断，回答我国基本公共服务与区域经济的发展是否具有一致性的问题。

第五章从经济学、管理学和系统论三个角度讨论基本公共服务作用于区域经济发展的机理。经济角度分析注重运用发展经济学、公共经济学、福利经济学理论，厘清两者直接和间接的关系，注重对介质要素的阐述。管理角度分析运用组织行为学理论，从个体角度讨论基本公共服务作用于区域经济发展的微观路径和激励机制。系统角度分析着重于包容性增长与系统论的关系，利用系统反馈环思考基本公共服务与区域经济发展的关系。

第六章对影响基本公共服务与区域经济发展的要素进行分析。利用系统分析方法（解释结构模型，ISM）建立"基本公共服务作用于区域经济发展解释结构模型"；利用该模型分析基本公共服务作用区域经济的重点要素、关键路径与运行机制，提出以基本公共服务促进经济发展的路径。

第七章分析时间要素对"基本公共服务作用于区域经济发展效果"的影响。利用系统动力学模型进行仿真实验，分析基本公共服务与区域经济之间存在的系统环路（增强或调节）及时间滞延；建立"基本公共服务作用区域经济系统动力学模型"，验证时间要素对基本公共服务作用区域经济发展效果的影响。

第八章对国家近年出台的基本公共服务均等化政策进行归纳、整理和分析，与国外公共服务政策进行比较，从区域内部与外部两个角度提出以基本公共服务提升区域经济发展质量、促进区域经济协调发展的对策建议。

第九章以四川为研究对象，从基本公共服务发展状况、政策分析与改革建议等角度较为深入地讨论了"基本公共服务与区域经济发展"的关系。

第十章围绕当下热点话题讨论基本公共服务与区域经济发展，如民生和财政。这些话题都是我国实现基本公共服务与区域经济包容性增长的重要突破口和主要路径。

第十一章对本书的主要研究结论进行了总结，并就在此基础上提出了包容性增长视角下基础公共服务与区域经济发展共赢的思路。

## 三、研究方法

本研究以系统论为基础，综合经济学、管理学等多学科知识，注重"定性＋定量""规范＋实证"分析方法的综合运用。主要研究方法如下：

第一，在文献综述过程中使用文献研究法和比较分析法；

第二，运用系统分析方法——解释结构模型（Interpretative Structural Model, ISM）建立"基本公共服务作用于区域经济发展解释结构模型"，对基本公共服务、经济发展的作用机理进行分析；

第三，利用系统动力学反馈环（Feedbackloop of System Dynamics），分析基本公共服务作用于"经济增长"与"经济发展"的动力机制；

第四，在实证研究中，使用基准评估法（又称标杆法，Benchmarking）对我国近年来基本公共服务水平进行评估；

第五，建立系统动力学（System Dynamics, SD）模型，通过仿真实验分析时间要素对基本公共服务与区域经济的影响作用；

第六，运用统计分析方法讨论基本公共服务水平（均等化）与区域经济发展的相关性。

# 第三节　研究概览

逻辑上，对基本公共服务与区域经济发展关系的讨论与三个问题密切相关：一是基本公共服务问题，二是区域经济发展问题，三是基本公共服务和区域经济发展这两个问题的交集。考虑到本研究的重心在第三个问题，下文不再赘述第一和第二个问题。

## 一、国内外研究评述

国外很少使用基本公共服务这个概念（相似的说法也存在，如 Core Public Service，核心公共服务）。学者对公共服务的研究沿"为何提供→谁来提供→怎么提供"的逻辑线展开。

早期对公共服务与经济关系的探索从财政支出开始，学者集中讨论三个论题：政府职能、财政支出的范围、财政支出对经济的稳定和促进作用。19世纪前半叶，德国古典经济学派的代表人物李斯特（Friedrich List）及其跟随者罗雪尔（Wilhelm Roscher）、Karl Dietzal 和瓦格纳（Adolf Wagner）等研究了公共支出（包括公共投资）与经济之间的关系，认为财政支出具有生产性作用，能促进经济增长。英国经济学家道尔顿（1922）深入地探讨了各种政府经费支出的作用。他指出："国防费、司法费等虽是非生产性的经费，但这些经费使有组织的生产成为可能，因而对生产是有用的……。另外，经费支出还使经济资源在不同用途与地域间进行转移，如教育、公众保险方面的支出，如其运用合理，那就能取得特别大的效益……。凯恩斯十分强调政府财政支出对经济的刺激和稳定作用，主张全面扩张政府支出以刺激经济增长、保证就业、保持经济稳定和繁荣。以萨缪尔森为代表的新古典经济学派对财政支出问题做了大量规范和实证的研究，并对财政支出理论（即公共服务生产和供给理论）做了系统的归纳和研究，形成了现代意义上的广为认可的财政支出理论。

　　另一部分对公共服务与经济关系的研究可从新古典内生经济增长理论窥见一般。宇泽弘文（Uzawa，1965）使用教育部门的产出内生了技术进步；卢卡斯（Lucas，1988）、曼昆和阿罗（Mankiw 和 Arrow，1962）用技术或者知识等公共物品的外部效应来解释经济增长，罗默（Romer，1986）沿着这个思路，内生了技术进步，建立了阿罗—罗默模型；罗默和威尔（Romer & Weil，1992）等将研究集中于教育对人力资本的重要性分析；阿绍尔（Aschauer，1989）指出诸如机场、公路等基础设施对经济增长的强有力支持作用；拉姆（Ram，1986）、布兰查德（Blanchard，1999）则认为公共支出的总量与经济增长速度存在正向变动关系；巴罗（Barro，1990，1991）指出，公共支出与私人投资是互补的，公共支出的规模会显著地影响经济增长率，公共消费对人均 GDP 产生显著的负面影响，而公共投资对人均 GDP 有正的影响（但统计上不显著）。艾尔恩伯格（1993）指出，公共投资的增加会带来私人投资的增加；英格拉姆（1996）研究后证实，公共投资与经济增长之间存在十分密切的关系；Chu 和 Tsai（1998）、Chu（1997）将基础设施作为改善交易效率的因素。格瑞尔和塔洛克（Grier 和 Tullock，1987）利用第二次世界大战后 115 个国家的面板数据进行的经验分析表明：政府的投资性支出（基础设施建设等）为经济增长提供了必要环境；Swaroop 和 Zou（1996）通过对 43 个发展中国家近 20 年的统计分析表明，政府生产性支出占总支出的比例对经济增长有副作用，而政府的非生产性支出占总支出的比重与经济增长正相关。Zhang 和 Zou（1998）等实证检验了财政分权与宏观经济增长之间的关系，认为发达国家 20 世纪中后期以来地方政府支出权力和份额的加大促进了经济增长，而发展中国家经济增长与财政分权程度不一定成正向关系。阿革诺尔（Pieer-Richard Agenor，2008）指出政府规模和直接征税对经济增长不利，而公共财政对经济增长有促进作用。Toshiki Tamai（2009）认为，公共投资通过刺激需求增强了经济发展，也提高了市场利率。

国内对基本公共服务研究的升温始于 2005 年，与《国民经济和社会发展第十一个五年规划纲要》将"逐步推进基本公共服务均等化"作为我国重要发展目标密切相关。学者对基本公共服务的研究多是结合我国国情，有选择性地将公共服务理论、公共财政理论和福利经济学理论引入。研究集中于五大主题：基本公共服务体系、基本公共服务水平、基本公共服务均等化、公共财政制度、公共服务供给。讨论的范围为区域（城市与农村、四大板块区域、民族地区与非民族地区）和群体。

通过对权威数据库的检索发现，2005—2014 年间，国内与基本公共服务相关的文献有 4000 余篇（包括期刊论文、会议论文与学位论文），其中 1/3 为中文核心及以上来源期刊；以"基本公共服务"、"经济"为篇名或关键词检索到的文献仅 1500 余篇。这些文献中以基本公共服务与经济关系作为研究对象的极少（不到 60 篇）。在大多数的文献中，学者多认可公共服务与经济发展有着十分密切的关系（丁元竹，2006；张恒龙、陈宪，2007；江明融，2006；楼继伟，2006；滕堂伟，2012），但都较为简单地阐述关系的存在，未对理论进一步说明或进行实证。

与国外学者的兴趣基本相同，着眼该论题的国内学者将注意力集中在"公共资本对经济增长"的论题上。张启春（2005）率先讨论了财政转移支付对区域经济的影响，建立了一个理论模型讨论财政转移支付的区域平衡作用。骆永民（2008）认为，不同区域的公共服务支出与经济增长关系具有明显差异；可以通过提升交易效率来促进分工演进，间接促进经济增长，也可以通过提升劳动效率而直接带来经济增长。胡继亮（2009）通过实证提出，公共投资对区域均等化的影响路径为：区域经济发展不均衡→地方政府投资不均衡→区域基本公共服务差距。匡贤明（2009）提出，公共服务能够通过提高社会分工程度来促进经济增长。范亚舟（2010）认为，基本公共服务的提供对经济增长有促进作用，但经济增长并不必提高基本公共服务水平。王亚东认为（2013）认为，基本公共服务供给与区域经济发展政府公共支出对长期区域经济增长具有明显的正效应。① 其他具有代表性的研究有：庄子银（2003）、马拴友（2003）、付文林（2006）、张明喜（2006，2008）、赵佳佳（2008）、张明玖（2009）、李敏纳（2009）、林文芳（2012）、姜涛等（2014）。学者普遍认为，公共服务作用经济的路径有三：一是作用个体素质，二是作用投资、消费，三是改善交易效率。从现状来看，我国经济增长与公共服务之间关系紧密（李敏纳，2009），且不同区域有所差异（张明玖，2009；段艳平，2011；王洪涛，2013）。公共服务支出成本增加、配置不均等让国内经济增长受到一定程度抑制（庄子银，2003；郭士国，2011）。

其他与本研究相关的讨论分布在"实现基本公共服务均等化的意义"和"导致基本公共服务不均等的原因"两个板块。

迟福林（2008）认为，基本公共服务除了对于人的发展具有本体性的基础作用之外，更重要的是对经济社会的可持续发展发挥着巨大的推动作用。加强基本公共服务，有助于推动经济可持续增长。一方面，在健康和教育领域的基本公共服务供给有助于促进人力资本积累，提高劳动生产率和资源的利用效率，降低经济增长对物质资源投入的依赖；另一方面，基本公共服务的供给，特别是基本社会保障水平的提高，有助于增加居民对未来的稳定预期，减少居民的预防性储蓄，促进消费、扩大内需，增加消费对经济增长贡献份额。中国（海南）改革发展研

---

① 王亚东：《中部地区基本公共服务均等化与有效供给的对策》，《北方经济》2013 年第 1 期。

究院课题组（2009）认为，基本服务有助于推动经济可持续增长，是缓解社会矛盾、促进公平正义的重要手段，有助于促进人的全面发展。施晓丽、林晓健（2010）提出，基本公共服务均等化有助于提高生产效率，实现区域、城乡的协调发展，基本公共服务的供给有助于实现经济快速增长，基本公共服务水平的提高有助于改善劳动力市场运行效率。刘曦等（2013）认为，"推进基本公共服务均等化是我国改革发展新阶段适应公共需求变化所做出的一项重大战略决策"。[①]

大部分专家认为，造成区域基本公共服务水平持续不断拉大的主要和根本因素是各地经济发展存在较大差距，中央政府在缩小区域基本公共服务差距方面并未发挥其应有作用（金人庆，2006；楼继伟，2006；迟福林，2006；安体富，2007；安体富、任强，2008；丁元竹，2008；国家发展改革委宏观经济研究院课题组，2008）；转移支付制度的均等化功能缺失（张恒龙，2006；王磊，2006；田发等，2010；万欢欢，2013）；差异化的公共服务供给制度，公共服务受益和成本分担间的极度不对称对城乡基本公共服务非均等化造成影响（王玮，2009；江明融，2006）；各地经济发展水平直接影响了各地财政收支能力，影响了政府的公共服务供给能力（钱凯，2007）；基于政府能力和偏好而非公共需求的公共服务提供机制，是引致当前基本公共服务领域非均等问题出现的本质原因（王伟同，2009）；公共服务需求差异、服务成本差异和单个家庭消费私人产品和服务能力方面的差异（肯．戴维，2008）。此外，也有部分学者从制度逻辑分析区域基本公共服务的差异（官永彬，2013）。

## 二、相关研究尚未解决的问题

围绕基本公共服务与经济发展这个话题，国内外学者展开了一些讨论，取得了一些研究成果，但仍有一些不足需要弥补。

---

① 刘曦、汤旖瑢：《推进基本公共服务均等化是转变经济发展方式的有效途径》，《辽宁经济》2013年第6期。

第一，对关系的讨论视角狭隘。我国处于由"生存型社会"向"发展型社会"转型的时期，基于"经济增长"的分析无法满足国家对发展质量的追求，也无益管理者转变"基本公共服务与地方经济发展相冲"的认知。现有研究主要是对公共支出与经济增长的分析，基于"经济发展"视角的研究很少，基于"包容性增长"视角的更是罕见。

第二，研究较为零散，系统性不强。基本公共服务和经济是区域经济社会复杂大系统中的两个要素。这两个要素相互作用、相互影响。系统中也有其他要素作用于两者，如公共支出、服务主体、资源（资本形成、人力资源、自然资源、技术进步）、结构、战略等。这些要素的关系如何，作用基本公共服务与经济的路径是什么？现有研究多是对某个要素的片段思考，无法回答上面的问题，不利管理者系统思考。

第三，对现状掌握不足，定性分析多，定量分析少。对我国近年来基本公共服务与区域经济发展关系的现状掌握不足，实证研究需要推进。现有研究多是从公共支出角度去实证基本公共服务与经济增长的关系，从基本公共服务水平和均等化两个角度讨论两者发展关系的还很少。

第四，多是静态分析，需从动态角度增加对两者时间关系的认知。

第五，以基本公共服务带动经济发展的对策建议有待拓展。我国近几年出台的推进基本公共服务均等化的政策有哪些，哪些政策对区域经济发展有利，哪些需要改进，是否可以提出以基本公共服务带动经济发展的建议，这些问题需要思考。

# 第二章　重要概念辨析与界定

　　包容性增长和基本公共服务是本研究的关键词。围绕这两个关键词，有两组概念需要厘清，即"经济增长、经济发展和包容性增长"、"公共服务和基本公共服务"。虽然这两组概念在报刊、杂志上出现的频率很高，但读者抑或是专家学者对概念的辨识度并不令人满意，文献中混用的现象也较为普遍。虽然概念的混用在某些地方并不影响问题的表达，但站在研究的视角，概念混淆有碍于问题的深度讨论。故而，对概念的辨析及本界定是十分必要的工作。

## 第一节　经济增长与经济发展

　　发展是一个多维的过程，既包括加速经济增长、降低不平等和根除贫困等诸多方面，也包括社会结构、大众心态和国家制度等方面的变迁。[①] 故而，经济发展与经济增长是两个不同的概念，是包含与被包含的关系。经济发展是国民经济由低水平向高水平演进的过程，也是一个伴随收入、制度、产业、贸易、消费、科技教育等多方面协调发展的过程。[②]

---

　　① 迈克尔·P. 托达罗、斯蒂芬·C. 史密斯：《发展经济学》，机械工业出版社 2009 年版，第 11 页。
　　② 梁炜、任保平：《中国经济发展阶段的评价及现阶段的特征分析》，《数量经济技术经济研究》2009 年第 4 期。

简单地说，"经济发展＝经济增长＋……"。

## 一、概念演进

20 世纪 50—60 年代："发展"意味着原来或多或少长期处于停滞状态的国民经济具有能够产生和支持 5%—7% 的国民生产总值增长率的能力。一种常用的发展指标是"人均 GDP"的增长，其意味着发展是指"快于人口增长率的产量增长"。由于"人均 GDP"的增长或 GNP 总量的增长会为国家带来好处，这些好处通过创造就业和其他经济机会的形式使国民自然受惠，因而该阶段的"发展"被视为一种经济现象。其间，也有部分理论强调"发展"与国民经济结构变动的关系，认为工业化是结构变动的核心，是发展的重中之重。一些社会指标（教育、卫生保健等）虽被学者们提及，但未得普及。

20 世纪 70 年代：尽管 20 世纪 50—60 年代许多国家出现了经济增长，但大多数民众的生活却没有实质上的改善、变化，越来越多的经济学家和政策制定者大声抨击日益扩大的绝对贫困、收入分配不公和失业。20 世纪 70 年代，对"发展"的不同解释陆续出现。学者们普遍认为，发展不仅仅是增长，在一个增长着的经济中，贫困、不平等和失业的减少或根除也是发展的重要内容。发展应是一个多方面的变化过程，既包括经济增长、不平等和贫困的减少或消除，也包括社会结构的变迁、大众心态和国家制度的改变。

当然，仍有部分经济学家将经济增长和经济发展视为同一概念。如库兹涅茨对经济增长的定义既包括了总量，也包括了经济结构、国际关系和制度、意识形态等方面的特征。而 20 世纪 80 年代中后期，卢卡斯、罗默、巴罗等经济学家都用增长一词指代发展过程。

## 二、学者观点

在宏观经济学中，"经济增长"是指一个国家或地区产品与服务的总和不断增加。主流经济学家认为，它是以固定价格计算的人均国民收入的某种度量的变化率。当然，有相当一部分学者认为这样的界定存在明显缺陷，因为它没有将与经济增长直接相关的成本反映进去，不能解释商品和服务在社会中不同的个体和团体之间分配的变化。

本研究对经济增长概念的界定使用"中宏数据库"的说法：经济增长（Economic Growth）是指一国一定时期内总产出的增长，通常会用一国实际 GDP（或潜在 GDP）的年增长率进行衡量。

相比经济增长，学者对"经济发展"的界定有更多的版本（见表2－1）。由表2－1知，"经济增长"与"经济发展"既有联系也有区别。大多数经济学家都支持"发展＝增长＋……"的观点。如金德尔伯格、赫里克认为，经济增长是指更多的产出，而经济发展既包括了更多的产出也包括了产品和分配所依赖的技术和体制安排上的变革。经济发展意味着产出结构的改变，以及各部门投入分布的改变。从发展经济学的角度来看，区域经济发展不仅仅是经济增长的一个要素，还必须保障区域中生活的居民的三个核心价值，即生计（Sustenance）、自尊（Self-esteem）和自由（Freedom）。阿玛蒂亚·森在《以自由看待发展》中提出，"经济增长本身不能理所当然地被看作是目标。发展必须更加关注使我们生活更充实和拥有更多自由"。也就是说，经济增长只是经济发展的重要内容，但不是全部。

表 2－1　发展的相关定义

| 发 展 定 义 | 来 源 |
| --- | --- |
| 发展意味着一个原来或多或少长期处于停滞状态的国民经济，具有能够产生和支持5%—7%的国民生产总值增长率的能力 | 托达罗 |
| 经济发展，除去人均收入水平的提高外，还要包括经济结构的根本变化，其中最重要的是工业份额上升和城市化。此外，还要包括人口增长结构、消费结构等方面的变化 | 帕金斯 |
| 关于国家发展，要问的问题是：贫困正在发生什么变化？失业正在发生什么变化？不平等正在发生什么变化？如果一国能将这三个问题都从高水平降下来，那么毫无疑问，它就一定处于一个各国都期望的发展时期 | Dudley Seers |

| 发　展　定　义 | 来　源 |
|---|---|
| 发展即是"经济增长＋社会变革" | 联合国前秘书长吴丹 |
| 发展就是"全国社会体系的向上运动" | 缪尔达尔 |
| 发展的挑战……是改善生活质量。尤其是在那些贫困世界的国家，一种更好的生活质量，当然一般需要更高的收入，但它包含的远不止于此。它还包括其他目标，比如更好的教育，更高的健康和营养标准，更低的贫困，更清洁的环境，更加平等的机会，更大的个人自由，更丰富的文化生活等 | World Bank, *World Development Report* |
| 功能的可行能力是真正衡量贫困与非贫困人们的状态的方法。经济增长不能够作为目的的本身来看待。发展必须更加关注提高我们说过的生活和我们所享有的自由 | 阿玛蒂亚·森 |
| 发展应该理解为一个多维的过程，包括社会结构、流行观念和国家制度方面的主要变迁，以及加速经济增长、降低不平等和根除贫困等诸多方面 | 托达罗 |
| 经济增长的好处不在于财富增进的幸福，而在于财富扩大了人类选择的范围 | 刘易斯 |
| 经济发展包括了社会、政治及其他因素 | 钞小静、慧康 |

## 三、本书界定

综合学者看法，本研究认为：经济发展是一个多维的过程，既包括加速经济增长、降低不平等和根除贫困，也包括社会结构、大众心态和国家制度等方面的变迁。对国家和区域而言，经济发展意味着经济能力的提升、国家制度的健全、社会结构的变化、经济结构的改善、区域发展的均衡。对个体（群体）而言，经济发展意味着生活质量的改善、更多需求的满足、选择自由的扩大、做人尊严的提升，意味着贫困、不平等、失业的减少或根除。

就我国近十年发展来看，国家开始意识到"唯经济增长"带来的诸多问题，提出了"发展需要质量"的目标。实际上，中央政府发出的信息，如转变经济增长的模式、释放经济三架马车之"消费"、解决

"三农"问题、消减城乡二元分化,诸如此类的提法都属于"经济发展"的内涵。2010 年,胡锦涛同志在"第五届亚太经合组织人力资源开发部长级会议"中提出的"包容性增长",表现出国家对单纯经济增长的担忧,表达了国家向社会等多个领域要发展的决心。

# 第二节　包容性增长与经济发展

从字面上来解释,"包"是指用纸或其他薄片把东西裹起来,"容"有包含、盛(容器)、让等意思。两个字合起来有动词的"容纳"和形容词的"宽容"之意,即兼收并蓄和求同存异。包容也带有相容和兼容的意思。"相容"强调的是两个及以上事物之间的相互包容,关注点在"相互",是"你"中有"我","我"中有"你"的意思。而相容性则是指两个及以上事物相互作用时,不产生排斥分离现象。"兼容"是指一个事物可以同时容纳几个方面,关注点在"并存"。兼容性则是指不同要素在一起时,不会有摩擦,可以保持运行通畅。由此,包容一方面是指不同事物在发展过程中不排斥,另一方面是指不同事物在运行过程中不摩擦。相容保证不同事物发展同向的可能性,兼容则保障不同事物合作的可能性。

## 一、概念提出背景

"包容性增长"这一概念是特定时代背景下,经济学家针对我国改革开放以来"唯 GDP"发展观导致的贫困、失业、收入差距过大、经济增长方式粗放、价值观紊乱、区域发展不均衡等问题提出的,旨在呼吁社会各界关注排斥性增长、非包容性增长对人类社会、自然环境造成的不可逆转的破坏,倡导经济、社会和谐发展,人类和环境共生共荣。

改革开放以来,我国经济以两位数快速增长,导致了一系列问题。收入分配不公、贫富分化加剧、资源过度开采、环境严重破坏等问题凸显,投资、生产与消费失衡,经济发展与社会发展失衡,直接影响了发展的稳定性。是否应放缓发展的速度，适当下调增长的预期水平，成为学者争论的热题。2005年亚行经济研究局和驻中国代表处联合开展了《以共享式增长促进社会和谐》的研究课题，邀请林毅夫、樊纲等知名学者一起参与。2007年亚洲开发银行在《新亚洲、新亚洲开发银行》研究报告中率先提出包容性增长（Inclusive Growth）概念。此后，林毅夫等发布的《以共享式增长促进社会和谐》，世界银行增长与发展委员会发布的《增长报告——可持续增长和包容性发展的战略》中均可看到"包容性增长"的影子。

在英语中，包容性被翻译为"Inclusive"。"Inclusive"的意思有"包容广阔的""范围广泛的"。在亚行提出"包容性增长"之前，一些经济学家对以往经济增长理论和增长价值观进行了反思，试图从穷人角度来回答问题，并藉此提出了"基础广泛的增长（Broad-based Growth）"（世界银行，1990）和"对穷人友善的增长（Pro-poor Growth）"（世界银行，1995）。[1] 其中，"基础广泛的增长"被宽泛地理解为增长的劳动密集度、增长的区域及分配效应等；"对穷人友善的增长"则旨在形成一种能使穷人参与经济活动并从中受益以及增加自身人力资本投资的良性循环机制。在概念使用上，"包容性增长"与"基础广泛的增长""对穷人友善的增长"这三个概念经常互换。当然，"包容性增长"与这两个概念也有较为明显的差别。"包容性增长"的内涵远胜"基础广泛的增长"和"对穷人友善的增长"。[2]

在"包容性增长"这个概念流行之前，其主要的使用者是经济学家。2009年11月，胡锦涛同志在亚太经济合作组织（APEC）上发表重要讲话，强调"统筹兼顾，倡导包容性增长"。2010年9月，胡锦涛

---

① "Pro-poor Growth"有的时候也翻译为"益贫式增长""亲穷人的增长"。益贫式增长是指穷人与非穷人之间收入不平等减少的增长。

② 包容性增长既强调经济增长的速度也强调经济增长的方式。经济增长的速度对贫困的实质减少无疑是重要的，但长期可持续的经济增长必须是基础广泛且包容这个国家最大多数劳动力人口的增长；包容性增长是以投资和增加生产型就业机会为导向，加快经济增长速度和扩大经济规模的增长，它更倾向于通过增加生产型就业机会而不是直接的收入分配来实现就业型的经济增长；包容性增长应使人们平等、广泛地参与经济增长过程并从中受益，因此机会平等对包容性增长非常重要。

同志在第五届亚太经合组织人力资源开发部长级会议开幕式上发表了题为《深化交流合作实现包容性增长》的致辞，提出"实现包容性增长，切实解决经济发展中出现的社会问题，为实现经济长远发展奠定坚实社会基础，是各国需要共同研究和着力解决的重大课题"。自此，"包容性增长"正式成为国家政治、经济、社会发展的关键词。国内外专家学者对其主要内涵、学理基础、政策指向、实践取向等方面进行了深入和细致的挖掘，开辟了向经济发展要"质量"、向经济发展要"和谐"、向经济发展要"梦想"的新思路。可以说，"包容性增长"的流行得益于国家领导者的推崇，倡导的是新价值观和新发展观。

## 二、多视角解析

国内学者对"包容性增长"的讨论在 2009 年后升温。2010 年前，包容性增长的相关研究仅有 4 篇，2010 年这个数字增长了 36 倍，2011 年这个数字又翻了 4 倍多，截至 2013 年 12 月，以"包容性增长"和"包容性发展"为主题词搜索到的期刊类文献有 1443 篇。见图 2－1。

（单位：篇）

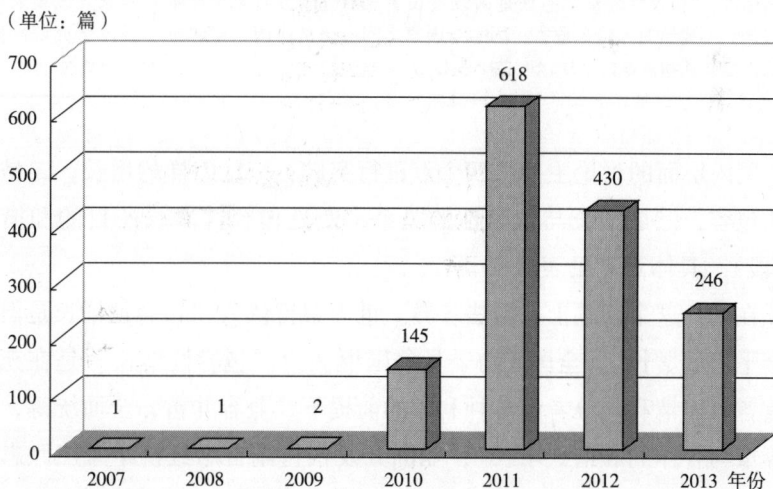

图 2－1　CNKI 数据库检索到的关键词含"包容性增长"或
"包容性发展"的研究成果

归纳、整理国内知名学者专家对"包容性增长"的定义,见表2 - 2、表2 - 3。对"包容性增长"概念的理解有两个不同层面:一是国际层面,二是国内层面。现有的研究成果90%都是针对国内层面的分析。

在国际层面,包容性增长强调的是我国在发展中要坚持"求同存异""共同发展"的原则,"倡导开放与合作的国际环境,使各国公平地参与国际经贸活动并受益","国家与国家之间应该是协调、和谐的增长,是共赢和多赢的,应该有益于多方",见表2 - 2。

表2 - 2  包容性增长的相关定义(国际层面)

| 对"包容性增长"所持观点 | 来源 |
| --- | --- |
| 包容性增长的根本目的是让经济全球化和经济发展成果惠及所有国家和地区、惠及所有人群,在可持续发展中实现经济社会协调发展 | 胡锦涛 |
| 世界经济交往中应坚持"求同存异""共同发展"的原则 | 中央党校经济学部副主任韩保江 |
| 在国际层面,"包容性增长"要求倡导开放与合作的国际环境,使各国公平地参与国际经贸活动并受益 | 华中科技大学经济发展研究中心 |
| 从国际讲,"包容性增长"应该是A国增长了,不应该去损害或者抑制B国,不要给对方带来危害;国家与国家之间应该是协调、和谐的增长,是共赢和多赢的,应该有益于多方 | 国家发改委宏观经济研究院副院长马晓河 |

国内层面的讨论主要从四个点进行突破:一是怎样的增长,二是怎样的包容,三是增长与包容性的关系,四是包容性增长的目的和措施(手段)。具体观点见表2 - 3。

在增长这个问题上,看法各异。世界银行认为"包容性增长是倡导机会平等的增长";全国政协委员詹国枢认为"包容性增长"是在充分尊重各方实情和充分考虑各种利益的前提下,兼容并蓄,全面统筹,彼此尊重与合作的和谐式增长;亚洲开发银行副首席经济学家庄巨忠认为,"包容性增长就是机会性增长。实现包容性增长需要两条腿走路:一条是高速持续经济增长,另一条是促进社会的包容性,减少和消除社会机会不均等的产生"。

### 表 2 - 3　包容性增长的相关定义（国内层面）

| 对"包容性增长"所持观点 | 来源 |
|---|---|
| 包容性增长使得人人都能参与到经济增长的过程中，同时又保证每个人都能平等享有经济带来的福利 | 亚洲开发银行 |
| 包容性增长是倡导机会平等的增长 | 世界银行 |
| 包容性增长强调两个方面，即"参与"和"共享"，这也是"社会包容"的基本含义 | 中科院社会政策研究中心研究员唐钧 |
| 包容性增长的前提就是要吸收平衡发展的新思想，逐步遏制、缩小贫富、区域和城乡等一系列现实差距 | 经济学家赵海均 |
| 包容性增长的基本要求是机会均等，精神实质是公平正义，实践过程是关照弱者 | 北师大马克思主义学院教授杨世文 |
| 包容性增长就是在机会平等基础上的增长。就一国而言，"包容性增长"就是保证社会各阶层都能平等地参与发展过程并从中受益 | 华中科技大经济发展研究中心张建华 |
| 包容性增长是针对非"包容性增长"提出来的。所谓"包容性增长"，就是在充分尊重各方实情和充分考虑各种利益的前提下，兼容并蓄、全面统筹，彼此尊重与合作的和谐式增长 | 全国政协委员詹国枢 |
| 以往的发展模式基本上属于"排斥性增长"，即"有增长无发展"的情况。而"包容性增长"指的是可持续的，能够使弱势群体也受益的增长 | 中国人大农村发展研究院院长温铁军 |
| 包容性增长应该有各种各样的含义，包括环保、和谐社会等诸多方面的改变，但最核心的含义，就是经济增长让低收入人群受益，最好是让其多受点益 | 中国发展研究基金会副秘书长汤敏 |
| 包容性增长的深刻内涵在于人民权利的实现。要更充分地让人民群众参与发展，有参与发展的渠道和平台。"包容性增长"是与发展的概念相关的，本质上是关乎分配正义的问题，这才是一种政治经济学思维 | 国家行政学院教授竹立家 |
| 包容性增长意味着不再单一强调 GDP 的增长，经济增长方式的转变，以及兼顾民生等各个方面 | 中信建投首席宏观分析师魏凤春 |

**续表 2-3　包容性增长的相关定义（国内层面）**

| 对"包容性增长"所持观点 | 来源 |
|---|---|
| 包容性增长就是机会性增长，实现包容性增长需要两条腿走路：一条是高速持续经济增长；另一条是促进社会的包容性，减少和消除社会机会不均等的产生 | 亚洲开发银行副首席经济学家庄巨忠 |
| 包容性增长需要保证人人都能公平地参与增长过程并从中受惠。与益贫性增长相比，包容性增长是一个更加广泛的发展概念。益贫性增长主要着眼于消除贫困。而包容性增长既着眼于消除贫困，也强调人人分享增长的成果 | |
| 包容性增长包括经济、政治、文化、社会、生态等各个方面，经济增长应该是互相协调的。从国内讲，首先是和谐增长、科学增长。其次是对低收入人群有利。最后是这种增长应该有利于社会发展、公共服务和精神文明建设 | 国家发改委宏观经济研究院副院长马晓河 |
| 包容性增长不仅仅是解决贫富差距的问题，还要作为一种价值导向，向全社会倡导这样一种理念，应该像温家宝同志所说的，要让人民过上一种很幸福的、有尊严的生活 | 中央党校《学习时报》副编审邓聿文 |
| 包容性增长就是经济增长、人口发展和制度公平三者之间的有机协同，具有显著的民本主义发展旨向，更关注民权民生，更能满足民众权利发展的制度公平诉求 | 济南大学经济学院教授俞宪忠 |
| 包容性增长理论有着四个层面的基本要义：经济增长、权利获得、机会平等、福利普惠；同时，也蕴涵着三个层面的宏观政策：培育和提升人力资本使民众获得人力资本价值公平，增强制度设计与政策制定的公平性使民众获得市场竞争环境公平，建立公平的防护性保障体系使民众获得社会保障价值公平 | 杜志雄、肖卫东、詹琳 |

　　在包容这个问题上，学者们主要强调人与环境、经济与社会、各种群体之间的包容。温铁军（2010）认为，包容性增长是与"排斥性增长"相对的概念。以往的发展模式基本上属于"排斥性增长"，即"有增长无发展"的情况。而"包容性增长"指的是可持续的，能够使弱势群体也受益的增长。包容性增长包括两大含义：对弱势群体的包容和对资源环境的包容。

在增长与包容性关系的分析中，学者们主要从发展观角度切入。赵海均（2010）认为，包容性增长是平衡发展观、公平发展观和全面发展观的集中体现。首先，包容性增长立足的是平衡发展观的思想认识，其前提就是要吸收平衡发展的新思想，逐步遏制、缩小贫富、区域和城乡等一系列现实差距，把平衡发展作为未来发展的一个主题。其次，立足的是公平发展观的思想认识，其最基本的含义就是公平合理地分享经济增长成果，它涉及的核心问题就是公平与合理的问题。最后，立足的是全面发展观的思想认识，其出发点和最终目标就是推进中国"四位一体"全面协调可持续发展。[①]

在如何实现包容性增长这个问题上，学者们强调参与、共享，强调机会均等，强调人与人之间和谐平等发展、扶持弱势群体、代际间公平发展等等。唐钧（2010）认为，包容性增长的实质就是参与和共享，只有所有的社会成员都能够"参与"和"共享"，经济增长才具有积极意义。包容性增长和中国近年来提出的全面小康、和谐社会和科学发展等思想，从根本上说是一脉相通的，都代表着世界文明发展的最新成果。[②] 中国发展研究基金会副秘书长汤敏（2010）认为，包容性增长的核心要义是"经济增长让低收入人群受益"。当然，"包容性增长"也包括环保、和谐社会等诸多方面的改变。杨世文（2010）则认为，包容性增长的基本要求是机会均等，精神实质是公平正义，实践过程是关照弱者。詹国枢（2010）认为，包容性增长意味着在我国的经济发展道路上，须以更加充沛的精力保护环境，以更加多样的方式与方法节约资源，以更大的决心和力度调整不合理的经济结构，以更多的投入缩小地区差距和城乡差距，最终促进中国经济在新的基点与平台上更加稳定、更加协调、更加持续地向前发展。[③] 李刚（2010）认为，倡导"包容性增长"是为了实现人与人之间和谐平等发展、代际间公平发展以及消除经济增长过程中出现的其他经济社会问题等目标。张建华（2010）

---

① 赵海均：《包容性增长的三大立足点》，《中国经济时报》2010 年 10 月 22 日。
② 唐钧：《"包容性增长"，一个全新的时代命题》，《人民日报》2010 年 10 月 15 日。
③ 詹国枢：《关注包容性增长》，《人民日报》（海外版）2010 年 11 月 2 日。

认为，包容性增长就是保证社会各阶层都能平等地参与发展过程并从中受益。包容性增长的内涵可从三个方面来把握：强调以人为本，关注所有人群的发展；强调社会经济协调和可持续发展；强调机会均等，同时避免严重的结果差异。

此外，有的学者对包容性增长的重要性进行了研究。他们认为，包容性增长的目标是让全体国民都能够公平合理地分享经济增长成果[①]，同时也是中国经济安全的战略需要，它有助于中国越过"中等收入陷阱"，是实现经济发展、政治稳定、社会和谐的必然选择。[②]

## 三、本书界定

本研究认为，包容性增长（包容性发展）是强调以人为本，坚持经济、社会、生态协调、可持续发展的增长。包容性增长视角下的发展涵盖了经济增长、民生改善和社会进步，倡导的是权利公平、规则公正、成果共享和利益共容。

包容性增长原则体现在：公平性、科学性、兼容性、可持续性、向善性。公平性强调广大人民群众在发展过程中要实现公平的参与、公平的分配。从时序来看，公平分为起点公平、过程公平和结果公平。[③] 科学性强调包容性增长与科学发展观一脉相承，是践行科学发展观的具体体现。兼容性强调包容性增长是多种目标的共同进步，是共赢、多赢，是人与人、人与环境、人与资源包容。可持续性强调包容性增长关心经济增长的方式，资源的合理使用，关心人与环境的包容，人的代际关系包容，关心发展的连续性和持久性。向善性则强调包容性增长包含更多的对弱势群体的关怀。

对包容性增长的内涵可从横向、纵向两个角度去解析，见表 2-4。

---

① 韩保江：《领会"包容性增长"的深意》，《理论视野》2010 年第 10 期；杜志雄等：《包容性增长理论的脉络、要义与政策内涵》，《中国农村经济》2011 年第 10 期。
② 冯海波：《"包容性增长"理念的学理澄明及其现实意义》，《南昌大学学报（人文社会科学版）》2010 年第 6 期。
③ 起点公平是指不同行为过程中，主体的起点条件是相同的。

横向来看，包容性增长包含了经济、政治、文化、社会、生态五个方面的包容发展，以及群体之间、区域之间、人与人、人与环境、国与民、国与国的包容。纵向来看，包容性增长还需注重代际之间和人与资源的包容。

表2-4　包容性增长内涵定位

| 类别 | | 包容内涵及发展目标 |
|---|---|---|
| 包容性的内涵 | 横比 | ○发展维度的包容：经济、政治、文化、社会、生态各个方面的互相协调 |
| | | ○群体之间的包容：减小贫富分化，向弱势群体倾斜 |
| | | ○区域之间的包容：减小区域经济发展差距 |
| | | ○人与人的包容：和谐平等发展、代际间公平发展 |
| | | ○人与环境的包容：生态保护（可持续发展）、资源保护 |
| | | ○国与民的包容：缓解"国富民贫"现象 |
| | | ○国与国的包容：倡导开放与合作的国际环境，使各国公平地参与国际经贸活动并受益 |
| | 纵比 | ○代际之间的包容：既要满足当代人的需要，又不对后代人满足其需要的能力构成危害<br>○人与资源的包容（可持续发展） |

将包容性增长落实到"区域"这个空间范畴，其强调的是，区域之间发展的公平性、科学性、兼容性、可持续性与向善性。具体到当下的发展，表现为：减小区域经济发展差距，施行分区、分功能发展（主体功能区规划），实现同步全面建成小康，保障区域发展的可持续性，以及向欠发达地区、民族地区、农村地区的倾斜政策等。

## 四、概念比较

"发展"的本意是指事物在原有基础上的"进"，这个"进"既有系统内部要素的进步，也有要素关系增进的意思。"经济发展"是指整个经济社会复杂大系统的"进"，强调发展的多维性，即发展是全面的、系统的，是政治、经济、社会、文化诸多方面的共生，涵盖了要素成长和要素关系改善两层意思。包容性增长（包容性发展）在强调增长的同时强调包容，关注发展的融合性，强调经济社会复杂大系统中要素关系是包容而非冲突，强调发展是区域与区域、群体与群体、人与人、人与环境等诸多对象的共进。从要素成长和要素关系两个角度来说，"经济发展"概念等同于"包容性增长"概念。不过，"经济发展"也涉及结构问题，如社会结构、经济结构，从这个角度来说，"经济发展"的内涵比"包容性增长"更加丰富。

本研究主要从要素成长和要素关系入手，因此，"经济发展"与"包容性增长"的概念可相互替换，这在第七章的系统动力学模型中有所体现。对经济增长、经济发展和包容性增长（包容性发展）的关系，我们用以下公式表达：

经济发展≥包容性增长（包容性发展）≥经济增长

此外，需要注意一点，有的学者将包容性增长与包容性发展看作相同概念，有的学者则加以区分，如俞宪忠（2010）认为包容性增长的逻辑延伸为包容性发展。本研究认同绝大多数学者的做法，即将包容性增长和包容性发展两个概念视为等同。

# 第三节　公共服务与基本公共服务

公共服务概念被学者从西方引入，辅之以"基本"二字，直至今天在全国范围内广而推行，经历了一个从无到有、从"西方拿来"到"中国特色化"的过程。老实说，从国际范行的"公共服务"到我国现行的"基本公共服务"，说法的转变并不重要，重点在于"立足我国经济社会发展的现实"。简而言之，"基本公共服务"的提法是出于对国情的考虑，是基于我国发展状况对"公共服务"有序深化的限定。

## 一、公共服务

对公共服务的界定与学者思维视角联系紧密。从服务主体来看，

"公共服务是指公共部门为了满足人们基本公共需求，生产、提供和管理公共产品的活动、行为和过程"。[1] 从服务受体来看，"公共服务是建立在一定社会共识基础之上，一国公民不论其种族、地位和收入差异如何，都应公平地享受的服务"[2]。也有学者从公共服务消费性质和风险角度，把公共服务定义为"政府利用公共权力或公共资源为促进居民基本消费的平等化，通过分担居民消费风险而进行的一系列公共行为"[3]。

从服务内容来看，公共服务不仅包含通常所说的公共产品和服务，也包括那些市场供应不足的产品和服务。广义的公共服务甚至囊括了法律法规、制度安排、产权保护、宏观经济社会政策等等。[4] 大体上，对公共服务的分类有以下几种[5]：按非竞争性和非排他性分类（纯公共服务和准公共服务）、按最终用途分类（消费性公共服务和要素性公共服务）、按受益范围分类（闭合性公共服务与非闭合性公共服务）、按消费者是否有消费意愿分类（非自愿性公共服务和自愿性公共服务）、按供给主体分类（中央政府提供的、地方政府提供的、中央与地方联合提供的；政府公共部门提供的和非政府公共部门提供的）、按功能分类[6]（维护性公共服务、经济性公共服务、社会性公共服务）。

## 二、基本公共服务

本书采纳《国家基本公共服务体系"十二五"规划》对基本公共服务的界定："基本公共服务，指建立在一定社会共识基础上，由政府主导提供的，与经济社会发展水平和阶段相适应，旨在保障全体公民生存和发展基本需求的公共服务。"

---

① 张序、李俊霞：《提升国民幸福指数需完善公共服务》，《人民日报》2012 年 5 月 7 日。
② 陈昌盛、蔡跃洲：《中国政府公共服务：基本价值取向与综合绩效评估》，《财政研究》2007 年第 6 期。
③ 刘海音：《怎样实现我国基本公共服务均等化：访财政部财政科学研究所副所长刘尚希》，《上海党史与党建》2007 年第 7 期。
④ 胡继亮：《公共投资对区域基本公共服务均等化影响的实证研究：1993—2007》，华中师范大学硕士论文，2009 年。
⑤ 相关分类可看江明融：《公共服务均等化问题研究》，厦门大学博士学位论文，2007 年。
⑥ 王谦：《城乡公共服务均等化问题研究》，山东大学博士学位论文，2008 年。

公共服务与基本公共服务是两个不同的概念，是主从关系，基本公共服务是公共服务的组成部分。加上"基本"这个限定后，政府在公共服务供给中的责任和作用也相对有限，使得基本公共服务的全民覆盖目标有了时代性、可行性和操作性。国内学者大多认可，实现均等化的公共服务应是有限的，是与人民生活休戚相关、必不可少的公共服务。

对于哪些服务应确定为基本公共服务，学者各持己见、各有说法，具有代表性的观点有唐钧（2006）[①]、包兴荣（2006）[②]、陈海威（2007）[③]、王谦（2008）、国家发展改革委宏观经济研究院课题组（2008）[④] 和丁元竹（2009）等，见表2-4。

《国家基本公共服务体系"十二五"规划》（2011）中给出了基本公共服务的范围："一般包括保障基本民生需求的教育、就业、社会保障、医疗卫生、计划生育、住房保障、文化体育等领域的公共服务，广义上还包括与人民生活环境紧密关联的交通、通信、公用设施、环境保护等领域的公共服务，以及保障安全需要的公共安全、消费安全和国防安全等领域的公共服务。"[⑤]

基本公共服务涉及的领域之多，供给的范畴之广，使得任何政府都无法为所有的服务买单。现实一点说，政府只能在现有经济社会发展的基础上，遵循"以人为本"的原则，依据供给能力为公民提供最为紧迫、重要和基础的服务。基本公共服务中的"基本"即为此意。

基本公共服务的内涵是动态的，随着国家经济与社会的发展不断延伸。故而，"此时"的服务内容与"彼时"会存在一定差异。我国现行的"基本公共服务"内容是依据国家发展现状提出的，具有很强的时

---

① 唐钧：《"公共服务均等化"保障6种基本权利》，《时事报告》2006年7月7日。

② 包兴荣：《社会公正话语下的城乡公共服务统筹刍议》，《四川行政学院学报》2006年第5期。

③ 陈昌盛、蔡跃洲：《中国政府公共服务：基本价值取向与综合绩效评估》，《财政研究》2007年第6期。

④ 国家发展改革委宏观经济研究院课题组：《促进我国的基本公共服务均等化》，《宏观经济研究》2008年第5期。

⑤ 《国务院关于印发〈国家基本公共服务体系"十二五"规划〉的通知》（国发〔2012〕29号），见 http：//www. gov. cn/zwgk/ 2012—07/20/content_ 2187242. htm。

效性。随着国家的强盛、财力的丰厚，基本公共服务的内容会不断扩展，发生量变甚至质变。这也是我国《国民经济与社会发展"十一五"规划纲要》与《国民经济与社会发展"十二五"规划纲要》中基本公共服务内容发生变化的根本原因。

表2-4　基本公共服务内涵

| 专家观点 | 来源 |
| --- | --- |
| 有六项公民权利是国家必须予以保障或满足的，即生存权、健康权、居住权、受教育权、工作权和资产形成权。这六项需求对老百姓是不可或缺的甚至是没有退路的 | 唐钧，2006 |
| 社会性（包括公共教育、公共医疗和社会保障等）的公共服务具有公民权利的性质，且具有较强烈的再分配功能，应将此类公共服务纳入均等分配的范围 | 包兴荣，2006 |
| 有四大领域可以划在基本公共服务之列：一是底线生存服务，包括就业服务、社会保障、社会福利和社会救助，主要目标是保障公民的生存权。二是公众发展服务，包括基础教育、公共卫生和基本医疗、公共文化体育，主要目标是保障公民的发展权。三是基本环境服务，包括居住服务、公共交通、公共通信、公用设施和环境保护，主要目标是保障公民起码的日常生活和自由。四是基本安全服务，包括公共安全、消费安全和国防安全等领域，主要目标是保障公民的生命财产安全 | 陈海威，2007 |
| 基本公共服务是指在一定社会经济条件下，满足社会基本公共需要的公共服务，是政府依照法律法规，为保障社会全体成员基本社会权利、基础福利水平，保持经济社会稳定，必须向全体居民提供的基础性公共服务。包括公共安全、公共交通、基础教育、基础医疗卫生、公共文化体育、社会保障等内容 | 王谦，2008 |
| 我国现阶段的基本公共服务应当是，在我国社会主义市场经济基本框架已经初步建立但还需继续完善条件下，政府为实现社会的公平和公正，通过完善财政体制和提供财政保障（包括一般性转移支付和专项转移支付）来使不同地区政府确保本地区居民有机会、有能力、有权力接近主要公共服务项目 | 国家发展改革委宏观经济研究院课题组，2008 |
| 现阶段我国的基本公共服务是指医疗卫生、基本教育（义务教育）、社会救济、就业服务、基本养老保险和保障性住房 | 丁元竹，2009 |

基本公共服务是务实、务民的公共服务。根据基本公共服务的几大特性（可获得性、基础性、非歧视性、普惠性），我们认为其具体内容包括：公共教育、就业服务、社会保障、医疗卫生、人口计生、住房保障、公共文化、基础设施、环境保护。该内容选择与《国民经济与社会发展"十二五"规划纲要》相关内容一致。

## 三、基本公共服务均等化

"公共服务均等化"非中国首创，是舶来概念。作为市场失灵的调剂手段、市场偏差的调节器，公共服务以"均等化"为目标既符合市场经济的本质要求，又有利于提高财政资源的使用效率，刺激国内消费需求，是"当代世界文明国家社会政策的发展趋势和时代潮流"。[①]

### （一）基本公共服务均等化概念

学界对公共服务均等化的定义主要有三个视角，即公共财政、服务对象与内容、均等程度，相关概念见表2-5。

表2-5　公共服务均等化定义

| 视角 | 定　义 | 来源 |
|---|---|---|
| 公共财政 | 公共服务均等化是公共财政的基本目标之一，是指政府为社会公众提供基本的、在不同阶段具有不同标准的、最终大致均等的公共物品和公共服务 | 《党的十六届五中全会〈建议〉学习辅导百问》 |
| | 公共服务均等化是指政府及其公共财政要为不同利益集团、不同经济成分或不同社会阶层提供一视同仁的公共产品与公共服务，具体包括财政投入、成本分担、收益分享等方面的内容 | 江明融，2006 |

---

① 张恒龙、陈宪：《政府间转移支付对地方财政努力程度财政均等化的影响》，《经济科学》2007年第1期。

续表

| 视角 | 定　　义 | 来源 |
|------|---------|------|
| 公共财政 | 我国现阶段基本公共服务均等化，是中央政府通过制定相关基本公共服务国家标准，在财政上确保负责提供服务的地方具有均等支付这些基本公共服务的能力，确保社会、政府、服务机构不存在偏见、歧视、特殊门槛的前提下使每个公民不分城乡、不分地区能够有机会接近法定基本公共服务项目的过程 | 丁元竹，2008 |
| 服务对象及内容 | 公共服务均等化是指，在一个国家内，处于不同地区的所有居民都能享受到的大体相等的基本公共服务。而严格意义上的公共服务均等，是指向全国各地的居民提供在使用价值形态上大体相同水平的公共服务 | 张玉玲，2006 |
| | 均等化是一个相对的概念和要求，一般是指各个地方政府能够按照全国的一般标准和居民的生存需求，提供基本的公共产品和公共服务 | 王丽娅，2008 |
| 均等程度 | 公共服务均等化的本质是通过某一个层面的结果平等来达到机会的均等，公民不因性别、年龄、民族、地域、户籍而受到不同的待遇 | 刘尚希，2007 |
| | 公共服务均等化的实质是指让每个公民在同一标准上实现机会均等 | 马晓河，2008 |
| | 所谓公共服务水平均等化是指在一个国家内，不同地区的居民能享受到大体相同的公共服务 | 张恒龙，2007 |

　　笔者认为，公共服务均等化定义应对服务对象、服务内容以及两者关系进行描述，而非单一地从财政手段、均等程度来论服务均衡。故而，公共服务均等化是指，在一个国家内，不同地区、利益集团、经济成分或社会阶层的公民能享受到大致相同的公共服务。

　　需要提及的是，读者多会对当前文献中提及的"均等化"对象有所疑问。究竟是"公共服务均等化"还是"基本公共服务均等化"？为什么在甲生的文章中是"公共服务均等化"，在乙生的谈吐中就是"基本公共服务均等化"，孰是孰非？其实，该研究领域学者已达成普遍共识，即心照不宣地认定我国当前发展阶段的"公共服务均等化"目标应限于"基本公共服务"的范畴。简单地说，"基本公共服务"是我国"公共服务均等化"策略的"现有范畴"或"现行标准"。随着国家经济实力和区域财力的提升，服务内容和标准会不断提升。我国现阶段"基本公共服务均等化"等同于"公共服务均等化"既是我国均等化实践的无奈选择，也是我国对公共服务阶段性目标的大致定位。

本研究对基本公共服务均等化概念界定如下：基本公共服务均等化是基于国家社会经济发展阶段和综合实力提出的，与民生密切相关的，是公共部门为实现社会公平提供最基本的、在不同阶段标准不同的，且最终大致相当的公共服务。

## （二）基本公共服务均等化程度

《国家基本公共服务体系"十二五"规划》中提出，基本公共服务均等化的核心是机会均等，而不是简单的平均化和无差异化。

基本公共服务均等化非"绝对均等"。均等是一个相对概念，而不是一个绝对概念，是在承认或允许有一定差异条件下的大体相等。绝对均等化是基本公共服务的理想构思，在现实中无法成立。站在人的角度，接受公共服务的人是动态的，非一成不变，需求也是动态变化的（常修泽，2007）。首先，公共服务中的"人"不是某一部分、某一群体的人，而是"全体人民"；其次，不仅是当代的人，还需要考虑"代际之间"问题，保障下一代的可持续发展；最后，人既是经济人也是社会人，有物质生活和精神生活多方面的需求。个体差异直接导致了公共服务需求的差异，令公共服务绝对均等化的观点成为了一个既理想又偏激的提法。

基本公共服务均等化非"平均化"。平均化是对公共资源进行份额等同的分配，基本公共服务均等化不是平均化。由于个体、群体在地理位置、服务成本、偏好等方面的差异，平均化的目标既不合理又无效率。于树一（2007）认为，社会福利函数理论强调收入分配合理化，而不是收入分配平均化。因为对于偏好选择多样化的自由个人来说，得到相等的收入并不能保证他们的福利普遍增进。刘尚希（2008）认为，基本公共服务均等化不等于各地方政府财力的均等化，基于"财力的均等化＝基本公共服务均等化"的简单假设不成立，也没有价值。因为公共服务单位成本在不同地区是不同的，甚至差距很大。比如教育的单位成本、医疗的单位成本等，会因地形地貌、人口密度、国土面积、民族构成等因素而不同。即使公共服务单位成本相同，由于制度因素及管理水平的影响，同样数量的资金所提供的公共服务也不一样。

公共服务均等化是分层次、分阶段的动态过程，成熟的公共服务均等化状态表现为不同区域、城乡之间、居民个人之间享受的基本公共服务水平一致。然而，从起始到成熟，公共服务均等化要经历不同的阶段。在每个阶段，其具体重点、目标及表现是不同的。当前我国公共服务均等化程度还很低，应首先将工作重点定位于实现区域公共服务均等化，同时加快城乡公共服务均等化，兼及居民公共服务均等化（贾康，2007）。马国贤（2007）将基本公共服务均等化在各国的做法总结为人均财力的均等化、公共服务均等化和基本公共服务最低公平三种模式，并认为基本公共服务最低公平是最适合我国的模式。龚金保（2007）从马斯洛的需求层次理论出发，以消费理论和效用理论为工具分析了公共服务均等化的实现顺序。陈朝宗教授（2009）认为基本公共服务均等化应是一个先普及后调整、先阶层均等化后社会均等化的逐步推进的过程。

# 第三章　基本公共服务与区域经济的包容性

包容性增长不是单纯的增长，是以增长为前提的发展。其带有明显的价值取向，强调增长的非排斥性、可持续性和共享性。经济增长视角下，基本公共服务与区域经济存在若干冲突，如大城市病爆发、贫富两级分化、生态环境恶化、社会阶层固化。包容性增长视角下，发展基本公共服务与发展经济一脉相承。可从群体间、区域间、政府与市场等角度体悟两者的包容性。本章从"包容"与"增长"的辩证关系，包容性增长的价值取向，经济增长、包容性增长视角下基本公共服务与区域经济的现实冲突与相容性四个角度，对基本公共服务与区域经济的关系进行剖析。

## 第一节　包容与增长的辩证关系

### 一、包容性增长不是单纯的增长

包容性增长不是单纯的经济增长，其强调发展的公平性、合理性、多元性和共生性，是"以人为本"的发展。

包容性增长强调的是增长的公平性、合理性，与单纯追求经济增长相对立。它倡导的是一种机会平等的增长，最基本的含义是"公平合理地分享经济增长"（亚洲开发银行，2007）。与益贫性增长相比，包容性增长是一个更加宽泛的发展概念。益贫性增长主要着眼于消除贫困。包容性增长既着眼于消除贫困，也强调人人分享增长的成果（庄巨忠，2010）。就我国现状而言，强调包容性增长就是要努力在保持适度的经济增长的基础上实现民族团结、劳资合作、民生发展和生态文明，让全体国民都能够公平合理地分享经济增长成果。①

包容性增长强调增长的多元性和共生性，强调经济、社会、政治、文化、生态、环境的协调发展。包容性增长也是一种和谐的增长，是国际金融危机之后我国对改革开放 30 多年经济增长方式的一种反思。它关注经济增长，也同样关心经济增长中的个人、企业能否"机会平等"地参与经济活动和分享经济增长成果。② 俞宪忠（2010）认为，包容性增长就是经济增长、人口发展和制度公平三者之间的有机协同，具有显著的民本主义发展旨向，更关注民权民生，更能满足民众权利发展的制度公平诉求。

在实现"人的发展"这个目标上，基本公共服务与区域经济发展两者保持高度一致。包容性增长是对旧发展观的驳斥，对新发展观的建设。经济增长是一个累计的概念，强调总产出的增加。这种关注"量"而不是关注"人"的发展观，导致发展偏离正轨。张茉楠（2010）认为，包容性增长在发展理念上强调由"物本经济主义"向"人本经济主义"转变。包容性增长的目标不是为了实现增长，而是为了改善人民的生活。应该像温家宝同志说的那样，要让人民过上一种很幸福的、有尊严的生活。它不仅要解决贫富差距问题，还要逐步成为一种价值导向，树立正确的发展理念。"单纯地发展经济是不好的，而更加全面、均衡的发展，才能使得经济的增长和社会的进步、人民生活的改善同步进行。这才是发展的目的，这样的发展才能够可持续。"③

---

① 韩保江：《包容性增长提出哪些新要求》，《人民日报》2011 年 1 月 4 日。
② 《包容性增长的核心是公平与合理》，《南方日报》2010 年 9 月 29 日。
③ 王红茹：《胡锦涛主席公开倡导、或将写入十二五规划的这个概念，如此重要，却又如此陌生——什么是包容性增长?》，《中国经济周刊》2010 年第 38 期。

## 二、增长与包容动态交替的发展

包容性增长既有"增长"也有"包容","增长"是"包容"的前提,"包容"是增长的方式和目标。

对包容和增长的讨论,学者有一些积淀。有的学者认为,两者同等重要。如周建军(2010)认为,包容性增长既强调经济增长的速度,也强调经济增长的方式,两者同等重要。岳彬(2010)认为两者是并列关系,包容性增长的核心是协调发展、共同发展,包括在可持续发展基础上的经济增长和公平正义基础上的增长共享两个方面。[①] 有的学者则认为,增长是前提,包容性是强调增长的全面性。如李本松(2011)认为两者是递进关系,增长是"包容性增长"的第一要义,增长就是持续的发展,是"包容性增长"中实现"包容性"的内在前提。"包容性"是指这种增长是全面、协调和可持续的发展,是在增长中实现公平和正义,实现平等,实现人民利益,实现改善民生。[②] 还有学者认为,"包容"这个特质是连接经济增长过程与结果的重要实践。如杜志雄等(2010)认为,包容性增长既是目的,也是手段,是有机地把增长过程和增长结果统一于经济社会发展的实践。

是否可以将两者的重要性反过来说,即先包容后增长?先包容意味着,在发展过程中要注重诸多方面的均衡、协调发展,如区域、群体、财富等等。但均衡发展对区域经济是否有效?回答这个问题需要考虑国家发展状况。拿我国来说,早期发展施行的是区域均衡式发展,三线建设将工业向全国布局,但这种安排没有带来国家经济的大发展。1978年以后,我们实施了非均衡发展模式,如推进城市发展,以农村补贴城市;推进沿海地区发展,以西部补贴东部。按照"东部发展→中部崛起→西部大开发"的推进线,非均衡发展通过让一部分地区先发展起来,再通过这些地区带动其他地区发展,促进了国家经济的高速增长。

① 岳彬:《包容性增长的时代价值与实践取向》,《安徽师范大学学报(人文社会科学版)》2010年第11期。

② 李本松:《"包容性增长"的经济学解读》,《商业时代》2011年第6期。

应该说，非均衡模式是大多数发展中国家在经济体量小、财富积累不足的情况下，采取的理性发展策略。就我国来看，"先增长后包容"是发展初期的明智之选。当国家经济水平达到一定高度后，"先包容后增长"是另一种选择。有经济学者认为，地区经济差距、群体贫富差距、国富民贫对经济增长是有害的，会抑制消费。因此，促进包容是减小差距、扩大内需的基本路径。对我国而言，迈入人均 GDP 4000 美元的关口，"先包容后增长"亦是当下的明智选择。

# 第二节　包容性增长的价值取向

价值取向（Value Orientation）是指主体基于自己的价值观，在面对或处理各种矛盾、冲突和关系时所持有的基本立场、态度以及所表现出来的基本行为倾向。包容性增长最初是由经济学家提出的，反映了经济学家的发展价值观，且主要是针对发展中国家。在演进的过程中，该理念融入到政府治理中，继而带有了非排斥、共享以及可持续发展的内涵。

## 一、包容性增长是非排斥性增长

包容性增长是以"包容"为核心的增长。这里的包容是一种平衡（均衡）的发展观，涵盖了人与资源、人与环境的包容，对不同群体的包容，对起点、过程与结果的包容。

包容性增长与排斥性增长（Exclusive Growth）是两个截然不同的概念。排斥性增长是一种顾此失彼的增长。虽然经济增长了，但产生了一系列不良后果，如生态环境破坏，资源消耗殆尽，贫富群体对抗等等。排斥性增长发展到一定程度，若不加以抑制，便会危及社会稳定，阻碍经济持续增进，是一种不可持续的增长。具体来说，排斥性增长的"排斥"表现在以下几个方面：一是经济增长对生态环境的排斥性，二是经济增长对自然资源的排斥性，三是经济增长对弱势群体的排斥性，四是经济增长对贫穷地区的排斥性，五是经济增长对下一代发展的排斥性，六是经济增长对社会结构变化的排斥性。特别需要警示的是第六条。我们知道，社会存在分层现象，人的经济社会地位也存在一定的世袭和继承。从某个角度上看，财富的积累及继承也是推动社会发展的动力。如我国城镇居民的财富比农村居民多，党的十八届三中全会便提出"赋予农民更多财产权利。……建立农村产权流转交易市场，推动农村产权流转交易公开、公正、规范运行"。通过土地确权的方式，让农村居民的土地成为财产，减小城乡居民财富差距，是防止社会结构固化的重要措施。

此外，包容性增长是"非排斥性增长"，同时也是"兼容性增长"。兼容性增长的实质是一种"多赢性增长"，但并非帕累托改进（或帕累托优化，Pareto Optimality）。帕累托改进是指在不减少一方福利时，通过改变现有资源配置而提高另一方福利。兼容性增长可能会让其中一方的福利有所降低，另一方的福利有所提升，但总的福利有所增加。这实际与"补偿原则"的思想一致。补偿原则的基本思想是，国家任何政策都会导致市场价格变动，都会使得有人收益，有人受损。如果一些社会成员状况的改善补偿了其他社会成员状况的恶化，且补偿后仍有剩余，那社会福利就是增加了。①

## 二、包容性增长是可持续性发展

包容性增长是可持续性发展，侧重在环境、社会、经济三个方面，强调代际关系的和谐。

可持续性发展是注重长期的发展，是既满足当代人又不损害下一代人，考虑了代际关系的发展。可持续发展并不简单等同于环境保护或生态化，通常认为它由三部分构成，即环境要素、社会要素和经济要素，见图3－1。

---

① 在后面的章节中我们会进一步阐述。

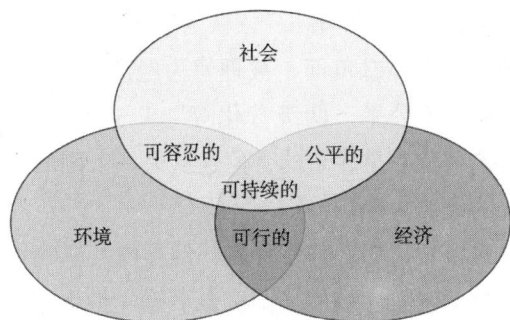

**图3-1　可持续发展三要素**

由图3-1知，三个要素存在交集区。环境与社会的交集被限定为"可容忍的"，即发展环境与发展社会需要相容，不能以社会发展为由破坏环境；经济与环境的交集被限定为"可行的"，即经济发展不能以牺牲环境为代价；经济与社会的交集被限定为"公平的"，即不能把经济发展放在社会发展的前面，应促进经济与社会的同步发展。"可容忍的""可行的"和"公平的"三者的交集才是"可持续的"。因此，"可持续"是一个高于经济发展、社会发展、环境保护层面的发展理念，是三个方向发展的统领。

包容性增长的可持续性表现在：从国家来看，大国与小国、发达国家与发展中国家、七大洲国家应包容发展、互为支撑。从区域来看，经济先发地区与后发地区、民族地区与非民族地区、城市与农村应包容发展。从群体来看，富裕群体与贫困群体、强势群体与弱势群体、城市居民与农村居民、男性与女性应包容发展。从时间来看，这一代与下一代应包容发展。

## 三、包容性增长是共享式增长

包容性增长是普惠性增长，是寻求社会经济协调发展、可持续发展的增长，是保障增长成果能广泛惠及所有民众，把增长过程与增长结果有机统一起来的实践。

包容性增长有时候又被译为"共享式增长"。有的学者建议使用

"共享式增长"而非"包容性增长",认为包容有"宽容、宽大、容纳之意,却容易被误指为容忍负面,被理解为经济增长要包容环境污染、特权、垄断、腐败、不公平、两级分化等"。[①] 这与包容性增长的本意是相悖的。尽管这种担心是多余的,但这从另一个侧面反映出共享式增长是包容性增长的重要内涵。

既然是共享式增长,那么共享什么,谁参与共享呢?学者专家的意见不一。有的认为,包容性增长强调机会平等(世界银行,2007)和减少不平等(Rauniyar 和 Kanbur)的增长。有的认为包容性增长不仅倡导和保证机会平等,还能使增长成果广泛惠及所有民众。[②] 更多的学者强调,包容性增长是多维的增长,是在较快经济增长的同时,更多关注社会领域的发展,关注弱势群体,让更多的人享受经济全球化的成果(MBA 智库百科,2012),以及可持续的增长[③]。

我们认为,"共享式增长"首先需要共享的是国家经济发展成果。拿基本公共服务来说,就是要让所有的居民能享受到大体相等的服务。当前的问题是,区域发展的不均衡导致了地方政府财力的不均衡,富有地区公共服务供给较为丰富、水平高,贫困地区公共服务供给较为贫乏,水平低。因此,实现共享需要通过转移支付等方法来实现地方财力均衡。其次,"共享式增长"需要共享公平、公正的发展机遇。无论公民的家庭背景、经济地位怎样,在成长过程中都应该得到公平、公正的发展机会,这个是保证社会正义的根本。最后,共享式增长是人与环境的共享。"增长"但不能破坏自然环境、生态环境,过度消耗自然资源。这不仅是对人类负责,也是对植物、动物及我们的下一代负责。

综上,"包容"与"增长"的关系可归纳为:

第一,包容性增长不是单纯的经济增长。这个角度是对纯经济增长

---

① 胡星斗:《建议勿提"包容性增长",宣导"共享式发展"》,2010 年 10 月 1 日,见 http://www.huxingdou.com.cn。

② 杜志雄、肖卫东、詹琳:《包容性增长理论的脉络、要义与政策内涵》,《中国农村经济》2010 年第 11 期。

③ 汝绪华:《包容性增长:内涵、结构及功能》,《学术界》2011 年第 1 期。

的否定，反过来也是对包容性增长的内涵约定。

第二，包容性增长的前提是"增长"，有"增长"才有资格谈"包容"，包容性是在"增长"基础上的包容。

第三，包容性增长是非排斥性的增长，是以"包容"为核心的增长。这里的包容是一种平衡（均衡）的发展观，涵盖了对人与资源、人与环境的包容，对不同群体的包容，对起点、过程与结果的包容。

第四，包容性增长是共享式增长、普惠性增长，是寻求社会和经济协调发展、可持续发展的增长，是保障增长成果能广泛惠及所有民众，把增长过程与增长结果有机统一起来的实践。

第五，包容性增长是可持续性发展，侧重在环境、社会、经济三个方面，强调代际关系的和谐。

归纳起来，推进包容性增长的路径有许多，见表3－1。

表3－1　包容性增长实现路径

| 类别 | 包容性增长的注意事项 |
|---|---|
| 实现路径 | 过程"参与"与结果"共享"，通过"共同参与"消除或缓解贫困 |
| | 注重经济增长速度，也强调经济增长方式，通过转变增长方式实现可持续发展 |
| | 在保持适度经济增长的基础上实现民族团结、劳资合作、民生发展和生态文明 |
| | 把其作为一种价值导向，向全社会倡导"让人民过上一种很幸福的、有尊严的生活"；强调以人为本，关注所有人群的发展 |
| | 强调社会经济协调和可持续发展 |
| | 强调机会均等，使人们平等、广泛地参与经济增长的过程并从中受益；提供必要的公共服务与社会保障，通过机会均等来改善收入分配 |
| | 经济增长、人口发展和制度公平三者之间的有机协同 |
| | 优先开发人力资源、实现充分就业为基础 |

# 第三节　经济增长视角下公共服务与区域经济的现实冲突

在我国，高速经济增长在带来丰厚经济成果的同时，也带来了诸多问题。城市过度极化带来的"城市病"，降低了人们的生活质量；财富过度集中造成的贫富分化，既制约了社会发展，又影响了社会和谐；人与环境"你死我活"的斗争，对区域经济造成难以修复的致命伤；而压抑人们奋斗精神的社会阶层固化问题，将成为区域经济乃至国家发展的巨大阻力。

## 一、过度极化带来的城市发展困境

在经济增长视角下，城市的发展向规模突进，人口数量激增但公共服务配套不济，过度极化带来的"城市病"备受诟病。区域增长极的成长对规模有着强烈的依赖性。人群在城市集聚，产业在城或城的周边集聚，对经济增长无疑是有益的，可促进边际效益最大化。只是，这个规模究竟多大才算合适，很难掌握，且容易产生过度极化的问题。

在区域非均衡、梯度发展中有三种效应同时起作用，即极化效应、扩展效应和回程效应。极化效应（Polarization Effect）是指迅速增长的推动性产业吸引和拉动其他经济活动不断趋向增长极的过程。纲纳·缪达尔（Karl Gunnar Myrdal）认为极化效应是一个地区的经济发展达到一定水平后，就会具有一种自我发展的能力，可以不断地积累有利因素，为自己进一步发展创造有利条件。极化效应从经济活动（经济要素）极化→地理空间极化→其他要素极化（人才、资金等）递进。扩散效应（Diffusion Effect，又称涓流效应）是指所有位于经济扩张中心的周围地区，都会随着扩张中心地区的基础设施改善等情况，从中心地区获得资本、人才等，从而加速本地区的发展，追赶中心地区。"回程效应"的作用是削弱低梯度地区，促使高梯度地区进一步发展。

过度极化是"极化效应"的不良反应。过度极化的现象在全球有很多的例子，各国最大的都市圈基本上都存在这样的问题，如法国的巴黎。法国早期的发展是典型的"单增长极"模式。中央集权传统直接造成了巴黎的快速发展和其他地区的缓慢发展。20 世纪 60 年代初，巴黎大都会的面积占法国总面积的 2%，但人口占 19%，工业产值占 23%，工业就业岗位占 29%。① 巴黎过于强大对其他区域的经济产生了负面影响：一方面是巴黎越来越发达，另一方面是其他地区越来越衰退，过度极化加剧了巴黎和周边地区的发展差距。

过度极化可能会产生"极化陷阱"。从非均衡发展观看，在有限资源的约束下，集中资源首先发展某个地区是一种可行选择。当该地区发展起来后，再利用扩散效应发展其周边地区。也就是说，一个增长极或发达地区若能很好地发挥扩散效应，是有利于区域均衡发展的。但现实的情况是，很多区域增长极都出现了过度极化而扩散不足的现象——极化陷阱。目前我国已出现京津冀单核创新极化区、（泛）珠三角双核创新极化区和长三角三核创新极化区，京津冀和（泛）珠三角周边出现了明显的以"创新飞地"或"创新空洞化"为特点的"极化陷阱"。②

增长极若不能令周边区域受益将拉大区域间的发展差距，这些发展差距又会直接表现在公共服务的供给上。北京、上海等东部大城市的公共服务水平明显高于西部城市，西部核心增长极（成都、重庆、西安等）的公共服务水平又明显高于其周边市县。若政府不加干预，在市场机制自发作用下，这些增长极会越来越大、越来越好，周边地区会越来越差，形成多级分化的格局。反过来，公共服务水平差距又将进一步促进人力资源向好的地区（增长极）集聚。

从城市发展这个角度看，基本公共服务与区域经济发展的冲突是明显的。经济增长要规模，规模控制不好产生极化陷阱，导致交通拥堵、空气质量差、住房拥挤等问题产生，继而降低了基本公共服务水平和人们的满意度。有研究表明，"人数的增多而减少了个人所能享受的基本

---

① 李仁贵、章文光：《法国增长极战略实践及其启示》，《发展研究》2012 年第 7 期。

② 周密：《"极化陷阱"之谜及其经济学解释》，《经济学家》2009 年第 3 期。

公共服务量。产生这一现实的原因可能在于，当前中国，城乡差异使得人们纷纷涌入城市，这样一来加重了城市的负担。尽管从整体上看，基本公共服务的供给存在规模效应，然而在市辖区，拥挤效应却非常明显。"①

## 二、财富过度集中形成的贫富分化

在经济增长视角下，做大蛋糕比分好蛋糕更为重要。以增长为主旨的发展促进了财富的集聚，加剧了城乡居民、社会群体的贫富分化。城乡二元经济结构是城乡贫富分化的根本所在。在我国，城市居民和农村居民是区域经济发展进程中，基本公共服务水平差距最大的两个群体。由于没有城市户口，农村居民不能享受与城市居民等同的基本公共服务。在城市工作的农村居民（农民工）需要支付高于城市居民的经济成本，方能获得等价的服务，如基础教育和基础医疗。一方面农村居民涌进城市，为城市服务业发展提供了丰富的就业资源，创造了财富；另一方面农村居民带动城市物价、房价的上涨，令城市居民的财富递增；再一方面农村居民也要负担高房价、物价的成本。这三个方面导致城市居民财富越来越多，农村居民财富越来越少。在经济增长视角下，农村居民与城市居民因身份不同，基本公共服务分享程度不同，加重了财富分配的不均。继续割裂城乡居民，无视基本公共服务不均，会导致社会群体收入差距加大。

贫富分化对提升消费水平无益。在市场机制运行过程中存在马太效应，该效应使得收入与财富向资本与效率集中，导致贫者愈贫，富者愈富，最终导致居民收入差距的增大。而居民收入差距的增大会直接影响消费水平，对消费拉动经济增长无益。从我国现状来看，国内富豪的不断增加是贫富分化加剧的一个信号。有人认为富豪增加不是问题，只要促进富豪多消费便可以拉动国内消费，这个想法不切实际。首先富豪所

---

① 北京师范大学管理学院：《中国基本公共服务均等化发展报告——公平、繁荣与政府行为优化》，经济管理出版社 2011 年版，第 37 页。

占的比例不大。其次，按照经济学边际消费递减原理，随着个人收入增长，增加的收入被用于消费的比重也是下降的。经济学家韩国志曾表示"穷人无钱消费，富人无从消费"。他认为这是当下国内消费的困境，导致消费拉动经济难以形成。从宏观统计数据来看，我国消费对经济增长的贡献已从1995年的52%下降到2010年的36.8%，下降了15.2个百分点。与发达国家消费对经济增长的贡献率65%—70%相比，我国消费对经济增长的贡献太小。

通常情况下，经济越好的地区越有底气、财力提高基本公共服务水平。大城市、发达地区的基本公共服务水平较农村、欠发达地区高也是基于这一普遍规律。一方面，优质的基本公共服务吸引优质人才向大城市、发达地区集聚，为这些地区创造更多的财富和价值；另一方面，着眼于经济增长而非发展，在本位主义的影响下，地方政府官员人为制造壁垒，阻碍区域合作、经济一体化进程，导致资源互通的困难，进一步加大区域发展差距。如此反复，产生圣经《新约·马太福音》寓言所言"好的越好，坏的越坏，多的愈多，少的愈少"的现象——马太效应。

### 三、经济增长与环保的对抗性冲突

在经济增长视角下，我国改革开放三十多年的高速发展是以牺牲环境为代价的。经济增长与环境保护的对抗是基本公共服务与区域经济发展中最为常见的冲突。环境问题包括两个方面，即环境污染和环境破坏。其中，环境污染是指人为排放有害有毒物质，破坏了生态平衡，改变了原来生态系统的正常结构和功能，恶化了工农业生产和人们生活环境。污染物质向食物链转移，富集而后进入人体，危害人类健康。环境破坏是对自然资源的不合理开发利用引发的，表现在植被破坏、水土流失、土壤侵蚀和沙漠化等。具体来说，我国当下的环境问题主要包括大气污染、水环境污染、垃圾处理、土地荒漠化、水土流失、生物多样性破坏、WTO与环境、持久性有机物污染。

环境保护是我国基本公共服务的内容之一，但以"经济增长"为重的激励机制会导致严重的环境问题。拿重大项目建设来说，一个对环境有污染风险的项目是否可以上，取决于官员意志，而非大众意志。站在官员的角度，从短期效益、自我利益出发，GDP 大幅提升会产生漂亮的政绩，对地方财政有好处，选择有风险的项目理所应当。由于官员的决策并不是公民的群体决策，也不能代表公民的偏好，牺牲环境获取高额、快速 GDP 增长成为我国很多地区促发展的常态。进一步说，人与环境的冲突，很多时候表现在政府与环境的冲突、官员与环境的冲突。当然，对一些民众来说，出于自身利益出发，做了破坏环境的事，也是人与环境的冲突。但这与我们所说的公共服务关系不大。在我国，城市中增长与环境最为明显的冲突表现是雾霾天气。近年来，我国大城市、特大城市因空气质量恶化，雾霾现象频繁出现且危害加重。在最大的 500 个城市中，只有不到1%的城市达到世界卫生组织推荐的空气质量标准。与此同时，世界上污染最严重的 10 个城市中有 7 个在中国。从现状来看，过去三十多年以经济增长为核心的发展模式已导致严重的环境问题，增长与环境的冲突既表现在政府决策过程中（是选择保护环境还是经济增长），也表现在经济增长的结果中（高速的经济增长与严重的环境问题）。经济增长视角下的发展环境问题频发，人们对当下及未来的生活预期偏低，导致了一部分优秀人才的移民。以牺牲环境为代价的经济增长不可继续，必须修正。

## 四、压抑奋斗精神的社会阶层固化

在经济增长视角下，效率是主角，公平是配角。固化的阶层现象是基本公共服务与区域经济关系现实冲突最为直接的表现。阶层是一个社会学概念，是指由于经济、政治、社会等多种原因形成的，在社会的层次结构中处于不同地位的社会群体。只有社会结构和阶层之间能够正常的流动，社会才能发展。通常意义下，竞争与分层都是正常的现象。因个人努力导致的结果差异是必然的，勤者理应多得成就。这样的逻辑会鼓励人们多为社会做贡献。从现状来看，我国的社会阶层呈现出同代交流性减弱、代际遗传性加强的趋势。很多领域的选拔和竞争以天然禀赋、社会资本为较量，靠的是家庭背景和人脉关系，令社会充斥着不公平的雾霾。

社会阶层固化是指社会成员在不同阶层之间地位流动受阻，个人的后天努力无法改变自己的命运，底层群众向上流动的通道被堵塞。也就是说，不同阶层的社会成员构成趋于稳定，社会不平等结构被原样复制。[①] 阶层固化会影响社会的发展，当人们通过努力赚不到想要的生活时，社会矛盾就会激化，对区域经济产生负作用。在我国，阶层固化的具体表现是，处于社会底层的个体难以通过努力获取体面的工作和生活。近年来，贫困家庭考学出来的孩子，因为就业问题、难以融入城市或社会问题，选择自杀的案例在国内有所增加。除了学生，在各种规模的城市内"漂"着、安不下家的农民工也面临同样的问题。

在利益主体多元的社会格局下，多元主体的健康发展需要教育、医疗、就业与保障等公共服务的支持，需要公共资源实现对不同区域、不同群体的公平覆盖，也需要在公共政策的制定过程中提倡公平参与和公平博弈。根据政治学理论，公共政策决策过程中，参与"讨价还价"的是团体或精英。一些团体因为无法与政策决策者沟通，或在相应的部门机构没有人愿意听取他们的意见，导致团体影响政策制定的机会微乎其微。进一步说，"在特定时间内，公共政策会反映强势团体的利益。而当团体的权力和影响力此消彼长时，公共政策的变化就会偏向于力量增长的团体，损害力量减弱的团体"。[②]

由于一些团体或者说一些人（因其可能没有形成团体）在事关自身利益的资源配置中没有通道（Access）[③]，面临"权利缺位"，导致正常的努力和正常的渠道无法将这种呼吁传达出去。如农村居民对教育资源的诉求是什么？对医疗服务均等化有什么建议？城市流动人口对住房的解决意见是什么？缺乏此类信息，则无法准确把握生活在社会底层的

---

① 郎嘉：《中国应当警惕社会阶层固化》，《联合早报》2014 年 4 月 10 日。

② ［美］詹姆斯·E. 安德森：《公共政策制定（第五版）》，中国人民大学出版社 2009年版，第 20 页。

③ "通道"源于团队的组织性、社会地位、领导水平、资源状况等。团体的各种游说性活动（Social Lobbing），如酒会、餐饮会、招待会等被认为是一种建立通道的努力。

公民需求，促进公共服务供给的公平与正义。而公共资源配置不能向弱势地区、弱势团队转移会进一步加剧社会阶层固化。

# 第四节　包容性增长视角下公共服务与区域经济的相容性

　　包容性增长视角下，发展基本公共服务与发展经济一脉相承。在实现"人的发展"这个目标上，基本公共服务与区域经济保持高度一致。包容性增长的前提是"增长"，重点是"包容"。这与区域经济强"增长"、公共服务重"包容"刚好吻合。两者都遵循"共同发展"和"均衡发展"的原则。"共同发展"是把蛋糕做大，"均衡发展"是把蛋糕分好。基本公共服务和区域经济无疑都要走先提升水平再实现均衡的道路。包容性增长视角下，两者具有共享的特性。区域经济发展不能排斥弱势群体、贫穷地区以及下一代，而基本公共服务的本意就是让改革发展的成果能更好地惠及广大人民群众。将包容扩展到群体间、区域间、政府与市场、政府与社会，公共服务与区域经济的相容性更加丰富。

## 一、群体间相容

　　包容性增长强调群体相容。群体相容要建立在不同群体的公共需求得到大致相等的满足上。包容性增长视角下，基本公共服务立足"需求满足"，促进群体相容，推动区域发展。群体需求满足的程度与以下几个方面有关：一是群体在同等需求满足中付出的成本差异，即所谓的起点公平。拿农民工来说，身份差异导致其与城市居民在教育成本、医疗成本支付上的巨大差异。包容性增长强调个体基本需求满足过程中的成本一致性，以此化解成本支出差异导致的不公平感。二是群体在需求实现过程中感知的程序公平，即过程公平。同等努力下，农村大学毕业生在城市就业或就好业的机会远远小于城市大学毕业生。舆论界常言之"拼爹时代"以及各种为保子女就业使出的招聘作弊花招，都是程序不公现象的表现。包容性增长强调个体努力与结果之间的正向关系，强调以阶层流动打破阶层固化，有助于增加社会活力和社会进步。三是将自己所得需求与其他个体比较，即结果公平。包容性增长强调个体获得的公共服务与其从事的工作、社会地位和家庭背景无关，每个人都能享受到大致相等的服务，有助于群体感知结果公平。四是当代与下一代或更多代进行比较，即代际公平。资源浪费、过度开发以及环境破坏，导致后人生存环境恶劣，发展资源匮乏，是代际不公的明显表现。包容性增长强调当代与下一代资源共享，倡导可持续发展。五是群体需求偏好及服务差异化选择。包容性增长视角下，公共服务须考虑受众的民族、性别、年龄等特征，提供差别化的服务。大致相等并不是指服务内容一致、项目一致，而是在考虑偏好的条件下实现的均等。如果说公平是区域经济发展的重要考核指标，那么包容性增长视角下以需求为导向的"公共服务"则全方位体现了公平的内涵，两者是互补兼容的。

## 二、区域间相容

包容性增长不是一个地区的增长，是许多地区的同步增长，更加强调增长的均衡性。在经济一体化发展趋势下，区域经济发展需要强化与周边地区、协作地区的关系，跨区域合作成为工作重点。从国内外发展实践看，确保区域有效合作、相容并进可从三个角度切入：一是建立快速融合的交通体系，二是成立行之有效的协作组织，三是促进公共服务均等化。首先，建立快速且高度融合的公共交通体系是实现跨区域合作的必选。在经济关联度高的城市群内，人们跨城市居住、工作、学习和购物的现象十分普遍。许多国家把"通勤率"纳入都市圈的衡量标准，反映出其对快速交通体系的依赖。[①] 发达的交通体系是从空间上化解城与城、点与点、极与极之间的距离，促进区域内部就业人口流动便利化，商品、产品流动高速化，是跨区域合作的基本保障。我国西部大开发十年和新十年都是以"交通"为主要策略的，美国的西部开发、阳

---

① 王伟波、向明、范红忠：《德国的城市化模式》，《城市问题》2012 年第 6 期。

光地带开发也是以交通网络体系的建设为突破点。其次，行之有效的协作组织从管理角度解决行政割据产生的发展困境。成功的区域融合发展案例，协作组织的建立都是亮点。如非官方和非营利性组织"纽约区域规划协会"负责编制纽约都市区规划，北美五大湖都市圈 51 个城市成立区域协调委员会，负责英国伦敦大都市圈规划的"巴罗委员会"，以及柏林—勃兰登堡联合规划部等等。最后，促进公共服务均等化是从环境角度减小区域发展的差距。公共服务均等化的实质是标准一致化，即人口在不同区域间流动的时候，其享受到的公共服务标准是大体一致的。这样就会减少人口流动过程中的交易成本，发挥市场对人力资源的优化配置作用。总体上，"公共交通体系"属于基本公共服务的基础设施建设，"公共服务均等化"是我国基本公共服务的目标，而成立行之有效的协作组织则是政府职能实施的重要保障。

## 三、政府与市场相容

实现包容性增长这个目标，政府和市场需各司其责，各尽其能。一方面，两者可发挥各自优势。政府在再分配领域、管制性领域以及服务领域发挥主导作用，市场在其他领域带动资源优化配置。另一方面，市场是政府公共服务供给的主要力量，但不能完全替代政府履责，因为存在市场失灵。①

追溯"包容性增长"概念的起源，可在亚当·斯密的《道德情操论》中窥见一般。亚当·斯密认为，如果一个社会的经济发展成果不能真正分流到大众手中，那么它在道义上将是不得人心的，而且是有风险的，因为它注定要威胁社会稳定。在寻求公平的道路上，大多数经济学家呼唤建立完善市场经济制度，认为其是实现公平的最佳环境。作为政府主导的基本公共服务在追求公平的道路上起到了怎样的作用？市场与政府在这两条不同的轨道上又行使着怎样的不同职能呢？

---

① 市场失灵（Market Failure）是指非公共物品由于市场垄断、价格扭曲，公共物品由于信息不对称和外部性等原因，导致资源配置无效或低效。

党的十八届三中全会《中共中央关于全面深化改革若干重大问题的决定》（以下简称《决定》）明确指出，划定职能边界是政府职能改革的关键所在。划定职能边界的主旨就是，政府要正确站位，该退的退，该进的进。《决定》明确提出，经济体制改革的核心问题是处理好政府和市场的关系，使市场在资源配置中起决定性作用和更好发挥政府作用。直白地说，就是让政府的归政府，市场的归市场。

在过去的运行中，政府担当了太多的责任，被授予"万能"之冠。万能政府不仅会带来管理粗放的问题，还会加剧机构扩张、尾大不掉。拿分工来说，为满足公民日益增加的服务需求，细化分工是必然的。问题是，政府插手市场，导致了资源配置的失效和无效。与此同时，万能政府还会造成市场扭曲。以当前存在的药价虚高现象来说，公立医院药价虚高的主要原因是政府施加了药品加成管制，直接造成公立医院倾向于高价进货、高价销售。因此，过去那种以政府为主导的市场已无法适应经济社会的发展需要，需要及时给予修正。下一步，政府要做到简政放权，让市场发挥资源配置的作用，遵循市场规律带动人、财、物和信息的流动。从"家长"到"守夜人"，政府需用"退"的姿态，换取资源配置的"进"。

那么，如何划定职能的边界呢？众所周之，与市场经济相对应的政府，应是服务型的、指导型的政府，是高效率和小规模的政府，即奥尔森所主张的"市场扩展型政府"。在市场运行良好的地方，政府无须介入。政府只能在市场可能出现问题的地方加以干预，如纠正市场失灵、超越市场和引导市场。政府可以尝试以下工作：一是借助于税收、工资、福利等经济杠杆的调节作用，引导资源合理流动；二是向公民提供公共服务，尽可能让所有公民都能享受到大致均等的服务；三是依靠法治力量，通过立法和司法，调节市场经济关系和经济活动，对资源进行宏观调控。说到底，政府职能要具备"兜底"的功能，凡是在市场不能发挥作用的地方，政府要积极而为、及时补位。这当然是一种理想状态，但必定成为未来发展的大势。当前，政府在公共服务问题上是"管得多""治得少"，在增加公共服务投放量和覆盖度的大前提下，放权、放钱、放利都是必要的。政府需要借助市场之手，调动社会各界参与公共服务供给的积极性，在不扩大政府规模的基础上，提升服务质量。公共服务是政府与市场博弈的最佳领域，而区域经济也将成为此博弈的受益者。

因此，站在包容性增长视角下，政府维护公平正义有两条基本的路径：一是在初次分配这个过程中，积极建立和逐步完善市场经济体制，按照经济规律办事，让市场发挥资源配置的作用，减少参合、干预经济活动，让企业和个人对发展的预期有更多确定性。二是在再分配这个过程中，对各种收入主体通过合理的渠道实现现金或实物转移。基本公共服务恰好是再分配这个领域内政府的重要工作。如果说在初次分配过程中，更为强调正常的运行秩序，强调维护过程公平，那么再分配过程中，则更为强调结果公平、起点公平。此外，还必须强调的是，政府与市场的包容性发展。政府的干预不能排斥市场经济体制的建设，政府的行为应在遵循基本经济规律的条件下，与市场实现包容性发展。考虑市场和政府的包容关系，基本公共服务与区域经济发展的作用路径有：通过基本公共服务的内容完善、水平提升，政府创造出良好的制度环境、市场环境，良好的个人、企业发展环境，让企业和个人在发展过程中带有更多确定性的期望，在初次分配领域发挥更大的能量，体会过程公平。政府应推进基本公共服务均等化，提升弱势群体参与竞争的能力，改善弱势群体生存环境，减小区域差距、贫富差距。

## 四、政府与社会相容

包容性增长强调政府与社会的共同发展。促进政府和社会相容的基本路径有两条：一是抑制"大政府"成长，约束政府职能无限扩张；二是促进"小社会"成长，强化社会管理，让社会替代政府的某些职能，增加公民参与国家管理的意识和渠道，强健国家发展基础，促进国家有序、科学、可持续发展。

抑制"大政府"成长，约束政府职能无限扩张。"大政府、小社会"具体的表现形式为政府极度发达，社会相对弱化。这里的"大"

和"小"可以从政府组织与社会组织的规模差距，以及政府组织与社会组织管理职能的广度和深度来衡量。"大政府"主要给国家发展带来四个方面的问题：一是政府机构臃肿，加大财政负担；二是官员过多，降低机构运行的效率，对机构协调能力提出更高要求；三是社会参与不足，活力不足，政策执行及服务供给难度加大；四是管理上呈现"样样懂，门门瘟"的状态。对一些突发事件的处理，政府以消防员姿态出现就是最好的证明。我国"大政府"的形成与计划经济、政府管理职能的无限扩展有直接关系。建国以来，我国实行的是计划经济，在此基础上形成了一套完整的行政管理体系。而随着人民公共服务需求的不断提高，政府公共服务供给责任不断加大，政府机构的规模也随之扩张。此外，一些行政机构以及非行政机构热衷于设立下级行政机构，繁衍自身的科层体系，不断给行政组织创造出"腿和脚"[1]，进一步加剧了机构冗余问题。

促进"小社会"成长，强化社会管理，让社会替代政府的某些职能。社会管理是指社会成员依托专门机构，对社会的经济、政治、文化等事务进行管理。其主要任务为规范社会行为、化解社会矛盾、促进社会公正、应对社会风险和维护社会和谐。西方发达国家的管理从上至下分为政府管理、社会管理和公民自管。社会管理是国家管理的中间层，是联系政府和公民的桥梁，也是公民参与国家管理的主要渠道。从我国现状看，社会管理的主要载体是社会组织和社区。其中，社会组织是为了实现特定目标，有意识组合起来的社会群体，如政治组织、经济组织（企业）、文化组织、军事组织、宗教组织。社区主要针对的是，某一个空间范围内，特定的社会问题、社会群体，通过动员社区居民广泛参与解决问题，达成预防问题和解决问题的目标。由于社区是社会组织的基层形式，具有快速收集信息、及时反馈需求的作用，是公共服务供给的重阵。

---

① 李新萌：《从"大政府、小社会"到"小政府、大社会"引发的思考》，《改革论坛》2010 年第 3 期。

# 第四章　我国基本公共服务与
# 区域经济发展状况

　　基本公共服务与区域经济的发展是否具有一致性？该问题备受理论界和实践界的关注。这里隐含着一个前提假设：如果两者存在一致性，那么促进基本公共服务对地方经济发展就是有利的；如果两者存在矛盾冲突，决策中必然涉及孰重孰轻的问题，亦会产生博弈。本部分的主要工作是，运用层次分析法（AHP）、基准法（又称标杆法）和统计分析法，对我国基本公共服务的发展状况进行系统评价，对基本公共服务与区域经济的关系进行量化分析。首先，建立基本公共服务评价指标体系，对我国近十年基本公共服务的发展状况进行定量分析与评价；其次，利用统计分析法，从基本公共服务水平和均等化两个角度，分析我国基本公共服务与区域经济增长、包容性增长的相关关系，对基本公共服务与区域经济发展的一致性进行判断。

## 第一节　基本公共服务评价指标体系

### 一、所遵循的基本原则

　　要了解我国基本公共服务近年发展状况及趋势，需建立"基本公共服务评价指标体系"。本研究在指标体系设计和具体指标挑选中遵循六大原则，即充分性、层次性、独立性、可比性、可行性和公开性。其中，充分性是为了保障所选指标能够较为全面地反映基本公共服务的客观情况，能够为基本公共服务评估提供一个充分的测度基础。层次性是根据研究的需要，对系统进行细分，便于定点讨论。独立性是为了避免要素之间的高度相关，降低信息的冗余度。可比性保障不同地区相同指标具有比较意义，如从时间上和统计口径上加以统一①。可行性是从经济成本、数据可得两个角度对指标进行选择，避免高额成本（时间、资金）或指标不可得造成的研究滞后。公开性是为了避免版权、保密等方面可能带来的不必要纠纷和对数据权威性的质疑。

## 二、一级指标选择

对研究中具有代表性的成果进行归纳和整理（见表4－1）。其中，具有影响力的研究有：

第一，在《中国人类发展报告2007—2008：惠及13亿人的基本公共服务》一书中，中国（海南）改革发展研究院对基本公共服务的分析主要从义务教育、公共卫生与基本医疗、基本社会保证、公共就业服务四个方面展开。

第二，在《中国政府公共服务：体制变迁与地区综合评估》一书中，陈昌盛等（2007）认为，国防、基础教育、公共卫生、社会保障、公共安全、环境保护、基础设施、科学技术、一般公共服务九项公共服务应优先纳入基本公共服务均等化范畴。

第三，在《零点中国公共服务公众评价指数报告》中，零点研究咨询集团将基础教育、公共交通、医疗卫生、公共安全、公共事业、环卫治理、农业生产服务、就业服务、社会保障和公共文化这九项内容设定为评价对象。

---

① 不具有可比性的数据在效果评价中无法准确刻度地区间的能力差异，需消除无意义的绝对数据比较。

表 4-1 基本公共服务评价体系

| 评价体系构成 | 来源 |
|---|---|
| 教育、文化、就业再就业、社会保障、生态环境、基础设施、社会治安 | 《中共中央关于构建社会主义和谐社会若干重大问题的决定》 |
| 国防、基础教育、公共卫生、社会保障、公共安全、环境保护、基础设施、科学技术、一般公共服务 | 陈昌盛,2007 |
| 基础教育、公共交通、医疗卫生、公共安全、公共事业、环卫治理、农业生产服务、就业服务、社会保障和公共文化 | 零点研究咨询集团 |
| 义务教育、公共卫生与基本医疗、基本社会保障、公共就业服务 | 中国（海南）改革发展研究院,2008 |
| 公共教育、公共医疗、社会保障及基础设施等 | 孟春等,2004 |
| 公共安全、生态保护、基础教育、公共卫生服务 | 朱 玲,2004 |
| 生存权、健康权、居住权、受教育权、工作权和资产形成权 | 唐 钧,2006 |
| 就业服务、基本社会保障、义务教育、公共卫生和基本医疗、公共文化、公益性基础设施和生态环境保护、生产安全、消费安全、社会安全、国防安全 | 常修泽,2007 |
| 公共卫生、基础教育、科学技术、就业服务、社会保障 | 夏杰长、张晓欣,2007 |

从表 4-1 可知，大部分学者或科研机构是依据基本公共服务内容来确定一级指标的。这样的选择有其道理：一方面对基本公共服务有整体把握，另一方面也对服务内容有所分类。本研究在一级指标的选择上，亦采用此方法。

必须说明的是，基本公共服务的内容并不是一成不变的。近年来，我国基本公共服务的内容有所调整，评价体系也要相应变化。如在《国民经济与社会发展"十一五"规划》《国民经济与社会发展"十二五"

规划》中，基本公共服务的内容有明显差异。近期出台的《国家基本公共服务体系"十二五"规划》（以下简称《服务体系规划》）对服务项目的界定与这两次规划也有较大出入（见表4-2）。

"十一五"期间，政府提出的基本公共服务内容包括公共教育、医疗卫生、社会保障、就业服务、公共安全、公共文化和环境保护。"十二五"期间政府将基本公共服务范围确定在公共教育、就业服务、社会保障、医疗卫生、人口计生、住房保障、公共文化、基础设施、环境保护九个方面，提出以就业服务、社会保障、医疗卫生、住房保障、人口计生为重点。《服务体系规划》则把基本公共服务范围界定为三类：一是保障基本民生需求的教育、就业、社会保障、医疗卫生、计划生育、住房保障、文化体育；二是与人民生活环境紧密关联的交通、通信、公用设施、环境保护；三是保障安全需要的公共安全、消费安全和国防安全。

表4-2　我国基本公共服务内容的演进

| 政策名称 | 基本公共服务的内容 |
| --- | --- |
| 国民经济与社会发展"十一五"规划 | 公共教育、就业服务、医疗卫生、社会保障、公共文化、公共安全、环境保护 |
| 国民经济与社会发展"十二五"规划 | 公共教育、就业服务、医疗卫生、社会保障、公共文化、环境保护、人口计生、住房保障、基础设施 |
| 公共服务体系"十二五"规划 | 保障基本民生需求的教育、就业、社会保障、医疗卫生、计划生育、住房保障、文化体育；<br>与人民群众生活环境紧密关联的交通、通信、公用设施、环境保护；<br>保障安全需要的公共安全、消费安全和国防安全 |

"十一五"是我国基本公共服务的倡导期，"十二五"是推进期，不同时期服务内容有所差异是理所当然的。只是，本研究在评价指标体系设计中将"十二五"提出的人口计生、住房保障纳入"十一五"评价存有顾忌。官方在没有明确提出人口计生、住房保障之前，与这两个

服务内容对应的统计指标较少。也可以说,"十一五"时期年鉴数据中有关人口计生与住房保障的数据不可得。尽管个别指标在"十二五"年鉴中出现了,但缺少"十一五"数据,使得纵向比较不可行。因此,在实证研究中我们未将"十二五"规划中新提及服务项目纳入趋势分析。但在 31 省、市、自治区的横向分析中我们会采纳这些指标。评价指标体系的一级指标最终选择为:公共教育、就业服务、社会保障、医疗卫生、人口计生、住房保障、公共文化、基础设施和环境保护。这九项公共服务的具体内容见表 4-3。

表 4-3 基本公共服务项目

| 服务内容 | 具 体 内 容 |
|---|---|
| 公共教育 | 九年义务教育免费,农村义务教育阶段学校免住宿费,并为经济困难家庭提供生活补助;对农村学生、城镇经济困难家庭学生和涉农专业学生实行中等职业教育免费;孤儿和残疾儿童接受学前教育提供补助 |
| 就业服务 | 为城乡劳动者免费提供就业信息、就业咨询、职业介绍和劳动调解仲裁;为失业人员、农民工、残疾人、新成长劳动力免费提供基本职业技能培训;为就业困难人员和零就业家庭提供就业援助 |
| 社会保障 | 城镇职工和居民享有养老保险,农村居民享有新型农村社会养老保险;城镇职工和居民享有基本医疗保险,农村居民享有新型农村合作医疗;城镇职工享有失业保险、工伤保险、生育保险;为城镇困难群体提供最低生活保障、医疗救助、丧葬救助等服务;为孤儿、残疾人、五保户、高龄老人等特殊群体提供福利服务 |
| 医疗卫生 | 免费提供居民健康档案、预防接种、传染病防治、儿童保健、老年人保健、健康教育、高血压等慢性病管理,以及重性精神疾病管理等基本公共卫生服务;实施艾滋病防治、肺结核防治、农村妇女孕前和孕早期补服叶酸、农村妇女住院分娩补助、农村妇女宫颈癌乳腺癌检查、贫困人群白内障复明等重大公共卫生服务专项;实施国家基本药物制度,基本药物纳入基本医疗保障药物报账目录 |
| 人口计生 | 提供免费避孕药具、孕前优生健康检查、生殖健康技术和宣传教育等计划生育服务;免费为符合条件的育龄群众提供再生育技术服务 |
| 住房保障 | 为城镇低收入住房困难家庭提供廉租住房;为城镇中等偏下收入住房困难家庭提供公共租赁住房 |

续表

| 服务内容 | 具 体 内 容 |
|---|---|
| 公共文化 | 基层公共文化、体育设施免费开放；农村广播电视覆盖，为农村免费提供电影放映、送书送报送戏等公益性文化服务 |
| 基础设施 | 行政村通公路和客运班车，城市建成区公共交通安全覆盖；行政村通电，无电地区人口全部用上电；邮政服务做大，乡乡设所，村村通邮 |
| 环境保护 | 县县具备污水、垃圾无害化处理能力和环境保护评估能力；保障城乡饮用水源的安全 |

资料来源：《国民经济和社会发展第十二个五年规划纲要》。

## 三、指标体系构建

做出地区优选层次结构图（见图 4-1）。由图 4-1 可知，第一层为目标层 A，即对全国 31 个省、市、自治区基本公共服务进行评估和排序。第二层为准则层 B，对应一级指标，即 9 项基本公共服务。第三层为措施层 C，即针对 9 项基本公共服务所选择的具体指标。最下面一层为排序层 D，即全国 31 个省、市、自治区。

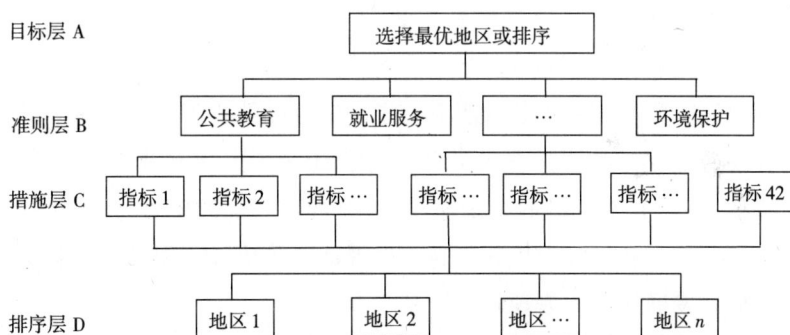

**图 4-1　基本公共服务水平地区优选层次结构图**

从理论角度建立一个系统、全面的评价体系并非难事。研究伊始，课题组确定了一百多个评价指标，但在数据收集和整理过程中发现，一半以上的指标无法获取。有些指标非统计指标，不可得。有的指标统计口径已变化，前后不具备可比性。如此这般，只有放弃。最后，秉持严谨的研究态度，我们对指标进行了筛选，建立起用于分析的"基本公共服务评价指标体系"（详见附录3）。

# 第二节　我国基本公共服务发展状况

我国对基本公共服务的关注始于 2005 年，因此，对 2005 年及以后各年度的基本公共服务研究至关重要。[1] 本节利用基准评估法，从公共教育、医疗卫生、社会保障、基础设施、公共安全、公共文化、环境保护、就业服务八个类别分析我国基本公共服务发展状况及趋势。[2]

2005—2010 年，我国基本公共服务水平呈逐年增长趋势（见图 4 - 2），各项基本公共服务水平都有不同程度的增长。相比而言，社会保障增长最快（年均增长率 14.84%），其次为公共安全（年均增长率 12.18%）、公共文化（年均增长率 6.34%）、医疗卫生（年均增长率 5.65%）和环境保护（年均增长率 3.54%）；公共教育（年均增长率 2.93%）和基础设施（年均增长率 2.41%）发展平稳；就业服务发展缓慢（年均增长率 0.18%）。

尽管该阶段我国基本公共服务有了一定程度的改善，但基本公共服务的发展速度（年均增长率 5.47%）远低于全国人均 GDP 增速（年均增长率 16.37%）和财政收入增速（年均增长率 21.30%）。从具体内容来看，公共教育和医疗卫生起点高，发展速度较快，表现较好；就业服务起点低，发展缓慢，表现较差。

---

[1]　目前，国内对"基本公共服务"发展趋势具有代表性的研究应属陈昌盛等的研究，但是，该研究的分析时段限于 2000—2004 年度。科学技术类相关指标采集困难，本研究未做分析。

[2]　基准法又被称为标杆法。基本思想为，预先选定一个组织或设定一个标准，并将其作为本组织一定期限内努力的方向和试图达到的目标，到设定期末，测度本组织完成预定目标的程度和质量，即为该组织的基准绩效得分。本研究中我们采用陈昌盛课题组的处理方法，即以所有历史最优值为基准。

与零点研究咨询集团公布的《零点中国公共服务公众评价指数报告》的"公众满意度的量化评估"结论比较（见图4-3），可知，笔者从政府角度分析得到的基本公共服务发展趋势与"零点"从公众角度得到的结论基本吻合，即我国基本公共服务水平呈逐年增长趋势。

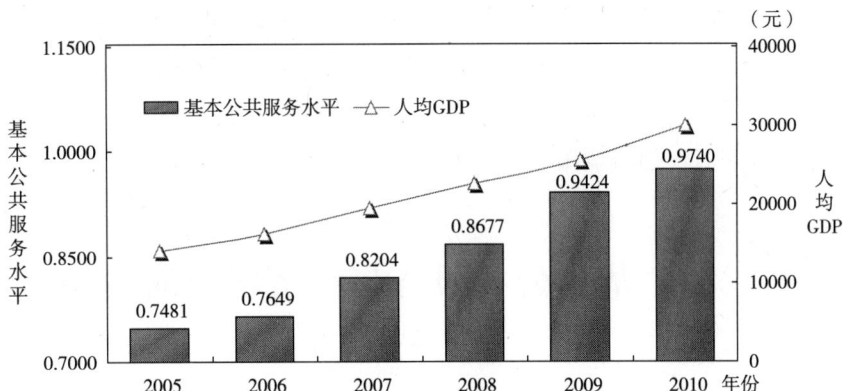

图4-2 中国基本公共服务水平与经济发展趋势（2005—2010年）

资料来源：人均GDP数据来自《中国统计年鉴2013》。

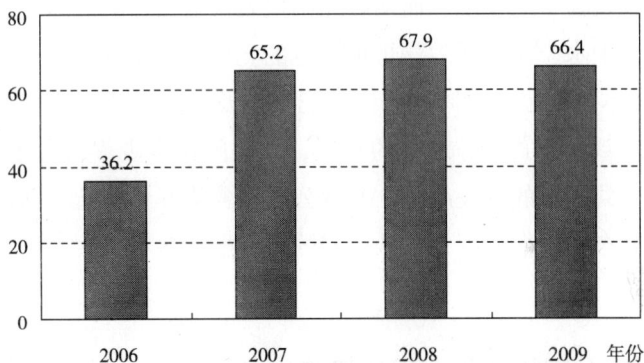

图4-3 中国公共服务指数得分（2006—2009年）

资料来源：《零点中国公共服务公众评价指数报告》。

陈昌盛、蔡跃洲（2007）认为，各地基本公共服务绩效都取得一定程度的改善，但改善速度远远落后于各地区经济增长速度和财政支出增长速度。本分析结论与此相近。可见，我国基本公共服务在不断改善的基础上存在着改善力度不够的问题。

陈昌盛、蔡跃洲（2007）指出，2000—2004 年间，我国基础教育和公共卫生得分相对较高，其他基本公共服务绩效普遍偏低。《零点中国公共服务公众评价指数报告》则提出，我国就业服务起点低。笔者认为，我国公共教育和公共卫生起点高，且发展速度较快，在基本公共服务中绩效偏高；就业服务起点低，发展缓慢，在基本公共服务中绩效偏低。这说明近十年我国出台的教育、卫生方面的利好政策促进了这些服务的发展。但是，不容忽视的是，庞大的每年新增劳动力与人力资源市场需求的矛盾，使就业服务更显不足。

# 第三节　基本公共服务与经济增长的关系

对基本公共服务的研究有两个基本视角：一是基本公共服务水平，二是基本公共服务均等化。拿木桶原理来说，基本公共服务水平代表组成木桶的各块板子的长度，而均等化则代表板与板之间的差距。一个木桶可以装多少水，是由桶的最短板决定的。因此，"增加"水平抑或是"平衡"基本公共服务对问题的讨论同等重要。进一步说，基本公共服务水平表示基本公共服务绩效的高低，从时间角度观察服务水平变化，可知基本公共服务的发展趋势。基本公共服务均等化是指不同区域基本公共服务分布的均衡程度，是从空间的角度把握基本公共服务的区域供给情况。

## 一、基本公共服务水平与经济增长

我们使用国际、国内惯用指标"人均 GDP"来表示"经济增长"。2000—2004 年数据来源于《中国政府公共服务：体制变迁与地区综合评估》数据表，参见附录 1。①

---

① 由于该时段陈昌盛等的研究比较完备，本部分直接采纳其课题组的基本公共服务综合绩效得分数据。

用计算得到的基本公共服务绩效得分表示"基本公共服务水平"。2000—2004 年，我国各地区基本公共服务绩效得分与人均 GDP 高度相关，相关系数为 0.964，统计检验的显著性水平为 0.01（见表 4-4）。做出区域经济增长与基本公共服务的关系图，如图 4-4 所示。

表 4-4　基本公共服务水平与经济增长相关度（2000—2004 年）

| 皮尔逊相关系数（Pearson Correlation） | 基本公共服务水平 | 人均 GDP |
|---|---|---|
| 基本公共服务水平 | 1 | 0.964（＊＊） |
| 人均 GDP | 0.964（＊＊） | 1 |

＊＊　表示在 0.01 的水平上显著。

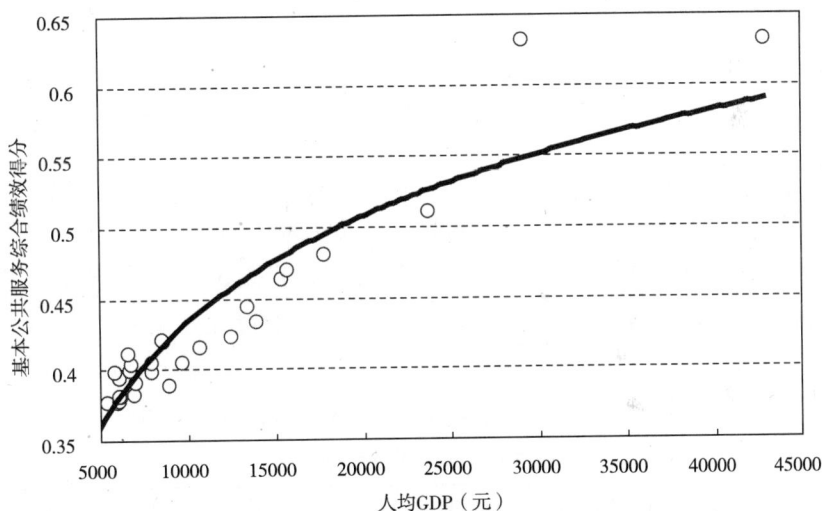

图 4-4　区域经济与基本公共服务发展关系（2000—2004 年）

2005—2010 年，我国基本公共服务与"人均 GDP"高度相关，相关系数为 0.992，统计检验的显著性水平为 0.01（见表 4-5）。

表4-5　基本公共服务水平与经济增长相关度（2005—2010 年）

| 皮尔逊相关系数（Pearson Correlation） | 基本公共服务水平 | 人均 GDP |
| --- | --- | --- |
| 基本公共服务水平 | 1 | 0.992（**） |
| 人均 GDP | 0.992（**） | 1 |

** 表示在 0.01 的水平上显著。

若将基本公共服务作为应变量"人均 GDP"作为自变量进行线性回归，可得：$y = 1.527 \times 10^{-5}x + 0.527$（$R^2 = 0.979$）。也就是说，人均 GDP 每增加 1000 元，基本公共服务水平可以提升 0.01527。考虑到得到这个回归系数采用的数据样本较少，数据样本为时间序列数据，可能是非平稳的，存在伪回归。因此，该结果不建议大家去引用，仅作为本书阐述两者关系使用。

## 二、基本公共服务均等化与经济增长

"变异系数"和"最大最小值之比"是衡量地区基本公共服务均等化程度的两个常用系数。"变异系数"、"最大最小值之比"越大，基本公共服务均等化程度越低[①]。2000—2004 年，我国 31 个地区基本公共服务与"人均财政支出"和"人均 GDP"均等程度比较见表4-6。

表4-6　基本公共服务水平与人均财政支出、人均 GDP
均等程度比较（2000—2004 年）

| 指标 | 均等化系数 | 2000 年 | 2001 年 | 2002 年 | 2003 年 | 2004 年 |
| --- | --- | --- | --- | --- | --- | --- |
| 基本公共服务 | 变异系数 | 0.1458 | 0.1562 | 0.154 | 0.1604 | 0.1654 |
| | 最大最小值之比 | 1.7091 | 1.742 | 1.7799 | 1.7866 | 1.8138 |
| 人均财政支出 | 变异系数 | 0.707 | 0.728 | 0.752 | 0.773 | 0.755 |
| | 最大最小值之比 | 7.55 | 8.24 | 8.11 | 8.58 | 8.76 |

---

① 变异系数主要用于反映总体分布数列中变量值的差异程度。计算公式为：变异系数 = 标准差/平均值。

续表

| 指标 | 均等化系数 | 2000 年 | 2001 年 | 2002 年 | 2003 年 | 2004 年 |
|---|---|---|---|---|---|---|
| 人均 GDP | 变异系数 | 0.64 | 0.66 | 0.66 | 0.65 | 0.64 |
| | 最大最小值之比 | 9.65 | 10.74 | 10.78 | 10.42 | 10.49 |

资料来源：陈昌盛、蔡跃洲：《中国政府公共服务：体制变迁与地区综合评价》，中国社会科学出版社 2007 年版。

2000—2004 年，我国基本公共服务不均等程度增加（变异系数、最大最小值之比增大），与"人均财政支出""人均 GDP"两个指标的均等化发展趋势相同，但基本公共服务的均等化程度要好于这两个指标，系数明显偏小。同期，基本公共服务均等化（变异系数和最大最小值之比）与"经济增长"（人均 GDP）的相关度分别为 0.925 和 0.939，统计检验的显著性水平为 0.05，数据见表 4 - 7。可见，基本公共服务均等化与经济增长是高相关的。由于变异系数越大，均等化程度越小，因此，2000—2004 年我国基本公共服务的均等化发展与经济增长实际

表 4 - 7　基本公共服务均等化与经济增长相关度（2000—2004 年）

| 皮尔逊相关系数（Pearson Correlation） | 基本公共服务均等化<br>［变异系数］ | 人均 GDP |
|---|---|---|
| 基本公共服务均等化<br>［变异系数］ | 1 | 0.925（＊） |
| 人均 GDP | 0.925（＊） | 1 |
| 皮尔逊相关系数（Pearson Correlation） | 基本公共服务均等化<br>［最大最小值之比］ | 人均 GDP |
| 基本公共服务均等化<br>［最大最小值之比］ | 1 | 0.939（＊） |
| 人均 GDP | 0.939（＊） | 1 |

＊　表示在 0.05 的水平上显著。

上是背道而驰的。①

2005—2010 年，我国 31 个地区基本公共服务与"人均财政支出"和"人均 GDP"均等程度比较见表 4 - 8。从表 4 - 8 可知，2005—2010年我国基本公共服务均等化程度逐年增加，与 2000—2004 年形成强烈对比。无论从变异系数还是最大最小值之比来看，都呈减小趋势。也就是说，以 2005 年为分水岭，我国基本公共服务不均等问题有了明显改善。但必须注意的是，这种改善不是单纯的，还存在一定的波动。如2008 年"基本公共服务均等化"系数（最大最小值之比和变异系数）有所抬头。与此同时，"人均财政支出"与"人均 GDP"指标的均等程度也呈逐年增加的趋势。与 2000—2004 年表现出来的状况相同的是，基本公共服务不均等的程度较之"人均 GDP""人均财政支出"要小得多。

表 4 - 8　基本公共服务水平与人均财政支出、人均 GDP
均等程度比较 （2005—2010 年）

| 指标 | 均等化系数 | 2005 年 | 2006 年 | 2007 年 | 2008 年 | 2009 年 | 2010 年 |
|---|---|---|---|---|---|---|---|
| 基本公共服务 | 变异系数 | 0.137 | 0.1299 | 0.1093 | 0.1128 | 0.0996 | 0.0843 |
| | 最大最小值之比 | 1.8165 | 1.8807 | 1.7141 | 1.8294 | 1.6397 | 1.4839 |
| 人均财政支出 | 变异系数 | 0.7211 | 0.6587 | 0.6459 | 0.6068 | 0.5701 | 0.5065 |
| | 最大最小值之比 | 7.9467 | 6.452 | 5.8754 | 5.6764 | 5.2923 | 5.045 |
| 人均 GDP | 变异系数 | 0.6647 | 0.6471 | 0.6262 | 0.586 | 0.5734 | 0.4963 |
| | 最大最小值之比 | 10.1889 | 9.9698 | 9.5975 | 8.2869 | 7.6031 | 5.6354 |

从变异系数来看，2005—2010 年基本公共服务均等化与经济增长（人均 GDP）的相关度为 - 0.972，统计检验的显著性水平为 0.01。基

---

① 表中变异系数、最大值最小值之比均是以某年 31 个省市自治区基准评分为样本计算而得的；变异系数在数学上是标准差与平均数的比值，是用于反映样本分散变异性的一个统计量，用它来衡量基本公共服务的差距。

本公共服务均等化与经济增长表现出高相关性。相关系数为负可认为
是，我国基本公共服务均等化与经济增长的发展方向逐步趋于一致。从
最大最小值之比来看，基本公共服务均等化与经济增长的相关度较小。
这说明，整体均等化程度的增加并不意味着基本公共服务最好的地区与
最差的地区之间差距的减小（见表4－9）。

表4－9 基本公共服务均等化与经济增长相关度（2005—2010年）

| 皮尔逊相关系数（Pearson Correlation） | 基本公共服务均等化<br>［变异系数］ | 人均GDP |
|---|---|---|
| 基本公共服务均等化<br>［变异系数］ | 1 | －0.972（＊＊） |
| 人均GDP | －0.972（＊＊） | 1 |
| 皮尔逊相关系数（Pearson Correlation） | 基本公共服务均等化<br>［最大最小值之比］ | 人均GDP |
| 基本公共服务均等化<br>［最大最小值之比］ | 1 | －0.854（＊） |
| 人均GDP | －0.854（＊） | 1 |

＊＊ 表示在0.01的水平上显著；＊ 表示在0.05的水平上显著。

# 第四节 基本公共服务与包容性增长的关系

## 一、基本公共服务水平与包容性增长

基于分配角度的考虑，我们使用"城镇居民人均可支配收入"和
"农村居民人均纯收入"这两个指标来表示"包容性增长"。2000—2004
年数据来源于《中国政府公共服务：体制变迁与地区综合评估》数据
表，参见附录1。

2000—2004 年，各地区基本公共服务水平与"城镇居民人均可支配收入"低相关，相关系数为 0.376，统计检验的显著性水平为 0.05；各地区基本公共服务水平与"农村居民人均纯收入"中度相关，相关系数为 0.522，统计检验的显著性水平为 0.01（见表 4-10）。

表 4-10　基本公共服务水平与包容性增长相关度（2000—2004 年）

| 皮尔逊相关系数（Pearson Correlation） | 基本公共服务水平 | 城镇居民人均可支配收入 |
| --- | --- | --- |
| 基本公共服务水平 | 1 | 0.376（*） |
| 城镇居民人均可支配收入 | 0.376（*） | 1 |
| 皮尔逊相关系数（Pearson Correlation） | 基本公共服务水平 | 农村居民人均纯收入 |
| 基本公共服务水平 | 1 | 0.522（**） |
| 农村居民人均纯收入 | 0.522（**） | 1 |

*　表示在 0.05 的水平上显著；**表示在 0.01 的水平上显著。

2005—2010 年，基本公共服务水平与"城镇居民人均可支配收入""农村居民人均纯收入"亦高度相关，相关系数分别为 0.991 和 0.989，统计检验的显著性水平为 0.01（见表 4-11）。

表 4-11　基本公共服务水平与包容性增长相关度（2005—2010 年）

| 皮尔逊相关系数（Pearson Correlation） | 城镇居民人均可支配收入 | 基本公共服务水平 |
| --- | --- | --- |
| 城镇居民人均可支配收入 | 1 | 0.991（**） |
| 基本公共服务水平 | 0.991（**） | 1 |
| 皮尔逊相关系数（Pearson Correlation） | 农村居民人均纯收入 | 基本公共服务水平 |
| 农村居民人均纯收入 | 1 | 0.989（**） |
| 基本公共服务水平 | 0.989（**） | 1 |

**　表示在 0.01 的水平上显著。

若将"2000—2010 年"分为"2000—2004 年"与"2005—2010

年"两个时段，可得出以下结论：2000—2010 年，我国基本公共服务水平与包容性增长从低相关（2000—2004 年）向高相关（2005—2010 年）过渡。

## 二、基本公共服务均等化与包容性增长

2000—2004 年，我国基本公共服务均等化（变异系数）与"包容性增长"（城镇居民人均可支配收入、农村居民人均纯收入）的相关度分别为 0.920 和 0.918，统计检验的显著性水平为 0.05；基本公共服务均等化（最大最小值之比）与"包容性增长"（城镇居民人均可支配收入、农村居民人均纯收入）的相关度分别为 0.970 和 0.928，统计检验的显著性水平分别为 0.01 和 0.05（见表 4 – 12）。可见，基本公共服务均等化与"包容性增长"是高度相关的。由于变异系数越大，均等化程度越小，因此，2000—2004 年，我国基本公共服务的均等化发展与

表 4 – 12　基本公共服务均等化与包容性增长相关度（2000—2004 年）

| 皮尔逊相关系数<br>（Pearson Correlation） | 基本公共服务均等化<br>［变异系数］ | 城镇居民人均<br>可支配收入 | 农村居民<br>人均纯收入 |
|---|---|---|---|
| 基本公共服务均等化<br>［变异系数］ | 1 | 0.920（＊） | 0.918（＊） |
| 城镇居民人均可支配收入 | 0.920（＊） | 1 | ／ |
| 农村居民人均纯收入 | 0.918（＊） | ／ | 1 |
| 皮尔逊相关系数<br>（Pearson Correlation） | 基本公共服务均等化<br>［最大最小值之比］ | 城镇居民人均<br>可支配收入 | 农村居民<br>人均纯收入 |
| 基本公共服务均等化<br>［最大最小值之比］ | 1 | 0.970（＊＊） | 0.928（＊） |
| 城镇居民人均可支配收入 | 0.970（＊＊） | 1 | ／ |
| 农村居民人均纯收入 | 0.928（＊） | ／ | 1 |

＊＊　表示在 0.01 的水平上显著；　＊　表示在 0.05 的水平上显著。

"包容性增长"实际上是背道而驰的。①

从变异系数来看，2005—2010 年我国基本公共服务均等化与包容性增长（城镇居民人均可支配收入、农村居民人均纯收入）的相关度分别为 -0.967 和 -0.966，统计检验的显著性水平为 0.01（见表 4 - 13）。基本公共服务均等化与包容性增长表现出高相关性，基本公共服务均等化与"包容性增长"的发展方向逐步趋于一致。从最大最小值之比来看，基本公共服务均等化与"包容性增长"的相关度较小。

表 4 - 13　基本公共服务均等化与包容性增长相关度（2005—2010 年）

| 皮尔逊相关系数<br>（Pearson Correlation） | 基本公共服务均等化<br>［变异系数］ | 城镇居民人均<br>可支配收入 | 农村居民<br>人均纯收入 |
|---|---|---|---|
| 基本公共服务均等化<br>［变异系数］ | 1 | - 0.967（＊＊） | - 0.966（＊＊） |
| 城镇居民人均可支配收入 | - 0.967（＊＊） | 1 | ／ |
| 农村居民人均纯收入 | - 0.966（＊＊） | ／ | 1 |
| 皮尔逊相关系数<br>（Pearson Correlation） | 基本公共服务均等化<br>［最大最小值之比］ | 城镇居民人均<br>可支配收入 | 农村居民<br>人均纯收入 |
| 基本公共服务均等化<br>［最大最小值之比］ | 1 | - 0.823 | - 0.842（＊） |
| 城镇居民人均可支配收入 | - 0.823（＊） | 1 | ／ |
| 农村居民人均纯收入 | - 0.842（＊） | ／ | 1 |

＊＊　表示在 0.01 的水平上显著；　＊　表示在 0.05 的水平上显著。

---

① 表中变异系数、最大值最小值之比均是以某年 31 个省、市、自治区基准评分为样本计算而得的；变异系数在数学上是标准差与平均数的比值，是用于反映样本分散变异性的一个统计量，用它来衡量基本公共服务的差距。

# 第五节　结论归纳与问题分析

## 一、基本公共服务与区域经济发展状况

从基本公共服务水平来看，2000—2004 年我国基本公共服务与经济增长高相关，但与包容性增长相关度较低；2005—2010 年我国基本公共服务与经济增长、包容性增长高相关，发展趋势基本一致。

从基本公共服务均等化来看，2000—2004 年我国基本公共服务均等化与经济增长、包容性增长高相关（相关系数为正）。因均等化系数为逆指标，基本公共服务均等化与经济增长、包容性增长方向不一致。2005—2010 年我国基本公共服务均等化与经济增长、包容性增长高相关（相关系数为负），基本公共服务均等化与经济增长、包容性增长方向趋于一致。

综上，2000—2010 年我国基本公共服务水平与经济增长、包容性增长是并驾齐驱的，即经济状况越好，基本公共服务水平越高。以2005 年为分水岭，基本公共服务不均等问题有了较大改善。2000—2010 年，基本公共服务均等化与经济增长、包容性增长从发展方向"相左"向方向"一致"转型。

## 二、基本公共服务与经济发展的一致性

基本公共服务与"经济增长"的一致性。当前，国内有一部分学者通过研究得出了基本公共服务与"经济增长"高相关的结论，但他们对两者作用机理的解释有所不同。如赵佳佳（2008）认为加大地方政府公共服务支出水平，尤其是社会公共服务，有助于区域经济发展。李敏纳（2009）认为，当前中国经济增长与社会公共服务之间有明显的正相关关系，经济增长是社会公共服务水平提高的 Granger 原因。范亚舟（2010）认为，基本公共服务对经济有促进作用，但经济增长并

不必然提高基本公共服务水平。本研究得到的"经济增长与基本公共服务高相关"的结论与这些国内学者的判断基本吻合。经济增长让国家有足够的财力、物力和人力来推行基本公共服务，是基本公共服务的基础。

基本公共服务与"包容性增长"的不一致性。从2000—2004年数据来看，我国基本公共服务与"包容性增长"的相关性不高，各地区基本公共服务与"包容性增长"不协调。这是由于经济是影响基本公共服务的重要因素，在地区差距不断加大的前提下，基本公共服务不均等程度增加是必然的现实。从另一个角度看，"这本身也可以部分解释我国近年来地区间经济发展和居民收入的差距为什么会持续拉大。因为作为社会群体和个人之间最应该平等分配的基本公共服务本身就存在不小的差距。作为社会基本平等客体的基本公共服务都差距明显，又怎么能奢望其充分发挥其熨平群体差别的作用呢"①。

与"经济增长"比较，我国基本公共服务与"包容性增长"的相关性要弱一些，2005年以前尤其如此。这个问题的出现并不令人意外。经济增长说明我们创造了财富，却不能说明我们是如何分配财富的。换句话说，经济增长未必带来经济发展，未必是包容性的增长。因此，当经济增长与基本公共服务表现出高相关性时，包容性增长与基本公共服务之间表现出来的低相关或者不相关亦为可能。

当然，对该问题的理解还涉及区域发展现状及国家区域发展战略。从逻辑上看，一个地方的经济发展了，公共财力增强了，基本公共服务水平就会随之提高。其实不然。我国目前还有不少经济发达地区的基本公共服务处于较低水平。而且，即使有的地方的基本公共服务水平增强了，也并不一定意味这个地方的经济已经发展起来了。如我国西部的一些地区，基本公共服务的财力很大一部分来自于转移支付，靠的是国家财政补贴。在这种情况下，基本公共服务与当地群众经济收入的关联性并不强。

---

① 陈昌盛、蔡跃洲：《中国政府公共服务：基本价值取向与综合绩效评估》，《财政研究》2007年第6期。

　　基于以上分析，我们得出以下结论：第一，在我国，发展基本公共服务与发展经济并不存在此消彼长的关系。从作用机理来看，基本公共服务与经济增长、包容性增长在促进社会公平、提升个体可行能力、改善经济结构等方面存在很多的交集，对我国"十二五"经济社会的发展至关重要。第二，从发展近况来看，我国基本公共服务与经济增长同步提升，基本公共服务均等化程度随地区经济发展差距的缩小而不断增加，发展基本公共服务与发展经济并非势不两立，拥有共赢的空间。

# 第五章　基本公共服务作用于区域
# 经济发展的机理

对基本公共服务与区域经济发展关系的讨论分布于经济学、管理学、系统论等多个学科领域。经济学从资源优化配置的角度讨论基本公共服务与区域经济发展的关系，关注的是中宏观层面。管理学从个体角度讨论公共服务如何通过作用于个体激发区域经济活力，关注的是微观层面。系统论不仅强调系统内部要素之间的作用，还执着于系统内部与外部的关系，强调时间对问题分析的重要性。本部分的主要工作是，从经济学、管理学和系统论三个角度分析基本公共服务作用于区域经济发展的机理，挖掘系统运行的深层次机制。经济角度的分析运用发展经济学、公共经济学、福利经济学理论，注重对介质要素的阐述。管理角度的分析运用组织行为学理论，从个体角度讨论基本公共服务作用于区域经济发展的微观路径和激励机制。系统角度的分析着重于包容性增长与系统论的关系，利用系统反馈环思考以基本公共服务促进区域经济包容性增长的路径。

## 第一节　经济学理论视角

经济学对基本公共服务与区域经济发展的讨论主要分布于经济增长理论和福利经济学两个领域。在增长理论的视角下，影响经济增长的要素是讨论的重点，如公共支出、技术进步，以及投资、消费和出口"三驾马车"。在福利经济学视角下，庇古命题、补偿原则、社会福利函数的研究也颇有意思。

## 一、基本公共服务对区域经济的影响

### （一）公共支出

从支出角度讨论基本公共服务与经济增长关系的研究较多，可追溯到新古典内生经济增长理论。宇泽弘文（Uzawa，1965）使用教育部门的产出内生了技术进步。阿罗（Arrow，1962）用技术或者知识等公共物品的外部效应来解释经济增长。阿绍尔（Aschauer，1989）设立的新古典模型虽没有把公共物品内生于经济增长，但已经指出诸如机场、公路等基础设施对经济增长的强有力支持作用。巴罗（Barro，1990）使用政府提供的公共物品内生了经济增长。另有一些学者将注意力集中在公共 R&D 对经济增长的贡献上。[①] 至于公共支出对经济是否有积极作用，学者各持己见。

在讨论学者观点之前，首先明确几个基本概念，如生产性支出、非生产性支出、消费性支出。通常我们将财政支出分为两大类：一是生产性支出；二是非生产性支出，消费性支出属于非生产性支出。其中，生产性支出（Depense Productive）是指财政用于同社会生产直接有关的各项支出，包括生产性基础建设支出、企业挖潜改造资金、科技三项费用、地质勘探费、支援农业生产支出、国家物资储备支出等。非生产性支出是指与生产没有直接关系的支出，主要包括非生产性固定资产支出、社会文教科学卫生支出、行政管理和公检法支出。有专家认为，由于生产性支出直接促进物质生产的增长，应当优先保证。而非生产性支出是保证社会全面发展的必要条件，也要适当安排。可见在支出的排序上，早期的思维是认定"生产性支出优于非生产性支出"。消费性支出

---

① 骆永民：《公共物品、分工演进与经济增长》，《财经研究》2008 年第 5 期。

（Nonproductive Expenditure）是指政府以消费者身份在市场上购买所需商品和劳务所发生的支出。消费支出可分为公共消费支出和个人消费支出两部分。凡是购买的商品和劳务是由集体共同享受的，属于公共消费，如机关办公用品、城市公共设施；凡是购买的商品和劳务是由个人单独享受的，属于个人消费，如行政事业单位人员个人的日常生活消费。

凯恩斯最早提出了"政府支出乘数理论"。他认为，扩大政府的公共支出会促进经济增长。由于凯恩斯在研究中并未区分生产性支出与非生产性支出，一些学者对他的看法提出了质疑，认为政府支出结构不同，促进经济增长的作用也不尽相同。兰道（Daniel Landau，1983）检验了政府消费支出占 GDP 的比重与真实人均 GDP 增长率之间的关系，结果显示两者之间有负相关关系，但政府的教育投资则与人均 GDP 增长率具有正的非常显著的关系。格瑞尔和塔洛克（Grier 和 Tullock，1987）利用第二次世界大战后 115 个国家的面板数据进行的经验分析表明：GDP 的实际增长率与政府消费性支出比率是显著负相关；但政府的投资性支出（基础设施建设等）为经济增长提供了必要环境。巴罗（Barro，1990）在 AK 模型的基础上，构造公共支出的内生增长模型，指出公共支出与私人投资是互补的，公共支出的规模会显著地影响经济增长率。巴罗（Barro，1991）明确区分了财政支出中的非生产性政府消费和生产性公共投资，并对 98 个国家 1960—1985 年间的人均 GDP 增长率进行了回归分析，得出的结论是：公共消费对人均 GDP 产生显著的负面影响，而公共投资对人均 GDP 有正的影响，但统计上不显著。De-varajan、Swaroop 和 Zou（1996）通过对 43 个发展中国家近 20 年的统计分析表明，政府生产性支出占总支出的比重对经济增长有负作用，而政府的非生产性支出占总支出的比重与经济增长正相关。

国内学者在公共支出与经济发展的关系上也有一些发现，见表 5-1。

表5-1 国内学者对公共支出与经济发展关系的研究

| 部分学者观点 | 来 源 |
|---|---|
| 一些地方生产支出（例如地方农业支出、基建支出、企业挖潜改造支出等）并不促进长期经济增长，而政府机构支出等强制扩大公共消费的支出能够带动经济增长。地方财政支出对地区短期和长期的经济增长影响有密切的相关关系，其中，一些地方生产性支出对长期经济增长并不具有促进作用 | 廖楚晖、余可，2006① |
| 在我国的经济转型期公共支出、政府消费性支出对经济增长有显著的正向作用 | 庄腾飞，2006② |
| 尽管公共支出对增长有正效应，但公共支出不能使不平等收敛，反而增加了不平等 | 赵忠良，2006③ |
| 生产性财政支出冲击的加大会在较长一段时期内抑制经济增长，而非生产性财政支出冲击的加大，尽管在短期内能推动经济增长，但在长期内还会导致经济增长水平降低 | 齐福全，2007④ |
| 对地区经济增长具有正相关性影响的地方财政支出主要是生产性事业费支出、企业挖潜改造支出和政府机构支出 | 余可，2008⑤ |
| 中国的公共支出和经济增长之间不存在协整关系和因果关系，政府公共支出既不是国民经济内生决定的，也不对国民经济起到引导作用 | 赵佳佳等，2008⑥ |
| 对东部和西部基本建设支出和科教文卫支出与经济增长的长期关系进行了比较研究，发现东部和西部基本建设支出和科教文卫支出与经济增长关系具有明显差异 | 张明玖，2009 |

---

① 廖楚晖、余可：《地方政府公共支出结构与经济增长——基于中国省际面板数据的实证分析》，《财贸经济》2006年第11期。

② 庄腾飞：《公共支出与经济增长关系的新视角——基于省际面板数据的经验研究》，《财经科学》2006年第11期。

③ 赵忠良：《我国经济增长、社会不平等和公共支出相关关系的实证分析与政策建议》，《湖南社会科学》2006年第6期。

④ 齐福全：《地方政府财政支出与经济增长关系的实证分析——以北京市为例》，《经济科学》2007年第3期。

⑤ 余可：《地方财政支出结构与地区经济增长的空间计量分析》，《财经理论与实践》2008年第4期。

⑥ 赵佳佳、王建林：《从中国实例看公共支出与经济增长的因果关系》，《云南财贸学院学报（社会科学版）》2008年第1期。

续表

| 部分学者观点 | 来　源 |
|---|---|
| 公共支出总量增长对全国、城镇和农村居民消费都具有挤入效应；在公共支出结构方面，只有社会文教方面的支出对居民消费具有显著的挤入效应 | 刘东皇、沈坤荣，2010① |
| 社会性支出对经济增长有一定的促进作用，但统计上并不显著经济性支出对经济增长具有不显著负相关性，维持性支出对经济增长存在显著负相关性，提出了增加社会性支出、缩减经济性支出与维持性支出的公共支出结构调整的政策建议 | 刘俊英，2012② |

由表 5-1 知，学者研究结论大相径庭。持公共支出促进经济增长观点的学者认为，政府公共支出在经济增长中发挥着重要作用，因为它为经济发展提供了大量的公共品和其他具有外部效应的公共福利或服务，从而鼓励和便利了私人投资，形成了一个较好的投资环境，促进了经济增长。持反对意见的学者则认为，"公共支出往往是生产率较低的，为融通政府支出而形成的高税收又会对私人部门的消费和投资造成很大的负面影响，因此必须缩减政府支出，才能保证经济增长"。③

归纳国内外研究，有以下几个结论：公共支出与经济增长存在相互影响的关系，但两者相关度的大小以及正相关还是负相关并不确定，需要根据公共支出类别进行划分。总的来说，公共支出会影响地区经济增长率，公共投资对地区经济有正面影响，公共消费对区域经济有负面影响。相比生产性支出，非生产性支出在实证研究中得到的支持更多，更能支持区域经济增长。而公共教育、社会保障、医疗卫生等公共服务项目正是非生产性支出的主要内容。因此，与公共服务相关的公共支出对经济增长具有正面影响作用。

---

① 刘东皇、沈坤荣：《公共支出与经济发展方式转变：中国的经验分析》，《经济科学》2010 年第 4 期。

② 刘俊英：《公共支出与区域经济协调发展：理论综述与研究动态》，《经济问题探索》2012 年第 10 期。

③ 钱小林、李晨赵：《关于公共支出与经济增长的国内外研究综述》，《经济研究导刊》2010 年第 35 期。

　　除了从生产性支出、非生产性支出、消费性支出角度思考基本公共服务与区域经济的关系，还应从社会性、经济性和维护性三个角度进行讨论。这三个功能对应维护性公共服务、经济性公共服务和社会性公共服务。政府提供这三类公共服务都会带动公共支出，但三类公共支出对经济增长的作用有明显差异。

　　经济性公共服务（如农业建设、基础建设、科学技术等）通过投资与技术进步拉动经济增长，对经济增长的作用明显。社会性公共服务包括义务教育、就业服务、社会保障、医疗卫生、公共文化、环境保护等，主要作用于公民个体，其与区域经济的发展关系最易遭到质疑。以下借用萨缪尔森的观点对社会性服务与区域经济增长的关系进行阐述。萨缪尔森认为经济发展的四大要素是人力资源、自然资源、资本构成和技术。政府为打破"低收入→低储蓄→低投资→低生产率→低收入→……"的恶性循环，需同时增加投资、提高健康和教育水平，发展技术并且控制人口增长，见图5-1。

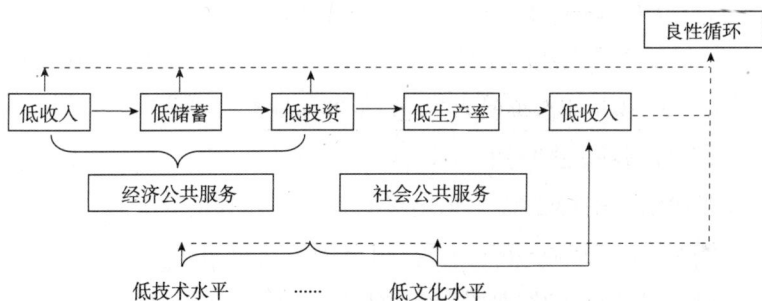

**图5-1　公共服务在经济发展恶性循环→良性循环中的作用机理**

资料来源：赵佳佳：《公共服务结构对区域经济影响的实证分析——以东北地区为例》，《东北财经大学学报》2008年第11期。

　　只有进行有效率的公共支出，才能迅速促使经济发展进入良性循环。社会性公共服务主要是通过作用人力资源，提高健康、教育水平促进技术进步，拉动经济增长。具体而言，健康、教育、医疗等基本公共服务有助于促进区域人力资本的积累，提高劳动生产率和资源的利用效率，降低经济对物质资本的投入依赖。社会保障水平的提高则有助于减少居民的预防性储蓄，促进消费，扩大内需，实现经济发展方式的转变和经济结构的优化。赵佳佳（2008）通过对全国和东北三省地区数据分析提出，"在当前构建社会主义和谐社会阶段，加大地方政府公共服务支出水平，尤其是社会公共服务，有助于区域经济发展"。[①] 李敏纳（2009）分析了 2005 年中国社会公共服务与经济增长的关系，提出"中国经济增长与社会公共服务之间有明显的正相关关系，经济增长是社会公共服务水平提高的 Granger 原因，但经济增长和社会公共服务之间还没有形成良性互动关系"。

## （二）就业服务

就业与区域经济的关系，是否不容置疑，关键在于就业对区域经济的作用是好还是坏，是大还是小。此外，两者之间谁是因谁是果也是值得商榷的问题。

1962 年美国经济学家阿瑟·奥肯（Arthur Okun）测算出一条关于实际 GNP 增长率与失业率之间关系的经验规律，即若一年实际 GNP 增长率超过潜在 GNP 增长率的2.5%，可使失业率降低1%，人们把这一规律称为奥肯定律。奥肯定律的公式为：$g = (Y - Y_1)/Y = a(U - U_1)$。其中，$g$ 是事实上的失业率给该国 GNP 造成的损失的百分比；$Y$ 为潜在的 GNP，$Y_1$ 为事实上的 GNP；$a$ 为每1%的失业率给该国 GNP 造成的损失的百分比；$U$ 为实际失业率，$U_1$ 为自然失业率。经过移项可将该公式变形为：$U = (Y - Y_1)/aY + U_1$。考虑到 $a$ 和 $U_1$ 是常数，失业率由潜在 GNP 和实际 GNP 的差额（$Y - Y_1$）决定。也就是说，经济增长越好，失业率越小，经济增长是解决失业问题的根本出路。因此，从奥肯定律来看，好经济意味着好就业。就业与区域经济发展有一致性。

从生产函数 $Y_t = A_t f(L_1, K_t)$ 来看，经济增长是技术进步、资本积

① 赵佳佳：《公共服务结构对区域经济影响的实证分析——以东北地区为例》，《东北财经大学学报》2008 年第 11 期。

累和劳动力增加等因素长期作用的结果。经济增长与劳动力增长（就业增长）应是一致的、正相关的。经济增长会推动就业的相应增长，降低失业率。

就理论来看，好的经济发展环境必然带来高的就业率，经济增长必然带动就业增长。有学者（赵建国，2003）通过统计分析得出，我国经济高增长的同时带来了就业机会的扩大，通过保持较高水平的经济增长可以很好地促进就业增加。[①] 然而，这个问题并非这样简单。我们知道，就业弹性是衡量经济增长和就业增长之间关系的常用指标，它反映了经济增长对就业的吸纳能力。有专家（卞纪兰等，2011）通过对就业弹性的分析提出：我国经济增长与就业人口数之间存在着高度的相关关系，但并不存在因果关系。这意味着我国经济快速的增长并没有有效地促进就业增长。[②] 为何会这样，一些学者给出了说法。李红松（2003）认为，造成该问题的原因是就业弹性水平与产业结构相关。如劳动密集型行业就业弹性高，资本密集型、技术密集型行业就业弹性低。当产业结构中资本密集型、技术密集型产业越多，产业对就业的拉动作用就越小。[③] 这个说法从另一个角度论证了我国扩大就业需要从发展劳动密集型的服务业着力。

在就业与区域经济关系上，我国和发达国家的分析结论不同。李俊锋等（2005）对我国和美国做了比较，提出"美国的 GDP 增长率和就业增长率呈现同步变化规律，其就业弹性也相对较高，表明美国的经济增长对就业的拉动作用显著。而我国则显示出经济增长和就业背道而驰的特征"。[④] 他们认为，造成我国经济增长与就业非一致性的原因是有效就业量与名义就业量不相等。由于经济增长直接带动的是有效就业的增长，当总的名义就业量和有效就业量不一致时，得出的经济增长与就

① 赵建国：《经济增长促进就业的实证分析》，《财经问题研究》2003 年第 5 期。
② 卞纪兰、赵桂燕、林忠：《中国就业与经济增长关系分析》，《生产力研究》2011 年第 7 期。
③ 李红松：《我国经济增长与就业弹性问题研究》，《财经研究》2003 年第 4 期。
④ 李俊锋、王代敬、宋小军：《经济增长与就业增长的关系研究——两者相关性的重新判定》，《中国软科学》2005 年第 1 期。

业增长的相关性就会不一样。站在我国现状的基础上，这个原因具有很强的说服力。就业或失业统计数据的来源，已导致诸如此类数据分析结论的难以取信。

此外，必须注意到民族地区与非民族地区在这个问题上也有差距。包宁（2012）认为，少数民族地区的短期就业弹性显著地低于其他地区，少数民族地区每1个百分点的经济增长只能提升就业0.0499个百分点，而其他地区每1个百分点的经济增长可以提升就业0.6773个百分点。民族地区的经济增长对地区就业的带动作用明显低于非民族地区。因此，不能单纯地通过经济增长来改善民族地区就业，需要通过提高少数民族地区的就业调整速度，对区域内的企业规模进行重新整合，通过融资渠道扶持一定规模的中小企业发展，通过提高最低工资和其他补贴的方法吸引更多的劳动力在少数民族地区就业，来提高少数民族地区就业弹性。[1]

## （三）社会保障

最早从财政角度对社会保障与经济增长进行深刻论述的当属英国著名经济学家凯恩斯（John Maynard Keynes）。1936 年，凯恩斯出版了《就业、利息和货币通论》一书。在这本书中，他建立了一个以国家干预为中心、以医治经济危机与失业为目标的完整的理论体系，即凯恩斯主义。凯恩斯认为，一个国家的经济和就业状况是由社会有效需求决定的。国家必须走积极干预经济的道路，通过扩大财政支出，甚至采取赤字财政政策，大幅度提高居民的生活福利，扩大社会公共福利，加快基础设施建设，刺激有效需求增长，实现充分就业和施行社会保障。他主张通过累进税和社会福利等办法重新调节国民收入分配，缩小贫富差距，促进社会公平。[2]

大多数学者认可社会保障制度对经济具有一定的影响力，并从消

---

① 包宁、田晓青：《经济增长与就业关系的比较研究——以少数民族地区与其他地区的比较为例》，《云南民族大学学报（哲学社会科学版）》2012 年第 5 期。

② 霍慧丽：《凯恩斯的社会保障思想及其影响》，《决策与信息》2009 年第 4 期。

费角度给出了一些解释。完善的社会保障制度对消费的积极作用表现在：

第一，社会保障为人们带来稳定的生活预期，促进居民消费增长。那种为了防范住房、养老、疾病及子女教育等问题不得不限制现期消费的现象会因社会保障的增加而相应减弱。

第二，社会保障的再分配功能有助于提高社会的边际消费倾向。根据凯恩斯的消费倾向理论，消费量的大小取决于消费倾向的强弱。对低收入者来讲，消费倾向较高，边际储蓄倾向较低。对高收入群体，边际消费收入倾向低，边际储蓄倾向则相对较高。因此，向低收入人群提供社会保障可以释放消费，促进区域经济增长。

利用最终消费率做补充说明。最终消费率是指一个国家或地区在一定时期内的最终消费占当年 GDP 的比率。李国璋等（2013）认为，国家通过加大社会保障的投入力度，完善社会保障的覆盖面来增加消费率，完成经济发展方式转变的政策是完全有效的。[①]

最终消费率计算公式为：

$$消费率 = \frac{消费支出}{GDP} \times 100\%$$

1978—2010 年，我国最终消费率呈不断下降趋势。2010 年为47.4%，比 1978 年下降了 14.7 个百分点。可见，消费对我国经济的拉动作用在过去的 30 余年时间是有退步的。若将下降的 14.7 个百分点的消费率分解到居民消费和政府消费，则居民消费下降了 15 个百分点，政府消费率增加了 0.3 个百分点（见图 5 - 2）。

若将居民消费细化到农村居民和城市居民，可以发现，1978—2010年间，我国农村居民消费率呈下降趋势，从 1978 年的 30% 下降到了2010 年的 8%，下降了 22 个百分点；城镇居民消费率从 1978 年的 18%上升到了 2010 年的 26%，上升 8 个百分点。由此可见，我国城乡差距的发展趋势，没有减小，还在增加（见图 5 - 3）。

---

[①] 李国璋、梁赛：《我国社会保障水平对消费率的影响效应分析》，《消费经济》2013 年第 6 期。

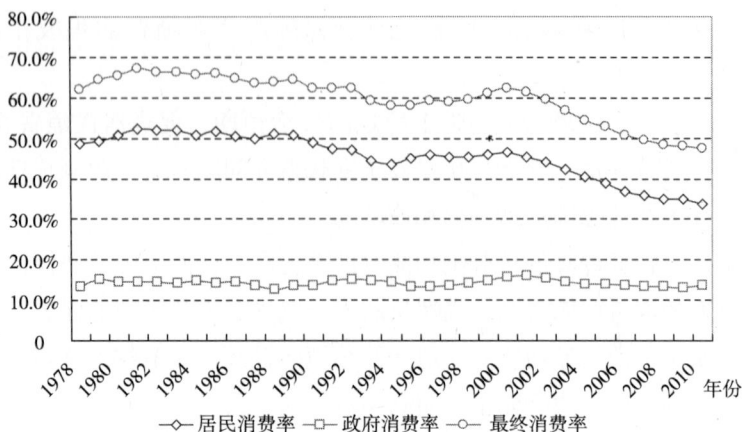

**图 5-2 中国消费率变动趋势（1978—2010 年）**

资料来源：《中国统计年鉴 2011》。

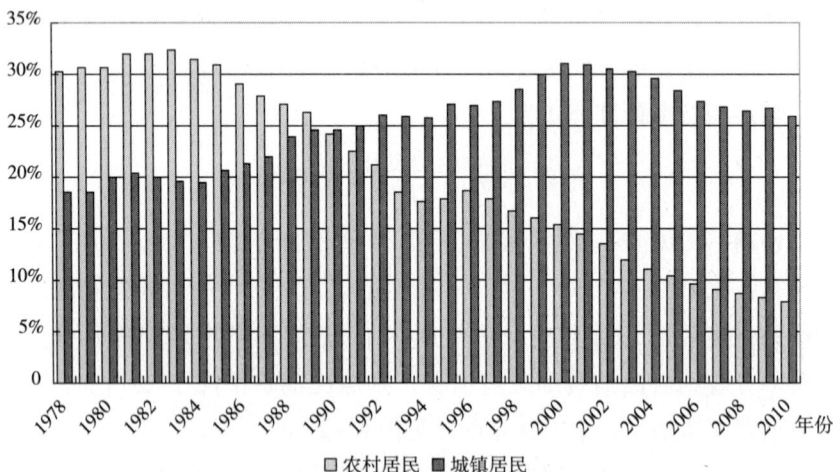

**图 5-3 中国城乡居民消费率变动趋势（1978—2010 年）**

资料来源：《中国统计年鉴 2011》。

第三，政府社会保障支出也是拉动消费的重要力量。一个国家的社会保障支出通常包括社会保险支出、社会福利救助支出、军人优抚支出和自然灾害救济支出、住房保障、农村社会保障等等。其中社会保险支出又包括养老保险支出、失业保险支出、医疗保险支出、工伤保险支出等等。1990—2010 年，我国财政社会保障支出占比变化趋势见图 5-4。前后 21 年，我国财政社会保障支出占财政支出的比重增加了 12.28 个百分点，相比 1990 年的 1.78%，进步显而易见。相比而论，财政社会保障支出占 GDP 的比重则增长缓慢，21 年间增长不到 3 个百分点。与其他国家相比，我国仍旧存在差距。邵雪松等（2011）将我国社会保障支出占大口径财政支出（财政支出＋社会保险基金支出）的比例和占 GDP 的比例与世界主要发达国家及部分发展中国家社会保障水平进行横向比较，结果表明，我国的社会保障支出比例明显偏低。①

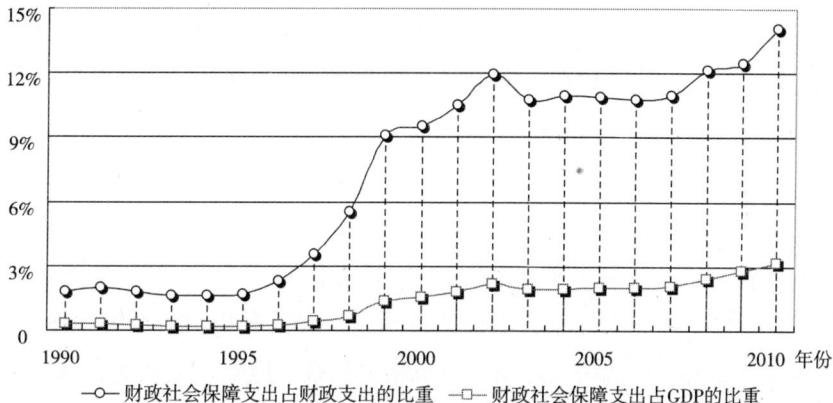

**图 5-4　中国财政社会保障支出占比变化趋势（1990—2010 年）**

资料来源：李桂保：《我国财政社会保障支出和经济增长的实证研究——基于 1990—2010 年数据》，《河南工程学院学报（社会科学版）》2012 年第 3 期。

需要补充的是，国内学者实证的结果与理论分析有些出入。有的学者认为，社会保障与经济增长之间没有因果关系，有的则认为存在"经济增长→社会保障"的单向关系，还有的则认为存在"经济增长→社会保障、社会保障→经济增长"的双向因果关系。崔大海选取 1978—2006 年的财政社会保障支出与 GDP 的数据，通过 Granger 因果检验和

---

① 邵雪松、杨燕红：《社会保障支出的国际比较研究》，《厦门特区党校学报》2011 年第 2 期。

协整分析，研究我国财政社会保障支出与经济增长的动态关系。研究结果表明，两者之间存在单向的因果关系，即经济增长促进了财政社会保障支出的增加，而财政社会保障支出不是经济增长的原因。① 得到该结论的还有李胜基、钟廷勇（2010）的研究。他们采用吉林省 1995—2008 年社会保障支出和 GDP 的数据，研究结果显示，吉林省的经济增长与社会保障支出之间存在单向因果关系，即社会保障支出并不是经济增长的原因，而经济增长是社会保障支出增长的原因。② 赵蔚蔚（2011）则得出了不同的结论。其选取 2000—2010 年数据，通过分析发现：财政社会保障支出与经济增长之间存在长期的协整关系，并且二者是长期相互作用的；财政社会保障支出和经济增长互为因果关系，即财政社会保障支出的增长在一定程度上促进了经济的增长，而经济的增长也对财政社会保障支出起促进作用。③

除因果关系的分析外，学者们还极力论证社会保障与经济增长的"正"或"负"关系。董拥军等（2007）基于省际面板数据，以 29 个省、自治区、直辖市 1995—2003 年的社会保障支出和 GDP 数据为样本，对社会保障支出与经济增长的关系进行实证分析。研究结果表明，社会保障支出与经济增长之间呈现负相关关系。但是，他认为，从资本以及劳动力角度来说，社会保障水平与经济增长是正向关系，负相关性来自于我国省际社会保障支出水平与经济发展水平、经济实力的严重不协调。④ 赵建国等（2012）运用非线性 STR 模型考察财政社会保障支出经济增长效应的动态性。经验研究结果表明：两者关系表现出明显的非线性动态特征。财政社会保障支出对经济增长具有一定程度的负面效

---

① 崔大海：《我国财政社会保障支出与经济增长的相关关系研究》，《江淮论坛》2008 年第 6 期。

② 李胜基、钟廷勇：《吉林省社会保障支出与经济增长关系实证研究》，《现代经济信息》2010 年第 15 期。

③ 赵蔚蔚：《我国社会保障支出和经济增长的关系——基于协整分析与 Granger 因果检验》，《吉林省经济管理干部学院学报》2011 年第 4 期。

④ 董拥军、邱长溶：《我国社会保障支出与经济增长关系的实证》，《统计与决策》2007 年第 4 期。

应，但由于缺乏弹性而影响较小。总体而言，财政社保支出对经济增长的影响效应为中性偏负。[①] 赵怡（2007）利用 2005 年的数据分析了我国社会保障与经济增长的关系。分析结论表明，社会保障水平每提高 1 个百分点，那么消费支出将增加 15724.97 亿元；社会保障水平的增加与资本投资呈负相关关系，而且相关关系并不是很明显。社会保障制度的建立在一定程度上削减了企业部分本可以用于投资的资金；社会保障与储蓄是正相关关系，社会保障水平每提高 1 个百分点，对储蓄的作用比消费的作用影响大。[②] 也就是说，从"社会保障→消费"这个角度来看，社会保障与经济增长具有正向关系，但"社会保障→储蓄"的作用更大。加之，社会保障与投资的关系还不明确，因此，社会保障与经济增长的关系也是复杂和不明确的。此外，从系统角度看，观测社会保障与经济增长的长期的、均衡的关系，也是非常重要的。李桂保（2012）选取我国 1990—2010 年财政社会保障支出和经济增长数据，采用协整检验、误差修正模型以及格兰杰因果检验，对财政社会保障支出与经济增长这两个变量进行实证研究。研究结论表明，我国财政社会保障支出与经济增长之间存在着长期稳定的均衡关系。[③]

## （四）基础设施

基础设施是指，"直接或间接地有助于提高产出水平和生产效率的经济活动，其基本要素是交通运输、动力生产、通讯和银行业、教育和卫生设施等系统，以及一个秩序井然的政府和政治结构"（Greenwald，1982）。进一步地说，基础设施是为社会生产和居民生活提供公共服务的物质工程设施，是用于保证国家或地区社会经济活动正常进行的公共服务系统。世界银行（1994）将基础设施分为经济性基础设施与社会性基础设施。其中，交通运输、邮电通讯、能源供给等经济性基础设施

---

① 赵建国、李佳：《财政社会保障支出的非线性经济增长效应研究》，《财政研究》2012年第 9 期。

② 赵怡：《我国社会保障与经济增长关系研究》，《管理世界》2007 年第 12 期。

③ 李桂保：《我国财政社会保障支出和经济增长的实证研究——基于 1990—2010 年数据》，《河南工程学院学报（社会科学版）》2012 年第 3 期。

作为物质资本，直接参与生产过程，有益于提高社会生产能力进而加快经济增长速度；科教文卫、环境保护等社会性基础设施水平的提高，有利于形成人力资本、社会资本、文化资本等，是调整和优化经济结构、改善投资环境、推动经济发展的基础。

亚当·斯密认为，分工水平由市场大小决定，而市场大小及商业发展程度取决于道路、桥梁、运河、港口等公共设施建设水平。20世纪30年代，面对大萧条时期的有效需求不足，凯恩斯主张借助政府干预消除危机，将公共工程支出（即基础设施投资）作为政府反经济危机的手段，以此弥补个人需求的不足。基础设施投资作为国民经济的一项要素投入不仅能引起总产出直接增加，还会通过乘数效应影响资本积累，带动几倍于投资额的社会总需求，进而提高国民收入，加速社会经济活动。以索洛（Solow）为代表的新古典经济增长理论则认为，资本扩张对经济增长的影响最终受制于边际报酬递减规律。虽然基础设施投资提高了整个社会的资本存量、增加了产出，但其对经济增长只有短期效应，不能影响长期经济增长。因此，基础设施投资并非现代经济增长的关键因素，经济的长期增长依赖于外生的技术进步。

从投资消费角度看，"基础设施不仅是一项投资，通过需求拉动及资本积累在短期直接影响经济增长，而且还是具有'外部性'的准公共物品，能间接对经济增长产生长期影响"。[1] 就实践而言，专家学者和宏观经济调控者都以实际行动论证了基础设施建设对我国经济建设的重要性。首先，学术界的诸多研究成果支撑这样一个结论，我国的基础设施与经济增长呈显著的正相关关系（踪家峰、李静，2006）[2]，基础设施对经济增长有显著的促进作用，是经济增长的原因（薛勇军等，2011）[3]。赵坚（1995）指出基础设施的严重滞后性已经成为影响我国

① 李平、王春晖、于国才：《实践基础设施与经济发展的文献综述》，《世界经济》2011年第5期。

② 踪家峰、李静：《中国的基础设施发展与经济增长的实证分析》，《统计研究》2006年第7期。

③ 薛勇军、扶涛、王淼：《基础设施对经济增长促进作用的实证研究——以云南为例》，《经济问题》2012年第7期。

经济实现快速稳定增长的主要因素之一。张望等（2007）认为，自
1994年以来基础设施投资冲击改变了我国经济增长的特征，生产性、
生活性基础设施对经济增长的影响是明确的和同步的，但社会性基础设
施对经济增长的作用是不确定的。王任飞、（2006，2007）认为我国基
础设施资本产出弹性虽然低于私人资本的产出弹性，但具有显著的经济
增长效应，基础设施资本每增加1%，可以使劳动生产率和总产出增长
0.297%；在基础设施与经济增长的互动关系中，基础设施促进经济增长
居于主导地位。杨帆（2011）对我国交通基础设施与经济增长进行了研
究，提出"交通基础设施与经济增长间存在长期均衡关系，前者是后者
的Granger原因，反之不成立"，"交通基础设施对经济增长具有显著的促
进作用，且公路交通基础设施对经济增长的贡献率显著大于铁路交通基
础设施"。[①] 此外，我国近年来提速经济增长采用"扩大基础设施投资"
的做法，也从另一个角度说明了基础设施对经济增长的正向作用。

　　综上，无论从就业、社会保障还是基础设施来说，关系民生系列工
程对区域经济的发展都是有作用的，且大都是正面影响，起到好的作
用。以民生为纽带，基本公共服务与区域经济可以很好地实现包容性增
长，实现共赢并行。

## （五）效率和成本

　　基本公共服务通过效率改善促进经济增长。可将基本公共服务分为
提高交易效率和提高劳动效率两大类。公共交通、通讯网络、电视电台
服务、天气预报等基本公共服务具有提高交易效率的功能。而医疗卫
生、公共教育、基础设施（电力网络、自来水系统、道路维护）、技术
推广、公共文化等可以改善劳动条件，提高劳动者受教育水平、心理素
质和劳动技能，具有提高劳动效率的作用。[②]

---

　　① 杨帆、韩传峰：《中国交通基础设施与经济增长的关系实证》，《中国人口·资源与环
境》2011年第10期。
　　② 骆永民（2008）认为，"基本公共服务促进效率改进有两个方面：一是通过提升交易
效率来促进分工演进，间接促进经济增长；另一方面通过提升劳动效率而直接带来经济增
长"。

基本公共服务通过分工成本影响经济。匡贤明（2009）认为，公共服务通过提高分工程度，促进经济增长。从分工成本来看，分工提高了个人依赖的成本和再就业的成本。由社会承担这些分工成本，将比个人承担更有经济意义。因此，如果有一套机制使劳动者的依赖风险和再就业风险降到最低，那么分工的成本将大大下降，由此促进分工水平的提高。而这个机制的重要部分就包括公共服务。以四种公共服务为例：第一，义务教育、公共卫生与基础医疗提高了劳动者素质（包括身体素质和文化素质），使他们参与分工的能力大大提高。第二，社会保障为参与分工的劳动者提供了最基本的安全网，降低了他们在参与分工时的"不安全感"，同时也大大降低了他们转换工作的成本，使得他们在年老后有完善的养老保障，在失业时有过渡的失业保障。这意味着个人参与分工的成本被降低了。第三，公共就业服务提高了劳动者的职业素质，同时公共就业服务也降低了劳动者就业的信息成本，有助于他们参与分工。①

基本公共服务作用技术进步促进经济增长。"技术进步"是推动经济增长的主要因素，这一命题已被众多经济学家证实。根据递推逻辑，若基本公共服务对"技术进步"有正面的推进作用，其对经济的影响就是存在的。基本公共服务作用"技术进步"的着力点是"个体"。公共教育、医疗卫生、就业服务等是提升个体可行能力、提高个体劳动技能的重要路径。高品质的劳动力是"技术进步"的承载主体和基本保障。因此，基本公共服务以间接方式作用技术进步促进经济增长。

## （六）拉动消费

GDP 有三种核算方法，即生产法、收入法和支出法。投资、消费、出口的分类与"支出法"一致，而投资、消费、出口也被称为"三大需求"。基本公共服务与需求的关系主要体现在投资和消费上。前面在公共支出中我们已做了阐述，这里仅补充一点。从国家利益的角度来考

---

① 匡贤明：《公共服务促进经济增长的传导机制研究——基于分工成本的视角》，《中南财经政法大学学报》2009 年第 3 期。

虑，公共服务领域的投入实际上是一种社会投资。"当国家完成了最初的资金积累，人民生活达到了温饱水平后，其发展的动力就得从'脱贫'转向'消费'，政府提供公共服务免除了老百姓的后顾之忧，老百姓才能放开手去消费，'边际效应'在这里是走向'极大化'的。"①

1. 从社会风险看消费与基本公共服务

对基本公共服务与消费关系的思考可从公共风险介入。刘尚希认为，公共服务是用于满足公民消费的，是消费问题而不是生产问题，涉及的是公共消费而非私人消费。通常情况，基本公共服务是为了解决两类消费风险（可获得性风险和可及性风险②）所导致的四类问题：一是消费需求不足，消费绝对或相对萎缩；二消费差距过大；三是消费秩序紊乱，产生社会恐惧心理；四是人的自身发展受到阻碍。这些问题都会转化为一种公共性的问题，那就是公共风险。

公共风险是指能够产生群体性或社会性影响，但无法由社会中的个体来承担的风险，可分为三类：一是可获得性风险（买不起的风险），如教育、医疗、食品、养老、住房等等。二是可及性风险（买不到的风险），如无污染的环境、良好的社会秩序、放心的消费、公平的就业机会等。三是信息不对称风险（可买但不安全的风险），如对商品质量了解不足导致的被动接受，以致出现严重后果才知晓。牛奶、地沟油、婴儿奶粉等事件就是信息不对称导致的问题。

对于第一种风险（可获得性风险），政府介入是解决问题的一种方法。对贫困人群和弱势人群来说，政府的介入尤为重要。一些经济发达国家通过政府介入来实现可获得性风险的分担，如英国、德国、美国等等。这些国家通过建立社会保障制度来减小或化解公民的可获得性风险，阻止了风险的蔓延，对公共风险的控制具有十分重要的作用。对于

---

① 唐钧：《"公共服务均等化"保障6种基本权利》，《时事报告》2006年7月7日。
② 可获得性风险是指购买不起的风险。如你想吃饭，却没有钱。教育、医疗、住房、养老等等消费都存在可获得性风险。从一个社会整体来看，总有一部分社会成员会面临这样的消费风险。可及性风险是指无处可买的风险。如清洁的空气、公共卫生、良好的环境、放心的消费等等。

第二种风险（可及性风险）政府必须介入，因为其涉及公共资源。公地悲剧（Tragedy of the Commons）即是公共资源被过度使用导致的一种结果。当资源或财产的拥有者过多，每个人都有所有权和使用权，但没有权力阻止其他人使用时，就会造成该资源过度使用的结果。矿产过度开采、草场过度放牧、海洋过度捕捞都是公地悲剧的范例。防止公地悲剧的发生，或者说减小或规避"可及性风险"需要政府承担责任，保护资源合理、可持续开发与使用。第三种风险（信息不对称风险）需要政府建立具有监督作用的组织机构，需要政府以制度完善化解生产者与消费者之间的信息不对称风险。

2. 从收入差距看消费与基本公共服务

地区间合理的收入差距对经济社会发展具有积极影响。一方面，居民收入提高意味着地区财富积累增加，为经济增长提供了充足的要素供给（资本积累）；另一方面，劳动者收入差距的存在调动了劳动者的生产积极性，促进劳动者在产业和地域间自由流动，提高了资源配置效率，推进了收入调节。有专家认为，"从解放和发展生产力的角度来看，这种要素流动能够产生经济、社会和精神的效益。因此，合理的居民收入差距可以促进经济效率的明显提高，从而促进国民经济的快速增长和居民生活的改善"。[1]

一定的收入差距对经济增长起到积极影响，但过大的收入差距对经济增长有负面影响。恩格斯认为，边际消费倾向随收入水平的提高而呈现边际递减规律。

拿我国四大经济板块来说，东部地区获得发展先机与其他地区拉开发展差距，居民收入居于首位。2010 年东部地区农村居民人均总收入是西部地区的 1.64 倍，东部地区城镇居民人均总收入是西部地区的 1.49 倍，见表 5 – 2。

---

① 张秀生、杨刚强：《中国地区间居民收入差距对经济社会发展的影响》，《武汉理工大学学报（社会科学版）》2008 年第 2 期。

表 5 – 2　中国四大经济板块居民人均总收入比较

单位：元

| 指标 | 类别 | 东部地区 | 中部地区 | 西部地区 | 东北地区 |
|---|---|---|---|---|---|
| 人均总收入（元） | 农村居民家庭 | 10473. 62 | 7262. 33 | 6390. 01 | 10921. 82 |
| | 城镇居民家庭 | 25773. 29 | 17302. 96 | 17309. 03 | 17688. 18 |

　　资料来源：根据《中国统计年鉴 2011》整理得到。

　　高收入水平并不意味着高消费。以东部地区为例，随着收入水平的提升，东部地区居民的消费需求是下降的。虽然东部居民具有较强的购买能力，但消费倾向却在四个经济板块中最小。尽管西部地区居民的收入水平最低，但消费倾向最大。如果将高收入人群的比例与低收入人群的比例考虑进去，居民收入差距导致的消费需求不足对经济的抑制作用更大。

　　除了居民收入差距导致的消费需求下降，居民收入差距还导致消费结构问题。[①] 高收入群体对万元级和十万元级的消费基本满足，低收入群体的消费目标仍停留在生存面，收入差距过大导致消费需求和消费市场之间产生割裂、断层。

## 二、福利经济学与基本公共服务均等化

　　福利经济学以寻求"社会经济福利最大化"为目标，主要研究三个方面的问题：一是如何进行资源配置以提高效率，二是如何进行收入分配以实现公平，三是如何进行集体选择以增进社会福利。福利经济学为公共服务均等化提供了经济学基础，公共服务均等化为福利经济学拓展了研究范畴。[②]

### （一）庇古命题

　　庇古以边际效用价值为理论基础描述福利的定义。他认为，福利由

---

　　① 消费结构是指国家或区域在一定时期内用于生产、生活消费的各种消费资料的比例关系。
　　② 中国财政学会"公共服务均等化问题研究"课题组：《公共服务均等化问题研究》，《经济研究参考》2007 年第 58 期。

效用构成，而效用就是满足，人性的本质就是追求最大的满足（效用），也可以说是追求最大的福利。

社会福利是指社会全体成员个体福利的总和或个体福利的集合。为了实现社会福利最大化目标，庇古提出两个基本命题："国民收入总量越大，社会经济福利就越大；国民收入分配越是均等化，社会经济福利也就越大"。这两个命题中强调了两种关系，一是国民收入与社会福利的关系，二是国民收入分配与社会福利的关系。庇古命题强调国民收入总量增长和国民收入分配均等化与社会经济福利成正比。

公共服务恰好介于国民收入和社会福利之间。一方面公共服务是由国民收入形成的，另一方面公共服务在一定程度上也反映了社会福利，是社会福利的组成部分。享受公共服务可以让人感到满足，服务总量的增加会增进社会福利。庇古认为，国民收入分配均等化能够增进社会福利。这就意味着，公共服务越是均等，社会福利也就越好。"由于公共服务也是由国民收入形成，因此对公共服务的分配能对国民收入的分配起到重要作用……特别是政府财政收入占 GDP 比例较高的时候。"[①] 由庇古命题知，提高基本公共服务水平或是推进均等化都会促进国民收入向社会福利转移，对社会福利有正向推动力，经济发展既是公共服务均等化的前提，又是公共服务均等化的结果。

## （二）补偿原则

庇古命题属于旧福利经济学，该理论对基本公共服务均等化与包容性增长相互促进的关系是支持的。但是，新福利经济学是否支持呢？新福利经济学比旧福利经济学采用了更多的方法及标准，如补偿原则。

补偿原则的基本思想是，国家任何政策都会导致市场价格变动，都会使得有人受益，有人受损。如果一些社会成员状况的改善补偿了其他社会成员状况的恶化，且补偿后仍有剩余，那社会福利就是增加了。由此，政府应该制定政策从受益者那里取一些收益以补偿那些受损者（征

---

① 安体富、任强：《公共服务均等化：理论、问题与对策》，《财贸经济》2007 年第 8 期。

收个人所得税、地区资源开发等）。补偿原则兼顾了效率与公平，强调整体福利的增加，只要损失的利益小于得到的利益，那么政策就会增进整个社会的福利。

从补偿原则来看，经济发展水平较低时，政府提供公共服务的能力有限，无法满足社会对公共服务的需求；随着经济发展水平提升，政府有更多的财力用于公共服务供给，提高财政支出中用于公共服务的比例会改变原有的利益结构，使得一部分既得利益减少，同时使得社会福利总量得以增进。此外，补偿原则的基本思想为财政支出结构调整提供了理论依据，而公共服务均等化正是财政结构调整的内容之一。充足的公共服务供给及合理的分配能够提高财政支出效率、改善财政支出结构、促进社会福利最大化。补偿原则的基本思想为实现公共服务均等化之重要举措——转移支付找到了有力的支撑。

### （三）社会福利函数

社会福利和影响社会福利的各种因素之间存在着一定的函数关系，即社会福利函数。从效率角度来看，这些因素符合帕累托最优，能使社会福利函数值达到最大，实现社会福利最大化。从公平角度来说，要使社会福利最大化，政府应当保证个人的自由选择，进行合理的收入分配。因此，社会福利函数理论同时兼顾了效率和公平，其中经济效率是社会福利最大化的必要条件，合理分配是社会福利最大化的充分条件。应该说，社会福利函数理论与庇古命题十分相似。只是，社会福利函数理论强调的合理分配非庇古命题中的收入分配均等化。因为对于不同偏好的人而言，平均收入并不能保证福利都能增进，应考虑个人需求下的"相对均等化"。社会福利函数理论还有一个优势，有利于政府对政策的选择，在众多政策中选拔出更为有效的政策，不仅考虑短期的、直接的政策影响，还要考虑长期的、间接的政策影响。

从社会福利函数理论来看，公共服务的供给并非均等就好，而是应兼顾到个体、群体需求的"相对均等化"，要关注个体、群体甚至区域发展的偏好。在公共服务的决策中，政府应考虑到公共服务均等化策略在短期内和长期时间范围内对社会福利的影响。短期内公共服务均等化会导致部分利益损失（这也是大多数政府官员在权衡"经济增长"与"公共服务"中存在的担忧），但随着时间延伸，公共服务均等化会促进经济发展、增加社会福利、提升个体满意度。

## 三、公平正义理论与基本公共服务均等化

无论是庇古命题、补偿原则，还是社会福利函数，经济学家对"社会福利最大化"的考虑都将效率与公平同时纳入，"公平"的地位非常重要。由于公平存在不同的分类，公共服务均等化也对应着不同的定位。以下，从罗尔斯正义理论角度解析公共服务均等化与区域经济发展的关系。

在罗尔斯基于公平的正义理论中有两条正义原则，即第一正义原则和第二正义原则。其中，第一正义原则优先于第二正义原则，而第二正义原则中的"机会均等原则"又优先于"差别原则"。对应于三个原则的公共服务均等化内容见表 5 - 3。

对应第一正义原则（平等自由原则）的公共服务，强调结果公平，对应的均等化原则是"受益均等"，分配的方式是"公平分配"。也就是说，均等化目标是每一个成员享受大致相等的基本公共服务，"这意味着基本公共服务均等化最终体现为一种结果公正，即底线完全平等"（陈海威，2007）。从现状来看，国内外学者对基本公共服务的评价多是针对结果展开的，亦体现出第一正义原则的内涵。对应第二正义原则之"机会均等原则"的公共服务，强调起点公平，对应的均等化原则是"主体广泛"，分配的方式是"公正分配"，均等化目标是全体社会成员享受某种公共服务具有大致均等的机会。对应第二正义原则之"差别原则"的公共服务，强调过程公平，对应的均等化原则是"优惠合理"，分配的方式是"公开分配"，均等化目标是享受额外的照顾和优惠必须有合理合法的理由和程序。该原则强调应避免少数精英阶层享有特权，采用暗箱操作获利。以上三个原则是从起点公平、过程公平和结果公平三个角度来诠释公共服务均等化的三个状态的。起点公平赋予

"全体社会成员"共同享有的某种公共服务大致均等的机会；过程公平保障公共服务均等化的程序公正，避免少数人侵害多数人利益；结果公平确定公共服务均等化的最终目标是让每一个公民享受大致相等的公共服务。

表5-3　公共服务均等化三个原则

| 均等化原则 | 理论基础 | 罗尔斯基于公平的正义理论 | 分配方式 | 公共服务均等化内容 |
|---|---|---|---|---|
| 受益均等原则 | 结果公平 | 第一正义原则（平等自由原则） | 公平分配（非绝对平均） | 每一个成员享受大致相等的基本公共服务 |
| 主体广泛原则 | 起点公平（机会均等） | 第二正义原则（机会均等原则） | 公正分配 | 全体社会成员享受某种公共服务具有大致均等的机会 |
| 优惠合理原则 | 过程公平（程序公平） | 第二正义原则（差别原则） | 公开分配（合法分配避免暗箱操作） | 享受额外的照顾和优惠必须有合理合法的理由和程序 |

资料来源：陈海威、田侃：《我国基本公共服务均等化问题探讨》，《中共福建省委党校学报》2007年第5期。

至于如何实现公平，最大的争论是借助"市场之手"还是"政府之手"？有一部分学者认为，市场经济体制可以实现公平，政府可以不加"干预"。市场经济体制是一种有效的经济制度，对增进资源配置效率，促进经济社会发展有着不可替代的重要作用。除了发挥效率功用之外，市场也具有实现分配公正（或分配正义）的功用，具体表现在机会公平（在市场的自由竞争中每个公民都具有平等竞争的机会和权利）和过程公平（市场规则对任何公民都是一视同仁的）。表面上看，在市场经济中公民的活动是公平的，其结果也必然是公平的，但事实并非如此。市场经济体系对生产要素的合理配置难以发挥到分配领域。因为市场分配与个体占有的生产要素有关。市场分配是功能性分配，生产要素所有者的收入是由生产要素的边际生产力决定的，加之收入差距具有积累效应，在市场竞争中处于劣势的人往往在下一轮竞争中处于更加不利的地位。故而，"起点公平"和"过程公平"并不一定导致"结果公平"，反而有可能导致严重的结果不公平。因此，在市场经济条件下出现的贫富两极分化并非偶然现象，需要政府通过一系列的再分配方法加以均衡。

# 第二节　管理激励理论视角

客观地说，对公共服务与区域经济发展关系的讨论主要集中于经济学领域，从管理学切入研究的并不多。从管理学切入两者关系的分析，首先需要回答一个问题，管理学与基本公共服务、经济发展有何共性？

## 一、关注"人的发展"

根据研究对象的差异，可将管理学划分为企业管理和公共管理两大领域。两大领域的研究对象分别为企业组织与公共组织。尽管这两类组织的性质完全不同，但对"组织中的人"的关心都是充分的，这首要归功于美国经济学家西奥多·舒尔茨（Theodore Schultz）。舒尔茨从理论角度论证了人力资本对组织成长、经济增长的重要性，给予了人力资源管理者足够的信心，促进了组织培育个体的实践。管理者最常说的一句话是"成功的组织把人放在第一位"，即关注人。

管理学与基本公共服务的原则"以人为本"不谋而合。权威学术机构认为，基本公共服务之所以被放置于我国当前发展战略的核心，主要是因为其与人类发展息息相关，密不可分。基本公共服务与人类发展的直接关系为：基本公共服务的结果是对人的可行能力的广泛提高，这是人类发展的核心目标。[1]细化到具体方面，基本公共服务通过作用个

---

① 《2011年我国农民工调查监测报告》，中国人民共和国国家统计局，见 http：//www.stats.gov.cn/tjfx/fxbg/ t20120424_ 402801903. htm。

体健康、教育和生存环境等因素，改善个体行为、提高个体劳动技能、满足个体需求并激发个体工作积极性，以劳动者素质提升、劳动者效率改善促进区域经济的发展。拿基础教育来说，接受教育不足会限制人的可行能力①，使其陷入"低收入→低教育投入→低可行能力"的恶性循环。通过教育培养可提升个体的知识和技能，使其在经济社会中发挥积极作用，提高个体对机会的认知能力和抓住机会的能力，避免个体被社会排斥。以就业为例，公共部门提供就业服务可使公民获得更多的就业机会，更加公平地参与就业竞争。就业使公民获得保障本人和家庭成员生活水平所需要的收入，也能使个人与家庭赢得尊严并参与社会，两者都是人类发展的重要目标。再说社会保障。风险是每个人生活的组成部分，社会保障会降低风险对公民的伤害程度，是决定人们面对多种风险能否过上他们向往的、有意义的生活的决定性因素。总之，基本公共服务与公民的切身需求高度相关，服务的改善可提高个体的可行能力，促使个体能更好地赚取收入、抓住机会、降低风险、赢得尊严、获得自由，实现发展。

从发展经济学角度看，区域经济发展必须保障区域中生活的居民的三个核心价值，即生计（Sustenance）、自尊（Self-esteem）和自由（Freedom）。② 显然，经济发展的本质不是为了"经济"，而是为了"人的发展"。经济发展强调社会公平、环境保护、资源保护，要么是为了当代人，要么是为了下一代人，都是以"人的发展"为宗旨展开的。公共部门（政府、第三部门）可通过对基础教育、就业服务、卫生医疗和社会保障等基本公共服务的投入，缓解经济发展差距对个体发展公平的影响，以"人的发展"促进包容性发展，逐步缩小那些与市场力量和竞争要素密切相关的发展差距。

关注"人的发展"是基本公共服务、区域经济以及管理研究的共

---

① 1998 年诺贝尔经济学奖得主阿玛蒂亚·森将可行能力（Capabilities）定义为：给定一个人的个人特性（将商品性质转化为功能）以及他对商品的支配，他在功能选择上所具有的自由。

② ［美］迈克尔·P. 托达罗、斯蒂芬·C. 史密斯：《发展经济学》，机械工业出版社2009 年版，第 11 页。

性所在，包容性所在，也是激励的目标所在。管理学领域将激励翻译为"motivation"，意指通过某种有效的操作激发或诱导他人使其进入高动机状态为某种目的的实现努力奋进。以基本公共服务满足公民个体需求，提升公民满意感，诱发公民更加积极地工作，实现"人的发展"，这既是一国或一个地区经济发展的基础，也是其经济发展的目标。

## 二、需要层次理论

亚伯拉罕·马斯洛（Abraham Maslow）的需要层次理论（Hierarchy of Needs）是激励理论中最为著名的理论。马斯洛假设每个人内心都存在五种需要：生理需要、安全需要、社会需要、尊重需要和自我实现需要。其中，生理需要和安全需要属于较低级需要，社会需要、尊重需要和自我实现需要为较高级需要。当一种需要基本上得到满足以后，另一层次的需要会提升为主导需要，左右个体行为。较高级需要通过个体内部使人得到满足，较低级需要通过外部使人得到满足，如报酬、合同、任职时间等。根据马斯洛的需要层次理论，激励一个人需要了解他目前处于哪个需要层次，然后重点满足其当前需要以及更高层次的需要。

需要层次理论强调需求满足是从低到高的过程。"公共服务是建立在一定社会共识基础之上，一国公民不论其种族、地位和收入差异如何，都应公平地享受的服务。"[①] 基本公共服务的受益者是广大人民群众，具有对象的广泛性和服务的一致性。可见，基本公共服务强调的是受益的广度和程度的均等，首要的是公民较低需要的满足。从这个角度看，基本公共服务的良好实施对减小社会贫富差距、营造和谐公平的氛围具有良好作用，为经济发展奠定基础。

需要层次理论强调基本公共服务应具有一定的针对性。尽管基本公共服务是满足公民最底线的公共需求，强调"就低不就高"，但在公共资源的均等化分配的原则上，提倡有针对性的服务，对经济发展才有效。对农村地区居民，道路交通等基础设施的改善，对他们生活、生产

---

① J. S. Adams, *Inequity in Social Exchanges*, New York: Academic Press, 1965, pp. 267-300.

环境的影响作用重大，对地区经济的起效也十分明显。对进城务工的农村居民，住房保障、基础教育和社会保障更加急迫。只有处理得当，城市服务业发展的人力资源才有保障。对西部地区居民，基础教育需求更多，教育结构（普职比、产业人才比例）调整更为严峻。对少数民族地区，民族文化、民族语言的服务需求更大，应向他们提供具有民族特殊性的公共服务。

需要层次理论强调个体需要的递进性。马斯洛认为，没有得到满足的需要和得到满足的需要都会促进人们向着新的需要水平发展。从这个角度来看，基本公共服务水平应与个体需要满足、国家经济社会发展水平密切相关。任何希望以静态模式认定基本公共服务供给内容、供给程度的静态思考都是欠妥的。故而，"此时"的服务内容与"彼时"会存在一定差异。我国现行的"基本公共服务"内容是依据国家发展现状提出的，具有很强的时效性。随着国家的强盛、财力的丰厚，基本公共服务的内容会不断扩展，发生量变甚至质变。

表面上看，需要层次理论对基本公共服务有一定的指导作用，与经济发展无关。深入地看，一个地区基本公共服务的优劣是人才流动的决定性因素。公共服务好的地区总能吸引到更多的、更好的人才扎根，经济发展基础更好，动力更强劲。反之，公共服务差的地区，经济发展所需的人才储备往往不足。我国出台了一系列人才政策，鼓励人才转移到贫穷、欠发达地区。现实的情况是，很大一部分人才不适应这些地区的生活、生产环境，加上对下一代教育、就业存在顾虑，最终选择离开。

从需要层次理论看，发展基本公共服务与发展区域经济是包容的，是相辅相成的：第一，在区域间和区域内基本公共服务应强调供需平衡、供需契合。基本公共服务的良好实施对减小社会贫富差距，营造和谐公平的发展氛围有良好作用。第二，没有得到满足的需要和得到满足的需要都会促进人们向着新的需要水平发展。基本公共服务水平应与个体需要满足、国家经济社会发展水平密切相关，要具有针对性、一致性和时效性。第三，一个地区基本公共服务的优劣是人才流动的决定性因素。公共服务好的地区总能吸引到更多的、更好的人才扎根，经济发展基础更好，动力更强劲。满足人力资源的公共需求意味着区域经济有更优质和更丰富的人才来源，有利区域经济发展。

## 三、公平理论

公平理论的基本逻辑是，员工将自己的投入（如努力、经历、教育、能力）和产出（如薪酬水平、职位晋升、领导认可）与其他人的投入—产出进行比较。如果员工感到自己的比率与比较对象的比率等同，则为公平状态；反之，则为不公平，会体验到公平紧张感。斯达西·亚当斯（J. Stacy Adams）认为，这种消极的紧张状态激发了人们要采取行动纠正这种不公平的动机。[1]

可用公式表达薪酬中产生的公平与不公平：

$$\frac{O}{I_A} < \frac{O}{I_B}（感知：由于报酬过低产生的不公平）$$

$$\frac{O}{I_A} = \frac{O}{I_B}（感知：公平）$$

$$\frac{O}{I_A} > \frac{O}{I_B}（感知：由于报酬过高产生的不公平）$$

其中，$\frac{O}{I_A}$ 代表员工本人，$\frac{O}{I_B}$ 代表相关人员。

公平理论假设不公平感是个体通过与其他个体进行比较得出的，对解释我国不同区域、群体之间存在的社会矛盾具有很好的说服力。拿农村大学生就业来说，城镇居民有着广泛的社会关系，大学毕业后找到好工作的几率远远高于农村居民。在相同的教育投入下，家庭背景、生活环境、社会关系等要素导致了产出的巨大差异，造成了农村居民的"公平紧张感"。

从公平理论来看，基本公共服务可以减小区域经济发展差距，防止"贫者越贫，富者越富"的马太效应加剧。首先，在再分配领域，公共服务将社会财富向弱势群体、欠发达地区转移，以转移支付的方式补偿

---

①   J. S. Adams, *Inequity in Social Exchanges*, New York: Academic Press, 1965, pp. 267-300.

欠发达地区，扶持弱势群体，增加社会公平感。我国当前在基本公共服务供给中普遍推行的对特殊地区、特殊人群的倾斜政策，以及向弱势人群、欠发达地区加大转移支付力度的做法，是吻合公平理论的，对个体、群体和区域都具有一定的激励作用。其次，国家提倡"基本公共服务均等化"，打破了"经济发展差→基本公共服务差→经济发展更差"因果链，对弱势地区经济发展有直接的带动作用。最后，公平是经济发展的测度指标，基本公共服务均等化的推进过程就是公平的推进过程，也是经济发展的过程。

需要注意的是，个体对参照对象的选择增加了公平理论的复杂性。有证据表示，个体所选择的参照对象是公平理论的一个重要变量。将公民放到社会中，公民可以把自己与朋友、邻居、同事、其他组织中的成员、其他地区中的成员进行比较。在网络时代，信息的透明度更大，公民个体将自己与他人进行比较的选择面更大。当下流行的"富二代"、"官二代"等称谓暗含着公民将财富来源进行分类，并加以比较的心态。将财富归结于"家族世袭"而非"个体努力"的心态，将严重阻碍社会的进步，造成更多的社会矛盾、引导公民正确地比较，避免错误归因，是减小社会矛盾，引导人民群众积极向上的重要路径。

## 四、期望理论

期望理论是管理学激励理论中最受关注且认可度最高的一种理论。该理论认为，个体以某种特定方式采取行动的强度，取决于个体对该行为能给自己带来某种结果的期望程度，以及这种结果对个体的吸引力。期望理论的逻辑是，个体相信努力会带来良好的绩效评价，而良好的绩效评价会带来组织奖励，这些奖励可以满足个体目标，见图5-5。

图5-5　期望理论逻辑线条

图 5-5 中①表示个人努力与个人绩效的关系；②表示个人绩效与组织奖励的关系；③表示组织奖励与个人目标的关系。期望理论对政府官员、公民决策偏好具有很好的解释力。

个人努力与个人绩效的关系，即个体感到通过一定程度的努力可以达到某种绩效水平的可能性。努力与绩效对应性越强，越容易激发个体努力。对应的强弱由时间、结果等要素决定。官员偏好"经济"而非"基本公共服务"的根源在于时间。出于自身发展需要（仕途、经济等），官员希望部门工作尽快产生好绩效。显然，这种努力在经济增速方面能更快地表现出来，公共服务反馈则会相对缓慢。选择发展"经济"而非"基本公共服务"，从理性人的角度看是合情合理的。当"个体努力"与"个体绩效"之间不能建起稳定的对应关系时，就会从根本上斩断个体期望的延续，让个体放弃努力。为什么近年来农村失学问题有所加剧？这是因为农村孩子通过教育路径并不一定能跳出"农门"，即使跳出"农门"，其在城市中的发展机遇也远远敌不过同龄的城市孩子。对教育的努力不能获取应有的回报，放弃教育亦在情理之中。

个体绩效与组织奖励的关系，即个体相信达到一定的绩效水平后即可获得组织奖励。绩效水平与奖励之间的对应性越强，个体就会越努力。对这部分关系的思考要分为两个方面，即绩效完成后应得的奖励和绩效未完成应受的惩罚。从我国前些年的情况来看，尽管不同地区都将"民生"主题挂在显赫位置，强调推进基本公共服务的重要性，却没有明确的制度约束，没有将公共服务纳入官员、部门的绩效考核，没有建立推进基本公共服务付出的努力与奖罚之间的关系。没有绩效与奖惩的联系，直接导致了基本公共服务推进进程中"上热下冷，民喜官惧"、"口号响亮，实施乏力"等怪相。站在个体的角度看，努力工作若无法实现安居乐业的目标，那么放弃努力、消极抱怨则会成为常态。一个勤奋工作的居民可能一辈子都买不起一套住房，异地转移就业的农村居民在城市奋斗多年但无法与该城市居民享受一样的医疗，为流入地贡献智力、体力的流动人口无法在该地享受同等待遇的公共服务，诸如此类的工作绩效与工作奖励不对等的现象在我国当前社会中较为普遍。

　　组织奖励与个人目标的关系，即组织奖励应满足个人目标或个人需要，且这些潜在的奖励对个体具有吸引力。换句话说，组织给予的奖励是个体需要的，只有这样才能激励个体努力。对官员而言，地区基本公共服务做得好，可因此获得晋升、奖金等奖励，而这些奖励刚好又是其需要的。根据期望理论，这种设计就具有激励作用。对公民而言，政府提供的基本公共服务与自身需求一致，服务需求满足对实现个体目标有益，这种设计对公民具有激励作用，是有效的。因此，有针对性地向不同群体、不同地区提供有差异的基本公共服务具有重要意义。

　　提高基本公共服务水平，提升基本公共服务均等化程度，需要关注官员期望和公民期望，建立"官员努力→官员目标""个人努力→个人目标"的逻辑线，促进官员、公民积极作为。基本公共服务是人民群众共有的需求，是最底线的公共需求。这些需求具有急迫性和必要性，要实现全面、全面地覆盖，做到服务内容应与人民群众需求相对应，做到与时俱进、有的放矢。以基本公共服务满足公民个体需求，提升公民满意感，诱发公民更加积极地工作，实现"人的发展"，这既是一国或一个地区经济发展的基础，也是其经济发展的目标。

# 第三节　系统理论视角

## 一、基于系统概念的思考

　　本研究所言之系统有两个基本含义：一是常言之社会经济系统，强调功能；二是系统视角，将其与片面、片段、静止的视角相对应，强调方法。对第一个系统，马克思、恩格斯有以下界定：物质世界是由无数相互联系、相互依赖、相互制约、相互作用的事物和过程形成的统一整体。在此基础上，国内学者有所发挥，将系统表述为：由相互作用、相互依赖的若干组成部分结合而成的，具有特定功能的有机整体。

从系统定义来看，其关注的是系统内部的要素之间，以及系统内部与外部之间的关联性和功能性。具体到本研究，可引申为三个方面：一是基本公共服务与区域经济是服务经济社会大系统的两个子系统，二是这两个子系统的功能是促进经济社会大系统的良好运行，三是这两个子系统良好运行的标准是促进经济社会大系统的包容性增长。分解到各个层次有：微观层面，基本公共服务作用于个体，增进个人满意度。中观层面，基本公共服务促进个体福利总和增加，增进社会福利。宏观层面，基本公共服务对区域人流、物流、资金流和信息流有直接影响作用，促进区域均衡发展。

站在系统论鼻祖贝塔朗菲的视角，还可更深入地挖掘两者的关系。贝塔朗菲认为，系统是相互作用的诸要素的复合体，或相互联合的诸要素的复合体。世界上有两种复合体，即加和性复合体和非加和性复合体。加和性复合体是彼此独立无关的元素的总和，组成复合体的元素无论处于复合体内还是体外，其特征都是相同的，这种复合体的特性是诸要素特性累加之和。非加和性复合体是指复合体特征是由组成元素的特性及元素间相互作用的两个方面共同决定的，不能只归结为元素的累加，组成复合体的同一要素在复合体内外的特性是不同的，这种复合体称为系统。经济社会大系统是非加和性复合体，不能通过将基本公共服务、区域经济两个子系统的特征进行简单叠加得出分析结论，由此带来了分析的复杂性。

对分析方法有特定的要求。当然，研究也涉及经济社会大系统的构成要素和要素关系，以及系统内外的关系，需要对系统结构进行讨论。这就需要应用系统结构功能分析方法，如解释结构模型法。对系统内外关系的讨论即是对系统环境的研究，需要将战略分析方法导入，如系统动力学。社会经济系统是一个开放的系统，该系统受外界环境影响，与外界环境有物质、能量、信息交换，所有的交换不是一瞬完成的，因此，也要将时间要素纳入研究范畴。

## 二、基于系统反馈环的分析

站在经济社会复杂大系统下，基本公共服务是一个子系统，是由许多具有特定功能的要素有机集合形成的整体。基本公共服务与经济系统动力学反馈环路见图 5－6。由图知，通过作用不同要素，基本公共服务对区域经济产生直接或间接的影响。

基本公共服务影响区域经济增长的路径有：作用于投资、消费和效率（资源利用效率）等多个路径。具体而言，投资和消费是区域经济增长"三驾马车"中的两驾，基本公共服务通过直接促进投资和消费促进区域经济增长；基本公共公务通过降低社会风险，减小分工成本和交易成本，以及提高个体劳动生产率促进区域经济增长；基本公共服务促进要素流动，促进区域统一市场的形成，优化资源配置，促进区域经济增长。

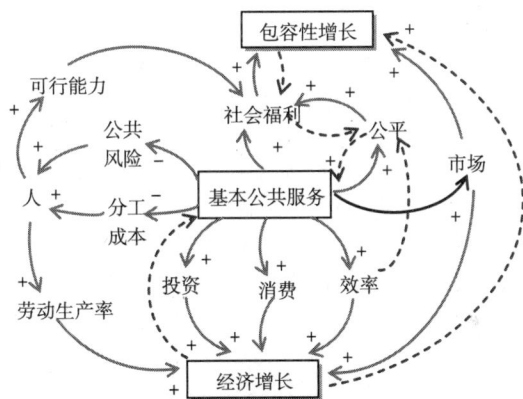

**图 5－6　基本公共服务与经济系统动力学反馈环路**

基本公共服务影响包容性增长的路径有：提高个体可行能力，提高公民满意度，增加机会公平，促进包容性增长；通过效率提升，公平实现，促进社会福利增进，促进群体间包容性增长；通过统一市场形成，逐步消除区域发展阻碍，减小区域发展差距，促进区域间包容性增长。

此外，"经济增长"会促进"包容性增长"，进而促进"基本公共服务"。包容性增长与社会福利、社会福利与公平、公平与基本公共服务之间是双向反馈回路，即相互影响。

　　需要提起注意的是，从系统动力学来看，基本公共服务对包容性增长的影响不会呈现简单的线性，而是以非线性和时间滞后为特征，不易观察与感知。基本公共服务政策的实施与效果达成之间，存在较大时间差。追求短期政绩的地方官员不愿大力推进基本公共服务的原因也在于此。此外，拉美国家"福利赶超"以及"北欧病"提醒我们，基本公共服务对经济增长也存在负面影响，服务供给不可太过，应量力而行、与时俱进。

# 第六章　基本公共服务与区域
# 经济的静态结构关系

在经济社会复杂系统中，影响基本公共服务和区域经济发展的要素有很多。这些要素既服务于区域经济，也服务于基本公共服务。了解这些要素与两者的关系，以及这些要素彼此的关系，对掌握基本公共服务与区域经济的关系十分必要。这就需要从结构角度解析要素在系统中的位置，即建立结构模型。本部分的主要工作是，运用静态结构化技术——解释结构模型（ISM）建模，对基本公共服务与区域经济的静态结构关系进行分析。首先，以现有研究成果为先验知识，运用 ISM 构建"基本公共服务作用区域经济发展解释结构模型"；其次，对模型结构及要素关系进行分析，讨论基本公共服务作用区域经济的直接路径和间接路径；最后，提出以基本公共服务促进区域经济发展的建议。①

## 第一节　解释结构模型简介

结构模型是应用有向连接图来描述系统各要素的关系，以表示一个作为要素集合体的系统。结构模型是概念模型，以定性分析为主，主要

---

① 该部分内容已整理发表于 CSSCI 来源期刊《经济体系改革》。在模型构建过程中我们使用"经济发展"要素来替代"包容性增长"。原因在于，"经济发展"的内涵大于"包容性增长"，更适合于系统角度的思考。"经济发展"与"包容性增长"的关系参见第二章。

用于分析系统要素选择的合理性，系统要素及其相互关系变化时对系统整体的影响。

解释结构模型相关内容可参看汪应洛老师的《系统工程理论、方法与应用》①。解释结构模型是建立结构模型的一种方法，是美国 J. 华费尔特教授于 1973 年为分析复杂的社会经济系统有关问题而开发的。其特点是把复杂的系统分为若干的子系统（要素），利用人们的实践经验和知识，以及电子计算机的帮助，最终将系统构造成一个多级递阶的结构模型。解释结构模型可以把模糊不清的思想、看法转化为直观的具有良好结构的模型。解释结构模型可以通过矩阵形式来描述，而矩阵可以通过逻辑演算用数学方法进行处理。因此，如果要进一步研究各要素的关系，可以进行矩阵演算。

解释结构模型建模步骤如下：第一，设定问题。在 ISM 实施准备阶段，对问题的设定应当清晰，并以文字形式做出规定。第二，选择构成系统的要素，制定要素明细表。第三，根据要素明细表作构思模型，建立邻接矩阵和可达矩阵。第四，对可达矩阵进行分解，建立系统分级递阶结构模型。第五，根据系统分级递阶结构模型建立解释结构模型。

解释结构模型具有四个基本性质：首先，它是一种几何模型。其次，它是一种以定性分析为主的模型。通过结构模型，可以分析系统要素选择是否合理，还可以分析系统要素及其相互关系变化时对系统总体的影响等问题。再次，除了可以用有向连接图描述以外，它还可以用矩阵来描述。而矩阵可以通过逻辑演算用数学方法进行处理。因此，如果要进一步研究各要素之间的关系，就能通过矩阵形式的演算，使定性分析和定量分析相结合。层次分析法就是在结构模型的基础上，通过矩阵形式运算，使定性分析和定量分析相结合的一种评价和决策的方法。最后，它作为对系统进行描述的一种形式，正好处在自然科学领域所用的数学模型形式和社会科学领域所用的以文章表现的逻辑分析形式之间。由于结构模型具有上面的这些基本性质，因此，通过结构模型分析复杂

---

① 汪应洛：《系统工程理论、方法与应用（第二版）》，高等教育出版社 1998 年版。

系统往往能够抓住问题的本质，找到解决问题的有效对策。

　　本研究选择解释结构模型建模的原因有三个：第一，它是一种概念模型，可以把模糊不清的思想、看法转化为直观具有良好结构的模型。第二，在已有的先验知识下，将基本公共服务子系统与区域经济子系统组合为一个大系统，通过计算机帮助把系统构造成一个多级递阶的结构模型，是本研究的需求。第三，结构模型的直观性对管理者理解本研究有很好的作用。

# 第二节　构建解释结构模型

　　在区域经济社会系统中，影响基本公共服务和区域经济的要素有很多。了解这些要素与两者的关系，以及这些要素彼此间的关系，对掌握基本公共服务与区域经济的关系十分必要。换句话说，需要从结构角度解析各个要素在系统中的位置，即建立结构模型。

## 一、要素选择

　　设定研究的问题为：确定基本公共服务作用于区域经济发展的要素及要素关系。

　　系统要素选择是建模的关键。从近十年相关研究中，我们提取出这些要素及其来源，简单罗列见表6－1。对表6－1有以下几点说明：

　　第一，由于学界对基本公共服务的研究主要从"基本公共服务水平"和"基本公共服务均等化"两个角度展开，因此，表6－1是从"基本公共服务水平"和"基本公共服务均等化"角度整理的影响基本公共服务的先验要素的。

　　第二，对专家说明阐述较多、意见倾向一致的要素，不全部罗列，仅罗列1—2个来源。

　　第三，这些要素是从"基本公共服务"作用"区域经济"这个角度进行筛选的，关注的是两者相互影响的部分，并不是"基本公共服务"和"区域经济"的所有要素的简单组合。

第四，在影响要素中给出了专家认为的影响方向，即由因到果的指向，用箭头表示。

表6-1　要素来源理论/模型

| 影响基本公共服务的要素 | 来源 |
| --- | --- |
| 经济水平→基本公共服务；发展理念→基本公共服务；政府政府职能→基本公共服务；地理环境、区位→基本公共服务 | 范亚舟等，2010 |
| 公共服务→经济发展；财政调节→基本公共服务； | 赵和楠，2010 |
| 基本公共服务→经济增长 | 范亚舟等，2010 |
| 公共投资能力（中央投资/地区投资）→基本公共服务；公共投资存量→基本公共服务 | 胡继亮，2009 |
| 绩效考核→基本公共服务 | 宋小宁，2009 |
| 公共服务需求→基本公共服务 | 王伟同，2008 |
| 基础设施→经济增长 | 张明玖，2009；娄洪，2004 |
| 社科文教→经济增长 | 姚静，2009 |
| 社会保障→经济增长 | 崔大海，2007 |
| 公共支出→经济增长 | 庄腾飞，2006 |
| 基本公共服务支出→经济增长；经济增长→基本公共服务 | 段艳平，庞娟，2011 |
| 农村公共品供应→经济增长 | 关惠，2009；汪希成，2009 |
| 基本公共服务→拉动内需 | 方栓喜、匡贤明，2009 |
| 基本公共服务→交易效率 | 骆永民，2008 |
| 公共服务→提高分工程度→经济增长 | 匡贤明，2009 |
| 基本公共服务→可获得性风险和可及性风险（消费风险） | 刘尚希，2010 |
| 基本公共服务→公民需求；基本公共服务→社会公平；基本公共服务→期望实现；政府财政能力→公共投资 | 方茜，2011 |

续表

| 影响基本公共服务的要素 | 来　源 |
|---|---|
| 城乡二元结构（城乡分治）→基本公共服务均等化 | |
| 政策差异→经济差异；地方政府行政能力→公共服务差异 | 张东豫，2007 |
| 政府财力→基本公共服务均等化 | 王伟同，2008 |
| 地方税体系设计以经济总量为导向→经济发达地区地方税收收入→发达地区公共服务提供→地区间基本公共服务的差距拉大 | 管永昊，2009 |
| 基本公共服务→公共投资；政府转移支付→个体消费；社会保障制度→放大消费；教育、医疗→劳动者素质→科学技术；公平的财富分配→和谐社会 | 范亚舟、余兴厚，2010 |
| 不均等的基本公共服务是城乡差距扩大的重要原因 | 朱艳菊等，2009 |
| 基本公共服务均等化→拉动内需 | 高红强，2009 |

　　整理得到要素明细表，见表6-2。要素选择的三点说明：

　　第一，将经济相关的要素分为了经济增长、经济水平和经济发展。三者有明显的递进关系，即"经济增长→经济水平→经济发展"。"经济发展"是包容性增长视角下的"经济发展"，与"经济增长"概念形成对比。

　　第二，未对"基本公共服务水平"和"基本公共服务均等化"进行区分。考虑到大多数学者在阐述基本公共服务时未对两者进行严格区分，为关系表达更为完整，在建模中将两者合并。

　　第三，对相似的要素进行了合并。一些要素虽然名称不同，但实际意思相同或内涵接近。如"公共投资"这一项，可具体到基础教育、基础医疗、基础设施等。

表6-2　要素明细表

| 代码 | 要素名称 | 代码 | 要素名称 | 代码 | 要素名称 |
|---|---|---|---|---|---|
| $S_1$ | 基本公共服务 | $S_{10}$ | 基础医疗 | $S_{19}$ | 绩效考核 |

| 代码 | 要素名称 | 代码 | 要素名称 | 代码 | 要素名称 |
|------|----------|------|----------|------|----------|
| $S_2$ | 转移支付 | $S_{11}$ | 社会保障 | $S_{20}$ | 公民需求 |
| $S_3$ | 就　业 | $S_{12}$ | 消　费 | $S_{21}$ | 财政调节 |
| $S_4$ | 交易效率 | $S_{13}$ | 劳动者素质 | $S_{22}$ | 政府职能 |
| $S_5$ | 分工程度 | $S_{14}$ | 科学技术 | $S_{23}$ | 地理环境/区位 |
| $S_6$ | 消费风险 | $S_{15}$ | 经济水平 | $S_{24}$ | 发展理念 |
| $S_7$ | 基础设施 | $S_{16}$ | 经济发展 | $S_{25}$ | 区域政策 |
| $S_8$ | 社会分配 | $S_{17}$ | 经济增长 | $S_{26}$ | 社会公平 |
| $S_9$ | 基础教育 | $S_{18}$ | 财税收入 | | |

## 二、建模过程

### (一) 要素关系确定

对要素之间的关系根据现有研究加以定位。归纳、整理各个要素之间的基本关系，罗列于表6－3。需注意的是，在系统运行过程中一些要素之间并非只有单向作用关系，存在双向作用现象。如"经济水平"会影响到"财税收入"，"财税收入"又会进一步影响"基本公共服务"。由于解释结构模型法以推移律为假定，因此，在建模中我们暂不考虑这些反馈关系，但会在模型建成后根据要素关系添加反馈线，反映其间存在的反馈机制。

表6－3　要素基本关系 (1)

| 要素 | 要素关系 | 要素 | 要素关系 |
|------|----------|------|----------|
| 基本公共服务→ | 转移支付 | 经济增长→ | 经济水平 |
| | 就　业 | 区域政策→ | 经济水平 |
| | 交易效率 | 社会公平→ | 经济发展 |
| | 分工程度 | 消　费→ | 经济增长 |

| 要素 | 要素关系 | 要素 | 要素关系 |
| --- | --- | --- | --- |
| 基本公共服务→ | 消费风险 | 基础设施→ | 经济增长 |
| | 基础设施 | 科学技术→ | 经济增长 |
| | 社会分配 | 交易效率→ | 经济增长 |
| | 基础教育 | 分工程度→ | 经济增长 |
| | 基础医疗 | 财税收入→ | 基本公共服务 |
| | 社会保障 | 绩效考核→ | 基本公共服务 |

表 6-3　要素基本关系（2）

| 要素 | 要素关系 | 要素 | 要素关系 |
| --- | --- | --- | --- |
| 社会分配→ | 社会公平 | 公民需求→ | 基本公共服务 |
| 转移支付→ | 消　费 | 财政调节→ | 基本公共服务 |
| 社会保障→ | 消　费 | 政府职能→ | 基本公共服务 |
| 就　业→ | 消　费 | 地理环境/区位→ | 基本公共服务 |
| 消费风险→ | 消　费 | 经济水平→ | 经济发展 |
| 基础教育→ | 劳动者素质 | 发展理念→ | 绩效考核 |
| 基础医疗→ | 劳动者素质 | 发展理念→ | 政府职能 |

## （二）建立邻接矩阵

研究选择的元素 $S_i$、$S_j$（$i,j = 1,2,\cdots,26$）的关系，利用公式（6.1）建立上三角关系阵，表达方式见公式（6.1）。

$$\begin{cases} (1)\ S_i \times S_j，即 S_i 和 S_j 互有关系，即形成回路； \\ (2)\ S_i \bigcirc S_j，即 S_i 和 S_j 均无关系； \\ (3)\ S_i \wedge S_j，即 S_i 和 S_j 有关，S_j 和 S_i 无关； \\ (4)\ S_i \vee S_j，即 S_j 和 S_i 有关，S_i 和 S_j 无关 \end{cases} \quad (6.1)$$

根据上三角关系阵，写出邻接矩阵 $A$。在要素选择和建立邻接矩阵之后，需要对邻接矩阵进行运算，以获取可达矩阵 $R$。

### （三）建立可达矩阵

根据邻接矩阵建立可达矩阵。通过将邻接矩阵加上单位阵，经过至多 $i$ 次运算后得到可达矩阵 $R$。

可达矩阵的推移特性：$A_1 \neq A_2 \neq \cdots \neq A_{r-1} = A_r, r \leqslant n-1$

其中，$n$ 为矩阵阶数，$R_{r-1} = (A+I)^{r-1} = R$

用计算机进行矩阵运算（此处的矩阵乘法运算规律遵循布尔代数运算规则）。

求得：$A_1 \neq A_2 \neq \cdots \neq A_5 = A_6$。

得到可达矩阵 $R, A_5 = A_6 = R$。

它表明各节点间经过长度不大于 5 的通路可以达到的程度。

### （四）区域划分

将要素之间的关系分为可达与不可达，并且判断那些要素是连通的，即把系统分为有关系的几个部分或子部分。

元素 $n_i$ 的可达集表示为：$R(n_i) = \{n_j \in N \mid m_{ij} = 1\}$；

元素 $n_i$ 的先行集表示为：$A(n_i) = \{n_j \in N \mid m_{ji} = 1\}$；

共同集合：$T = \{n_i \in N \mid R(n_i) \cap A(n_i) = A(n_i)\}$；

$R(n_i) \cap R(n_j) \neq \Phi$，否则，它们分别属于两个连通域。

首先通过对先行集和可达集的运算确定底层元素，再判断这些元素的连通性。如果元素的可达集交集为空，则要素属于不同连通域，反之为同一连通域。

求得最底层元素：$T = \{S_{24}\}$。

因底层元素仅有一个，故要素属于同一连通域。

其次进行级间划分。将系统中的所有要素，以可达矩阵为准则划分为不同级（层）次。若 $n_i$ 是最上一级单元，其必须满足：

$R(n_i) = R(n_i) \cap A(n_i)$，$\pi_k(n) = [L_1, L_2, \cdots, L_k]$。

$L_k = \{n_i \in N - L_1 - \cdots - L_k \mid R_{k-1}(n_i) = R_{k-1}(n_i) \cap A_{i-1}(n_i)\}$

$R_{j-1}(n_i) = \{n_j \in N - L_0 - L_1 \cdots - L_{j-1} \mid m_{ij} = 1\}$

$$A_{j-1}\ (n_i)\ =\ \{n_i \in N - L_0 - L_1 \cdots - L_{j-1} \mid m_{ji} = 1\}$$

依次求得不同层元素如下：

最底层：$T = \{S_{24}\}$

第一层：$L_1 = \{S_{16}\}$

第二层：$L_2 = \{S_{15}, S_{26}\}$

第三层：$L_3 = \{S_8, S_{17}, S_{25}\}$

第四层：$L_4 = \{S_4, S_5, S_7, S_{12}, S_{14}\}$

第五层：$L_5 = \{S_2, S_3, S_6, S_{11}, S_{13}\}$

第七层：$L_6 = \{S_9, S_{10}\}$

第八层：$L_8 = \{S_{18}, S_{19}, S_{20}, S_{21}, S_{22}, S_{23}\}$

## （五）绘制递阶有向图

利用以上信息，绘制分级递阶结构模型，见图 6 - 1。从图 6 - 1 可知，要素分为九层，最底层要素在图的左端。

图 6 - 1 中主要节点为 $S_1$、$S_{12}$、$S_{17}$，这几个要素的影响因素最多。

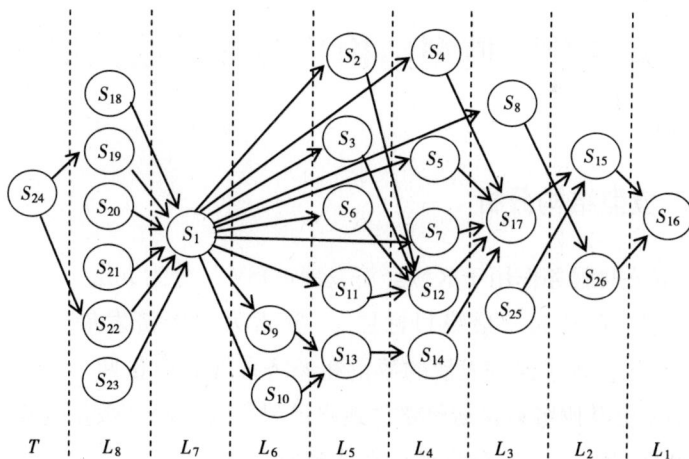

图 6 - 1　系统分级递阶结构模型

### 三、建模结果

根据图 6 - 1 "分级递阶结构模型" 构建了 "基本公共服务作用于区域经济发展解释结构模型"，简称 "基本公共服务作用于区域经济发展 – ISM"，见图 6 - 2。考虑到系统运行过程中存在着反馈机制，在图中添加了三条反馈线（虚线）：一是从 "经济水平" 到 "基本公共服务"，二是从 "基本公共服务" 到 "公民需求"，三是从 "经济发展" 到 "发展理念"。

"基本公共服务作用区域经济发展 – ISM" 实现了以下几个目标：

第一，总结、归纳了学术界对基本公共服务与区域经济关系的现有成果；

第二，利用计算机将复杂不清的要素关系进行了整理，明确了从下至上共九个层次的要素关系；

第三，对基本公共服务与区域经济的关系进行了系统描述，模型具有良好的层次关系，直观地阐述了要素之间直接或间接的关系。

## 第三节　模型结构及要素关系分析

### 一、模型结构分析

"基本公共服务作用于区域经济发展 – ISM" 分为九层。

第一层（$L_1$）为 "最终目标层"，要素为 "经济发展"。在这里，"经济发展" 包含了经济发展的数量和经济发展的质量两个方面，也就是说，基本公共服务对区域经济的最终效果是通过经济数量变化（经济水平）和质量改变（社会公平）来体现的。

第二层（$L_2$）为 "次级目标层"，要素为 "社会公平" 和 "经济水平"。基本公共服务在两个方面有明显的作用：一方面从效率角度，提高经济增速，提升经济水平；另一方面从公平角度，以再分配的路径，改善财富在不同区域、不同群体的分布状态，维护社会和谐与公平。

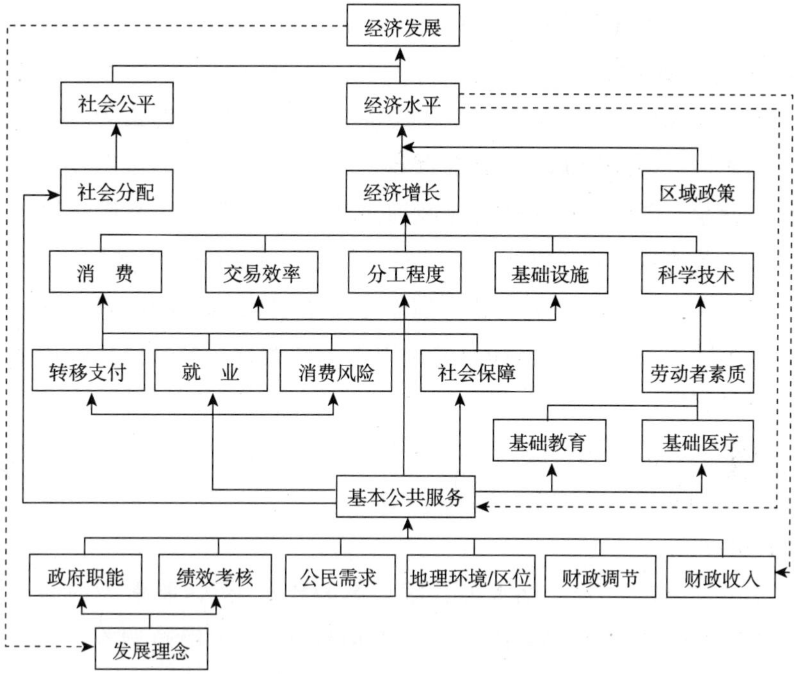

**图6-2 基本公共服务作用于区域经济发展-ISM**

第三层（$L_3$）为"作用路径层"，要素为"社会分配""经济增长"和"区域政策"。其中，社会分配是实现社会公平的主要路径，区域政策和经济增长是实现经济水平提升的主要路径。区域政策对区域经济水平至关重要，我国改革开放三十多年区域经济的发展历程就是很好的证明。因此，对基本公共服务与区域经济关系的分析，与"区域政策"密不可分。

第四层（$L_4$）为"直接作用于经济增长要素层"，要素为"消费""交易效率""分工程度""基础设施""科学技术"。这五类要素与经济增长有直接或间接的关系。需要注意的是，这些要素可能与通常所言的"经济增长"要素不同，即劳动力、技术进步和资本。这里的"经济增长"要素是从基本公共服务角度出发的，是基本公共服务引发的经济增长，因此其包含了以上三种要素。如"科学技术"与技术进步有直接的关系，而科学技术又受到"劳动者素质"的影响；"基础设施"与资本有直接的关系。

第五层（$L_5$）为"间接作用于经济增长要素层"，要素为"转移支付""就业""消费风险""社会保障"和"劳动者素质"。其中，转移支付、就业、消费风险和社会保障通过作用于"消费"来影响区域经济增长。劳动者素质通过作用于"科学技术"来影响经济增长。

第六层（$L_6$）为"劳动者素质作用要素层"，要素为"基础教育""基础医疗"。基本公共服务通过作用于基础教育、基础医疗，进而影响劳动者素质。

第七层（$L_7$）为"基本公共服务层"。基本公共服务的直接影响要素为"转移支付""就业""消费风险""社会保障""基础教育"和"基础医疗"。

第八层（$L_8$）为"基本公共服务影响要素层"，要素为"政府职能""绩效考核""公民需求""地理环境/区位""财政调节"和"财政收入"。这些要素对区域基本公共服务的水平及均等化程度有直接的影响作用。

第九层（$T$）为"理念层"，要素为"发展理念"。不同发展阶段有不同的发展目标。"十一五"之前我国更加注重经济增速，"十一五"以后转变发展观念，注重发展的质量与数量并进。从政府工作角度来看，发展理念决定了政府职能与绩效考核制度。因此，系统思考区域基本公共服务的改善、改革问题，必须从发展理念这个源头开始。

可将图6-2进行简化，得到图6-3。由图6-3知，基本公共服务与区域经济之间存在多条作用路径。其一，基本公共服务通过作用于"基本公共服务作用于经济要素"，对"经济增长影响要素"产生影响，进而影响区域经济数量（经济水平）。其二，基本公共服务通过作用于"社会分配"，对"社会公平"产生影响，进而影响区域经济发展质量。其三，区域经济数量（经济水平）和质量（经济发展）通过反馈机制影响基本公共服务，由此形成动态复杂的系统。

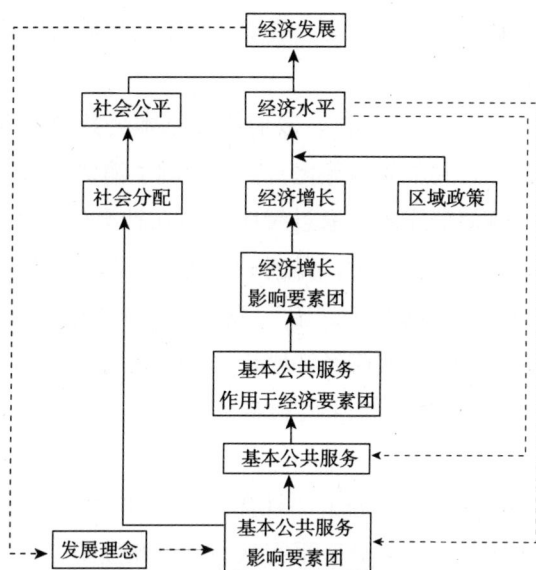

图 6-3 基本公共服务作用区域经济发展 – ISM 简图

## 二、要素关系明确

在结构模型中，有几个要素与其他要素的关系比较密切。

首屈一指的要素是"基本公共服务"，其影响以及被影响的要素都有 6 个。从人的角度来看，我们认可基本公共服务对劳动者素质有直接作用。从经济增长的角度来看，基本公共服务对就业有直接影响。其对国内需求的影响是通过个体就业来实现的。通过提高个体增收能力，缓解个体社会保障上的压力，减小消费风险。从财政角度来看，基本公共服务通过转移支付，实现税收在不同区域和人群间的重新分配。故而，基本公共服务作为一种长期实施的战略、策略，其对经济、社会、个体和群体的影响很大。基本公共服务实施效果的好坏关系到了整个社会的稳定与和谐。

第二个核心要素是"经济增长"。经济增长对区域经济水平有直接的影响作用。反过来，区域经济水平对基本公共服务又有直接的作用。因此，在经济与基本公共服务两个要素之间不是单向的关系，而是相互作用，存在动态的影响。

第三个核心要素是"消费"。政府扩大基本公共服务内容，在更广泛的区域实现基本公共服务均等化，直接影响了消费：通过减小个体消费风险，释放个体消费需求；通过缓解个体在社会保障中的消费压力，释放消费需求；通过转移支付，促进资金边际效率的提升，释放老少边穷地区的消费空间。我国"十二五"发展的口号是经济转型，促进经济转型的一条主要路径是改善经济增长依靠外贸的现状。从这个角度来看，基本公共服务对消费的巨大影响作用也是我国经济转型的重要举措。

此外，结构模型特地区分了"社会公平"和"经济水平"。从要素的重要性来看，这两个要素处于平行状态，以此强调"唯 GDP 发展观"对发展的扭曲。从基本公共服务来看，其更为关注的是社会公平，但也同时注重对经济增长的作用。

# 第四节　基本公共服务促进经济发展的路径

基于"基本公共服务作用区域经济发展 – ISM"，有以下几条路径可以实现"以基本公共服务促进区域经济发展"。

路径一：发展基础教育、基础医疗，以劳动者素质的提升，推动科学技术进步，促进区域经济增长。在此路径中，应充分考虑"就业服务"的作用。从微观角度看，公共就业服务通过促进劳动者与就业岗位的合理配置，达到资源优化配置的目标，对区域经济产生影响。

路径二：以社会保障的建立、健全，消费风险的减小释放消费空间。通过社会保障制度的完善，转变养儿防老、土地养老、储蓄养老等传统养老观念，提升不同年龄群体的消费欲望。

路径三：以转移支付实现区域间经济发展的均衡，扩宽经济不发达地区公民的消费需求。

路径四：以基本公共服务促进个体就业，提升个体和家庭的收入，提高消费能力，扩大消费空间。需要注意的是，为提高基本公共服务的质量，促进社会工作人才培养亦是拉动就业的一条路径。

路径五：以基本公共服务促进区域投资（基础设施），拉动经济增长。

路径六：以基本公共服务细化社会分工，促进交易效率提升，推进区域经济增长。

路径七：以基本公共服务推动财富再分配，促进社会公平，提升区域经济发展质量。

# 第七章　基本公共服务与区域
## 经济的动态时间关系

　　研究基本公共服务与区域经济的关系不能回避时间要素。信息和物质传递需要一定的时间，于是带来了原因和结果、输入和输出、发送和接收之间的滞后。这个滞后被称为时间滞延（Times Delay），简称时滞。就如我们开车时紧急刹车、洗澡时调节水温一样，目标达成的时间总是在调控行为之后。虽然时间对系统的影响是明摆着的，但从时间角度切入讨论的成果却寥寥无几。因为真实系统中的时间要素难以用数学关系或数学方法进行求解。本部分的主要工作是，运用系统动力学模型讨论时间要素对基本公共服务与区域经济发展关系的影响。首先，运用动态结构化技术建立"基本公共服务作用区域经济发展系统动力学模型"。其次，进行仿真实验，验证时间要素对两者的影响。最后，对考核"经济增长""经济发展"的两个仿真系统的实验结果进行比较。

# 第一节　模型初设

## 一、系统动力学模型简介

　　本部分详细内容参见汪应洛《系统过程理论、方法与应用》。① 系

---

　　①　汪应洛：《系统工程理论、方法与应用（第二版）》，高等教育出版社 2001 年版。

统动力学（System Dynamics，简称 SD）是美国麻省理工学院福瑞斯特（J. W. Forrester）教授提出来的，用于研究系统动态行为的一种计算机仿真技术。系统动力学综合应用控制论、信息论和决策论等有关理论和方法，建立系统动力学模型，以电子计算机为工具，进行仿真实验，所获得的信息用以分析和研究系统结构和系统行为，为正确决策提供科学的依据。

系统动力学仿真的基本步骤为：

第一，明确系统仿真目的。用系统动力学进行仿真的目的是认识和预测系统的结构和未来的行为，为确定系统最佳运行参数，制定合理的政策提供依据。

第二，明确系统边界。系统动力学研究的是封闭的社会系统，系统动力学所分析的系统行为是由系统内部因素产生的，并假定外部因素对其不产生本质影响。因此，需要确定系统的边界（Close Boundary）。

第三，因果关系分析。以因果关系图的反馈回路来描述系统内部要素之间的关系。

第四，建立系统动力学模型。包括根据因果关系反馈回路绘制流程图和写结构方程式。

第五，计算机仿真实验与模型修正。在计算机上反复实验，改变、调整参数，以使系统仿真效果更接近现实，更能真实地反映实际系统的行为。

第六，结果分析。对仿真结果进行归纳、整理和分析，挖掘隐匿系统行为的有效信息。

## 二、系统内的时间滞延

基本公共服务系统存在诸多时滞，将第六章"基本公共服务作用于区域经济发展 – ISM"简化，提炼出系统时滞简图，见图 7 – 1。图中标有"≠"符号的地方都存在时滞[①]。

---

① 出于建模的需要，本章图形均使用 Vensim PLE 绘图。

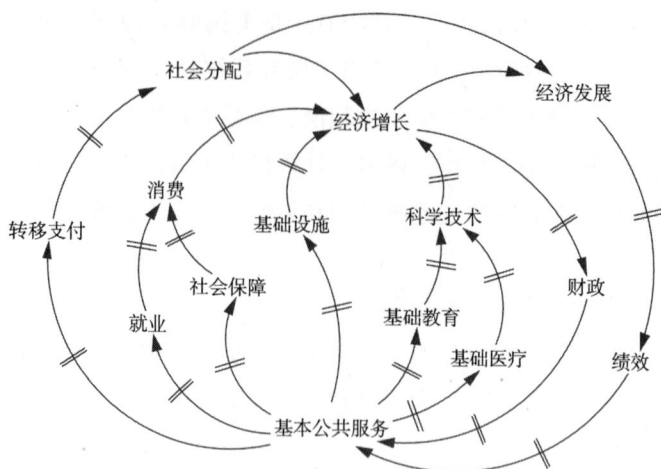

**图 7-1　基本公共服务作用于区域经济过程的时间滞延**

图 7-1 中各要素作用于基本公共服务的过程如下：

第一，"基础教育""基础医疗"作用于"科学技术"，"科学技术"对"经济增长"产生影响，"经济增长"作用于"经济发展"，"经济发展"作用于"绩效"（个体绩效和组织绩效），"绩效"作用于"基本公共服务"。

具体过程为"基本公共服务→公共教育（医疗卫生）→科学技术→经济增长→经济发展→绩效→基本公共服务"。

第二，"就业""社会保障"作用于"消费"，"消费"作用于"经济增长"，"经济增长"作用于"经济发展"，"经济发展"作用于"绩效"（个体绩效和组织绩效），"绩效"作用于"基本公共服务"。

具体过程为："就业（社会保障；转移支付）→消费→经济增长→经济发展→绩效→基本公共服务"。

第三，"转移支付"作用于"社会分配"，"社会分配"作用于"经济发展"，"经济发展"作用于"绩效"，"绩效"作用于"基本公共服务"。

具体过程为"转移支付→社会分配→经济发展→绩效→基本公共服务"。

第四，"基本公共服务"作用于"转移支付"，"转移支付"作用于"社会分配"，"社会分配"作用于"经济增长"，"经济增长"作用于"财政"，"财政"作用于"基本公共服务"。

具体过程为："基本公共服务→转移支付→社会分配→经济增长→财政→基本公共服务"。

## 三、研究目的与系统边界

建立系统动力学模型的目的是，了解时滞对基本公共服务与区域经济的影响。系统的过程是基本公共服务对消费子系统、科技子系统、投资子系统产生影响，这三个子系统推动经济增长，继而带动经济发展，促进绩效，影响财政，再对基本公共服务产生影响。在明确的研究目的指导下，讨论分为四步：首先，在消费子系统中，对"基本公共服务"与"经济增长""经济发展"的关系进行分析，并对系统时滞与基本公共服务的关系进行分析；其次，在科学技术系统中，对"基本公共服务"与"经济增长""经济发展"的关系进行分析，并对系统时滞与基本公共服务的关系进行分析；第三，在投资子系统中，对"基本公共服务"与"经济增长""经济发展"的关系进行分析，并对系统时滞与基本公共服务的关系进行分析；第四，在完整的系统中，对"基本公共服务"与"经济增长""经济发展"的关系进行分析，并对系统时滞与基本公共服务的关系进行分析。

基于以上步骤，确定系统模型边界，绘制系统边界图（见图7-2）。对于第一、第二和第三个问题，讨论的重点在于"子系统"与"经济增长""经济发展""基本公共服务"的关系，可将这些子系统作为封闭的系统考虑。对于第四个问题，讨论的重点在于大系统与"经济增长""经济发展""基本公共服务"的关系，包含了前面三个子系统。对这四个问题的分析是在逐步完善的系统中进行的。对于第四个问题，讨论的范畴还应扩展到财政。因为基本公共服务的推进很大程度上依赖财政。此外，为了了解官员为何更偏好"经济增长"为绩效目标而非"经济发展"，我们会对以"经济增长""经济发展"为目标的系统表现出的不同特征进行研究。

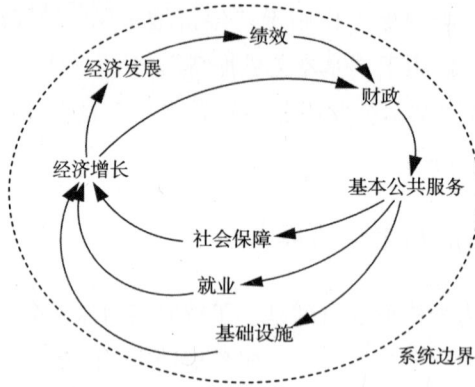

图 7-2　系统边界

## 四、因果图与系统环路

确定了系统边界后，利用"基本公共服务作用于区域经济发展 – ISM"绘制出系统因果关系图（见图 7-3）。从图 7-3 中可见反馈回路（以下不一一列举）：

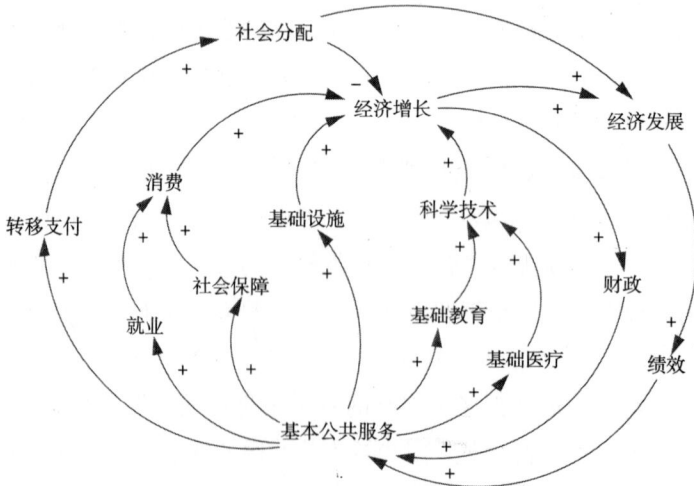

图 7-3　因果关系图

正反馈回路 1：基本公共服务→社会保障（就业）→消费→经济增长→经济发展→绩效→基本公共服务；

正反馈回路 2：基本公共服务→基础设施→经济增长→经济发展→绩效→基本公共服务；

负反馈回路 3：基本公共服务→转移支付→社会分配→经济增长→财政→基本公共服务。

正反馈回路 1 说明基本公共服务（就业服务、社会保障）对经济增长、经济发展都是有利的；正反馈回路 2 说明基本公共服务（基础设施）直接作用于经济增长，对经济发展是有利的。负反馈回路 3 说明转移支付作用于社会分配，对经济发展有效，但对经济增长有抑制作用。

## 五、系统基模

系统基模（Systems Archetype）是用增强的环路、调节的环路、时滞构建起来的，运用系统基模可以发现管理问题的共通性。

在系统动力学中，增强环路常用"滚雪球"图形来表示。提炼出系统中的增强环路，见图 7-4。对象环中基本公共服务→就业、就业→消费、消费→经济增长、经济增长→经济发展、经济发展→绩效、绩效→基本公共服务均为正因果关系，构成了基本公共服务增强环路。

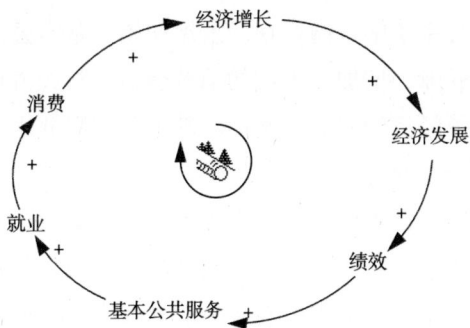

**图 7-4　增强环路**

在系统动力学中，调节环路常常以"天平"图形来表示。调节系统会自我修正，以维持组织效用的目标。提炼出系统中的"调节环路"，见图7-5。对象环中基本公共服务→转移支付、转移支付→社会分配、经济增长→经济发展、经济发展→绩效、绩效→基本公共服务为正因果关系，社会分配→经济增长为负因果关系，由此构成了基本公共服务调节环路。

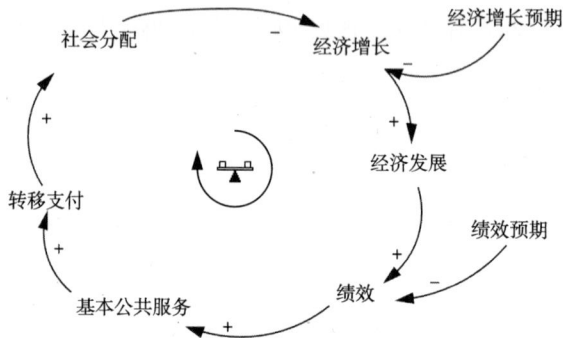

图7-5 调节环路

基本公共服务成长上限（Limits to Growth）基模，见图7-6。尽管基本公共服务增强环路促使基本公共服务快速成长，却同时也在促动一个抑制成长的调节环路，导致公共服务成长缓慢、停顿或下滑。成长上限问题在经济社会系统中普遍存在。发展初始，基本公共服务的推进改善了就业、社会保障，增加了人们的消费能力，对经济增长产生很好的作用力，也带动了经济的发展，带动了基本公共服务水平的提升。但基本公共服务会将公共资源用于转移支付，而转移支付中很大一部分是非生产性支出，非生产性支出的增加占用了生产性支出，对物质生产产生了一定的抑制所用。随着非生产性支出增加，经济增长被抑制的力度不断增大，政府会减小用于基本公共服务的财政支出。这种减小基本公共服务支出的行为又必然导致基本公共服务发展的减缓。因此，通过财政手段来提升基本公共服务水平存在一个"成长上限"，即政府公共服务效用。

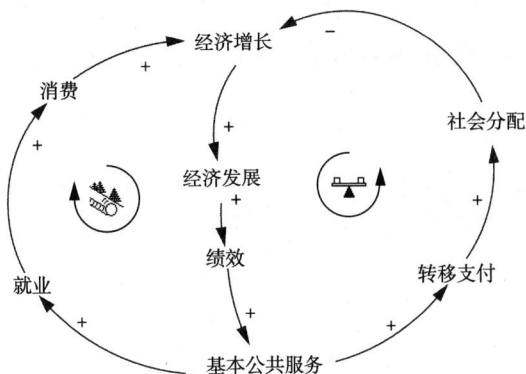

**图 7 – 6　基本公共服务"成长上限"基模**

　　"成长上限"提醒管理者以增加财政支出提升基本公共服务的有限性，最终会因为政府公共服务效用的限制而陷入增长停滞。解决"成长上限"问题就要找到调节环路的杠杆解，也就是要找到政府公共服务效用的隐含目标。如基础教育的目标是入学率、升学率，还是培养更多品质优秀、富有创新能力的孩子。若是前者，入学率、升学率是数量类指标，很容易达成，政府的效用也容易止步。若是后者，更优品质的学生是质量类指标，需要政府长期努力，这个成长的上限就不容易突破。与此同时，我们也应注意到"成长上限"还有一个重要内涵，即"上限之外仍有上限"。

# 第二节　考核"经济增长"的
# 系统动力学模型

　　本节系统仿真设定的背景为，以"经济增长"考核政府官员。为了模型实验的可行，我们对系统进行了简化，将不容易发现映射关系（数量）的基础教育、基础医疗要素略去。实验的数据来自第四章实证研究。

## 一、因果图及系统动力学模型

考核"经济增长"的系统动力学模型（SDM）要素及因果关系，见图7-7。基本公共服务对"就业""社会保障""基础设施"产生影响，这三种要素继而影响"经济增长"；"经济增长"对"绩效"和"财政"产生影响；"财政"再促进"基本公共服务"。

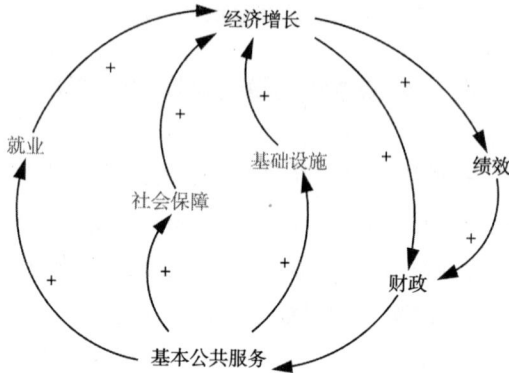

图7-7　考核"经济增长"的系统因果图

考核"经济增长"的系统动力学模型见图7-8。在图7-8中，我们增加了几个变量辅助仿真实验，如 Level of BPS（基本公共服务水平）、Adjust Value（调节变量）。系统中存在很多时滞，但为了分析需要，我们仅对有明确讨论价值的时滞进行设置。图7-8中，设置了两个时滞变量，即 DELAY1 和 DELAY2。DELAY1 是"经济增长""绩效"影响财政所需要的时间，称为"财政调节时滞"。DELAY2 是基本公共服务影响"就业""社会保障""基础设施"所需要的时间，称为"基本公共服务时滞"。不容置疑，从区域经济增长到财政收入（支出）改变是存在时滞的，从部门绩效考核到影响财政支出也是存在时滞的。从财政带动基本公共服务，基本公共服务带动就业、基础设施、社会保障也是需要时间等待的。时间要素对这些环节存在或多或少的影响。

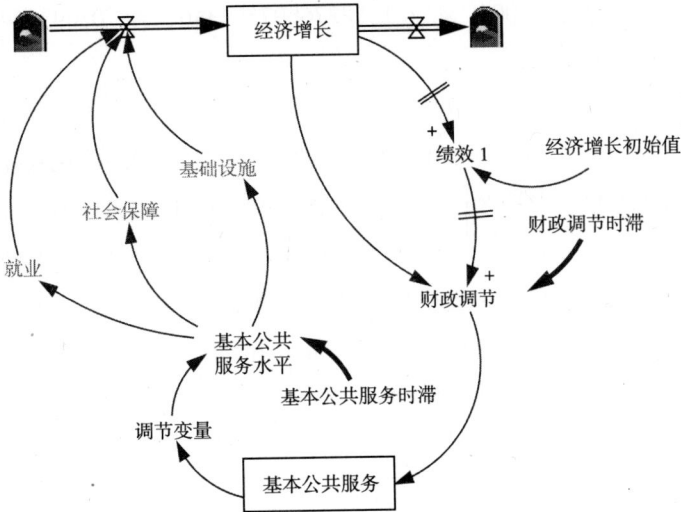

**图 7 - 8 考核"经济增长"的系统动力学模型**

系统动力学模型的基本构成为流、水准、速率、滞后、参数、辅助变量以及源和汇。在因果图的基础上，需要对模型中"就业""社会保障""基础设施"与"经济增长"的关系进行定量，通过拟合的方式加以确定。

利用 Matlab 7.0 进行多元线性回归分析，确定经济增长与就业、社会保障和基础设施建设的关系。利用实证分析章节得到的数据进行多元线性回归。

设矩阵 $X$、$Y$ 如下：

$$X = \begin{bmatrix} 0.4914 & 0.8169 & 0.9877 \\ 0.5535 & 0.8268 & 0.9841 \\ 0.6810 & 0.8760 & 0.9766 \\ 0.8130 & 0.9071 & 0.9897 \\ 0.8924 & 0.9336 & 0.9966 \\ 0.9813 & 0.9725 & 0.9810 \end{bmatrix} \quad Y = \begin{bmatrix} 14185 \\ 16500 \\ 20169 \\ 23708 \\ 25608 \\ 29992 \end{bmatrix}$$

在 Matlab 7.0 输入 $a1 = inv(x' * x) * x' * y$，得到多元回归系数 $a1$ 如下：

$a1 = 1.0e + 004 \times [\, 1.58276897594346,\ 4.70569226409314,$
$-3.22248412430001\,]$

98% 的置信区间为 $aint$ 如下：

$$aint = 1.0e + 005 \times \begin{bmatrix} 0.16595102820124 & 0.48250482339050 \\ -0.56087262829540 & 1.50201108111271 \\ -1.01416551521791 & 0.36966869035871 \end{bmatrix}$$

将该回归方程放入仿真模型，模拟效果不满意。由此，用多项式拟合方式拟合数学模型。将矩阵 $A$ 导入 Matlab 7.0，命名为 Sheet 1，编制程序，由已知数据拟合数学模型。

| 年份 | 人均 GDP | 社会保障 | 基础设施 | 就业 |
|---|---|---|---|---|
| 2005 | 1.4185 | 0.4914 | 0.8169 | 0.9877 |
| 2006 | 1.6500 | 0.5535 | 0.8268 | 0.9841 |
| 2007 | 2.0169 | 0.6810 | 0.8760 | 0.9766 |
| 2008 | 2.3708 | 0.8130 | 0.9071 | 0.9897 |
| 2009 | 2.5608 | 0.8924 | 0.9336 | 0.9966 |
| 2010 | 2.9992 | 0.9813 | 0.9725 | 0.9810 |

编程如下：

$y$ = Sheet1 （:，2）；$x1$ = Sheet1 （:，3）；$x2$ = Sheet1 （:，4）；$x3$ = Sheet1 （:，5）

$p1$ = polyfit （$x1$，$y$，10）；vpa （poly2sym （$p1$），10）；

$y11$ = polyval （$p1$，$x1$）；plot （$x1$，$y$，$x1$，$y11$）

$p2$ = polyfit （$x2$，$y$，10）；vpa （poly2sym （$p2$），10）

$y21$ = polyval （$p2$，$x2$）；plot （$x2$，$y$，$x2$，$y21$）

$p3$ = polyfit （$x3$，$y$，10）；vpa （poly2sym （$p3$），10）；

$y31$ = polyval （$p3$，$x3$）；plot （$x3$，$y$，$x3$，$y31$）

计算机运算得到经济增长 $y$，社会保障 $x1$、基础设施 $x2$、就业 $x3$ 的 10 次多项式拟合方程如下：

$y = 24.86831138 * x1\textasciicircum 10 - 51.66266560 * x1\textasciicircum 8 + 56.73736114 * x1\textasciicircum 5$

$- 42.33960425 * x1\textasciicircum 3 + 20.90091574 * x1 - 5.298623770$

$y = 53054.91537 * x2\textasciicircum 10 - 107041.3575 * x2\textasciicircum 9 + 81760.58093 * x2\textasciicircum 7$

$- 40845.80095 * x2\textasciicircum 4 + 24116.35144 * x2 - 11038.41973$

$y = -368587221.9 * x3\textasciicircum 10 + 1258200696 * x3\textasciicircum 8 - 2631729636 * x3\textasciicircum 5$

$+ 7672743786 * x3\textasciicircum 2 - 8566581407 * x3 + 2635953768$

## 二、原因树、结果树

### （一）原因树

从"经济增长"的原因树可知，"基本公共服务水平"对"就业""社会保障""基础设施"有直接的影响力，而"就业""社会保障""基础设施"对"经济增长"产生影响。

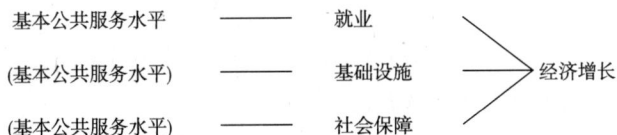

```
基本公共服务水平 ———— 就业
(基本公共服务水平) ———— 基础设施 ⟩ 经济增长
(基本公共服务水平) ———— 社会保障
```

从"基本公共服务"的原因树可知，"财政调节时滞""绩效""经济增长"都是影响"财政调节"的原因，而"财政调节"对"基本公共服务"产生直接影响。

```
财政调节时滞
经济增长 ⟩ 财政调节 ———— 基本公共服务
绩效
```

### （二）结果树

从"经济增长"结果树可知，"经济增长"促进"财政调节"和"绩效"；而"财政增长"和"绩效"分别促进"基本公共服务"和"绩效1"。

经济增长 ⟨ 财政调节 ——————— 基本公共服务

绩效1 ——————— （财政调节）

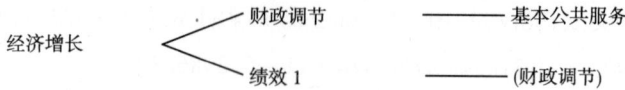

从"基本公共服务"结果树可知，"基本公共服务"影响"财政调节"，"财政调节"再对"基本公共服务水平"产生影响。而"基本公共服务水平"又对"就业""基础设施""社会保障"产生影响。

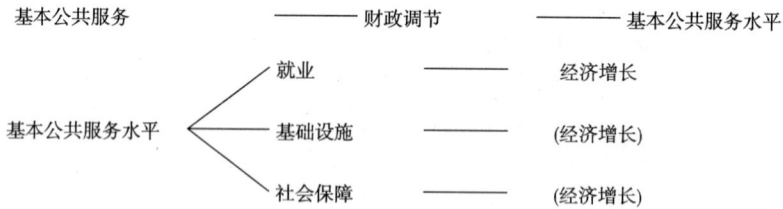

基本公共服务 ——————— 财政调节 ——————— 基本公共服务水平

就业 ——————— 经济增长

基本公共服务水平 ⟨ 基础设施 ——————— （经济增长）

社会保障 ——————— （经济增长）

## 三、系统方程

建立该系统的结构方程如下：

（01） adjust finance = DELAY3I（SMOOTH3I（Economic growth-Performance 1，60，0.1），DELAY 1，0.5）

（02） Adjust value = IF THEN ELSE（Basic public services > = 1，1，Basic public services）

（03） Basic public services = adjust finance * 1e − 009/7.5 + 0.05

Units：Year

（04） DELAY 1 = 60

（05） DELAY 2 = 12

（06） Economic growth = INTEG（Employment * 0.3 + Infrastructure * 0.5 + Social security * 0.2，Economic growth initial value）

（07） Economic growth initial value = 5

（08） Employment = − 3.68587e + 008 * Level of BPS^10 + 1.2582e + 009 * Level of BPS^8 + 2.63173e + 009 * Level of BPS^5 + 7.67274e + 009 * Level of BPS^2 − 8.56658e + 009 * Level of BPS + 2.63595e + 009

（09） FINAL TIME = 120

Units：Month

The final time for the simulation.

（10）Infrastructure = 53054. 9 * Level of BPS^10 − 107041 * Level of BPS^9 + 81760. 6 * Level of BPS^7 − 40845. 8 * Level of BPS^4 + 24116. 4 * Level of BPS − 11038. 4

（11）INITIAL TIME = 0

Units：Month

The initial time for the simulation.

（12）Level of BPS = （DELAY3I（STEP（0. 9，60），DELAY 2，0. 5）+ 0. 1）* Adjust value

（13）Performance 1 = SMOOTH3I（STEP（Economic growth，24），12，Economic growth initial value）

（14）SAVEPER = TIME STEP

Units：Month［0，?］

The frequency with which output is stored.

（15）Social security = 24. 8683 * Level of BPS^10 − 51. 6627 * Level of BPS^8 + 56. 73 74 * Level of BPS5 − 42. 3396 * Level of BPS^30. 9 * Level of BPS − 5. 29862 + 6

（16）TIME STEP = 1

The time step for the simulation.

## 四、系统仿真结果

设初始时间为 0，终止时间为 360 个月（30 年），时间步长为月，时滞月期为 6、12、24、36、48、60、120、240。

### （一）财政调节时滞变化，基本公共服务时滞设定为 12 个月的仿真结果

系统仿真得到，存在"财政调节时滞"的情况下，"经济增长""基本公共服务""绩效""财政调节"的变化曲线，见图 7 − 9、图 7 −

10、图 7 – 11、图 7 – 12。由图知：

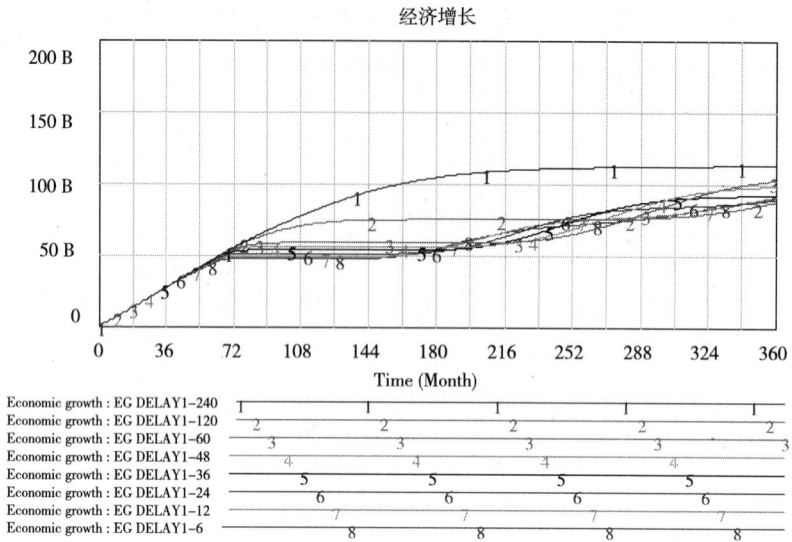

图 7 – 9　经济增长曲线

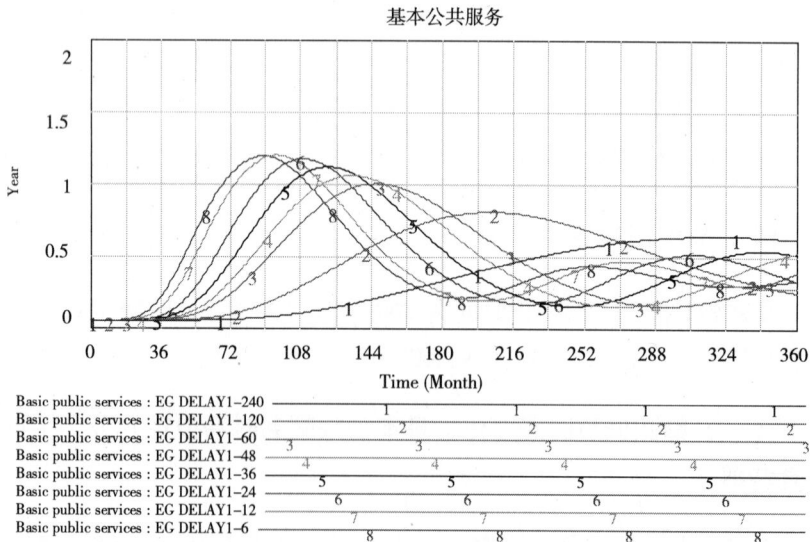

图 7 – 10　基本公共服务曲线

绩效 1

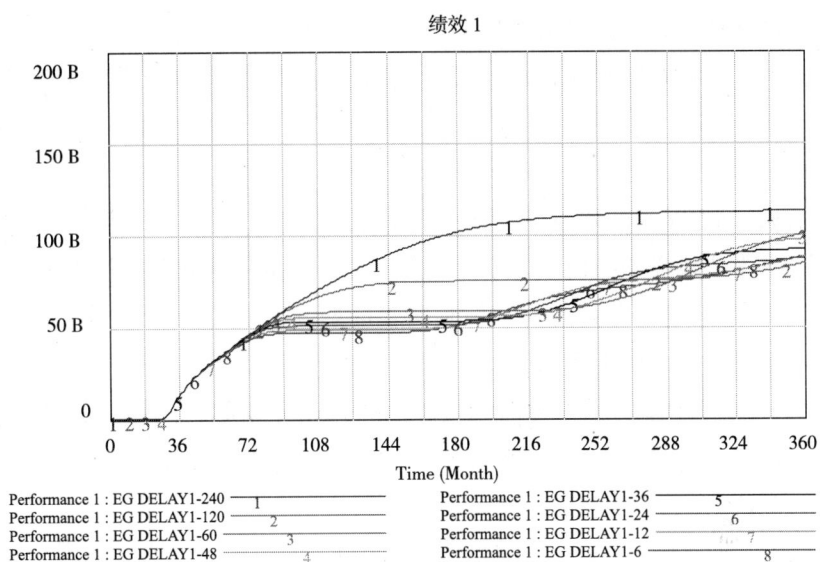

| Performance 1 : EG DELAY1-240 | 1 | Performance 1 : EG DELAY1-36 | 5 |
| Performance 1 : EG DELAY1-120 | 2 | Performance 1 : EG DELAY1-24 | 6 |
| Performance 1 : EG DELAY1-60 | 3 | Performance 1 : EG DELAY1-12 | 7 |
| Performance 1 : EG DELAY1-48 | 4 | Performance 1 : EG DELAY1-6 | 8 |

**图 7 – 11　绩效 1 曲线**

财政调节

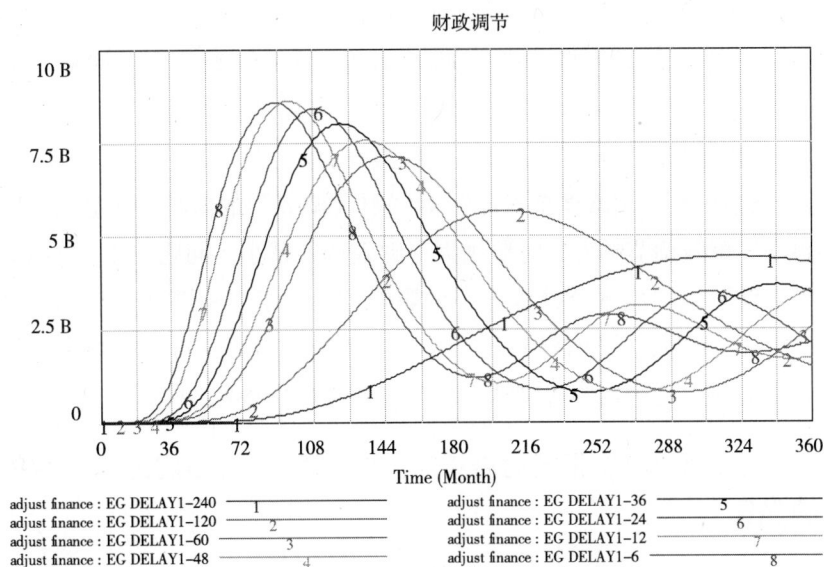

| adjust finance : EG DELAY1-240 | 1 | adjust finance : EG DELAY1-36 | 5 |
| adjust finance : EG DELAY1-120 | 2 | adjust finance : EG DELAY1-24 | 6 |
| adjust finance : EG DELAY1-60 | 3 | adjust finance : EG DELAY1-12 | 7 |
| adjust finance : EG DELAY1-48 | 4 | adjust finance : EG DELAY1-6 | 8 |

**图 7 – 12　财政调节曲线**

经济增长：仿真实验前期（0—72 个月）"财政调节时滞"对"经济增长"的影响微乎其微，在 72 个月（6 年以后）其影响才表现出来；仿真实验中期（72—180 个月），"财政调节时滞"对"经济增长"的影响显示出来，时滞越小"经济增长"越好；仿真实验后期（180 个月以后），随着时间的增加，经济增长呈现上升趋势。

基本公共服务："财政调节时滞"对"基本公共服务"影响明显，1 年以后便出现明显的差异。仿真实验前期（0—88 个月，6 年半内），基本公共服务水平随时间增加而提高；仿真实验中期（88—250 个月左右），基本公共服务水平随时间增加而降低；仿真实验后期，基本公共服务水平小幅度波动；时滞越小对基本公共服务水平提升越快。

绩效 1：仿真实验前期（0—80 个月），"财政调节时滞"对"绩效 1"影响不明显；仿真实验中期（80—198 月）"财政调节时滞"对"绩效 1"有了一些影响，呈现时滞越大，绩效越高；仿真实验后期（198 个月以后），绩效随时间的增加而增加。

财政调节：仿真实验前期（0—80 个月），"财政调节时滞"对"财政调节"影响明显，时滞越小，财政调节越大，时滞越大，财政调节越小。仿真实验中期（80—198 个月左右），"财政调节时滞"对"财政调节"的影响随时间增加而减小；仿真实验后期（198 个月以后），"财政调节"水平在一个小幅度内波动。

研究结论："财政调节时滞"对"财政调节"的影响是明显的。时滞越小，财政调节越大，时滞越大，财政调节越小。问题在于，"财政调节时滞"对"基本公共服务"的影响远远大于"经济增长"和"绩效 1"。也就是说，该时滞对政策制定者影响甚微。这可能是减小"财政调节时滞"这个内容很难纳入政策改善目标的原因之一。

## （二）基本公共服务时滞变化，财政调节时滞设定为 12 个月的仿真结果

系统仿真得到，存在"基本公共服务时滞"的情况下，"经济增长""基本公共服务""绩效 1""财政调节"的变化曲线，见图 7 - 13、

图 7 – 14、图 7 – 15、图 7 – 16。由图知：

经济增长

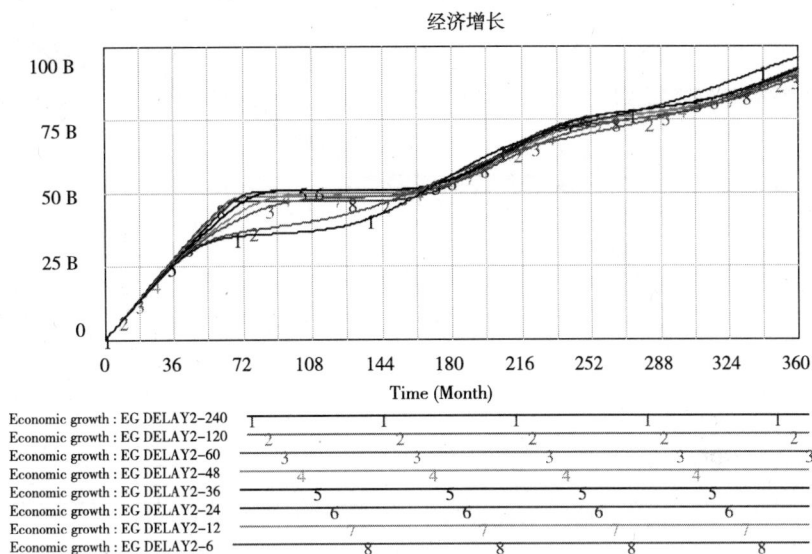

**图 7 – 13　经济增长曲线**

基本公共服务

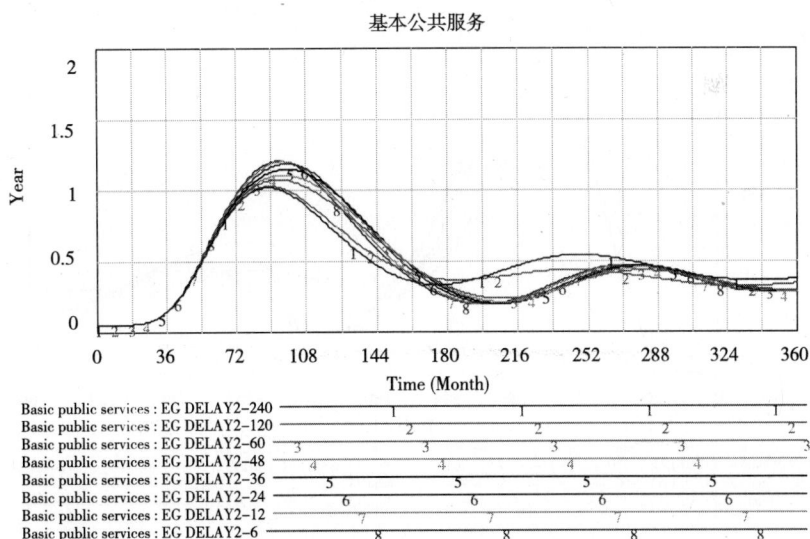

**图 7 – 14　基本公共服务曲线**

绩效 1

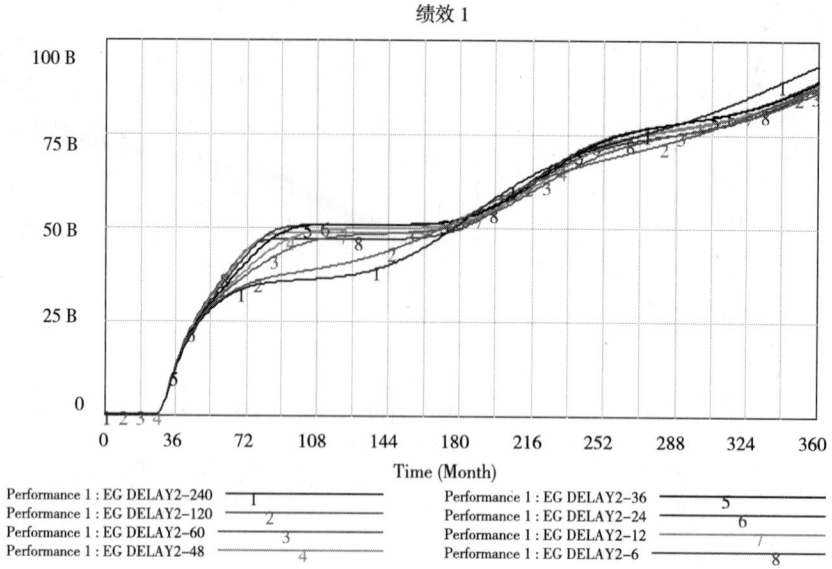

图 7 - 15　绩效 1 曲线

财政调节

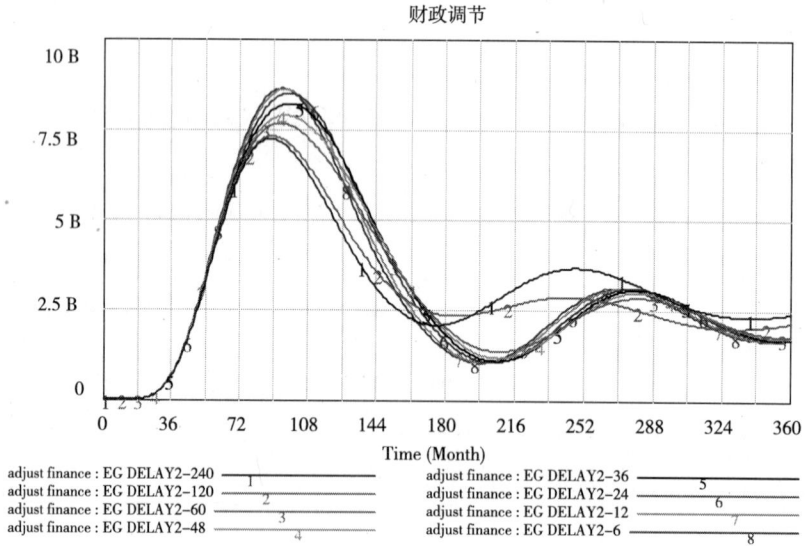

图 7 - 16　财政调节曲线

经济增长：仿真实验前期（0—72 个月），"基本公共服务时滞"对"经济增长"的影响微乎其微；仿真实验中期（72—144 个月），"基本公共服务时滞"对"经济增长"的影响显现出来，时滞越小"经济增长"越好；仿真实验后期（144 个月以后），"基本公共服务时滞"对"经济增长"影响很小，仿真曲线趋于一条直线。

基本公共服务：仿真实验前期（0—72 个月），"基本公共服务时滞"对"基本公共服务"的影响微乎其微，在 90 个月（7 年半）才有明显的表现；仿真实验中期（90—180 个月），"基本公共服务时滞"对"基本公共服务"的影响略微显现出来，时滞越小"基本公共服务"越好；仿真实验后期（180 个月以后），"基本公共服务"在一定幅度内波动，逐渐趋于平缓。

绩效 1：仿真实验前期（0—144 个月），"基本公共服务时滞"对"绩效 1"影响从不明显向明显过渡，前 54 个月基本一致，54—144 个月出现明显分化；总体上看，这个期间绩效 1 随时间增加而增加，时滞小的绩效 1。仿真实验中后期（144—198 个月）"基本公共服务时滞"对"绩效 1"的影响逐渐消失，但绩效 1 整体随着时间增加而增加。

财政调节：仿真实验前期（0—90 个月），其中前段（0—72 个月）"基本公共服务时滞"对"财政调节"影响不明显；后段（72—90 个月）时滞对"财政调节"的影响显现，时滞越小，财政调节越大。仿真实验中期（90—198 个月左右），"基本公共服务时滞"对"财政调节"的影响增加，"财政调节"力度随时间增加递减。仿真实验后期（198 个月以后），"财政调节"水平在一个小幅度内波动。

研究结论：系统运行前期"基本公共服务时滞"对"经济增长"和"绩效 1""财政调节"的影响很小。这也是该时滞不受关注的主要原因。随着系统运行时间增加，"基本公共服务时滞"对"经济增长"的影响显现出来，出现时滞越小"经济增长"越好的态势；"基本公共服务时滞"对"绩效 1"的影响也从不明显向明显过渡；对"财政调节"的影响显现。

# 第三节  考核"经济发展"的系统动力学模型

本节系统仿真设定的背景为，以"经济发展"考核政府官员。由于加入了"经济发展"这个要素，需要将一些与"经济发展"相关的要素也增加到系统中来。因此，对系统因果图和模型都有一定的调整。

## 一、因果图及系统动力学模型

考核"经济发展"的系统动力学模型要素及因果关系见 7 – 17。图 7 – 17 中，基本公共服务对"就业""社会保障""基础设施"产生影响，这三种要素促进"经济增长"；"经济发展"促进部门"业绩"；"经济增长"对"财政"产生影响；"财政"促进"基本公共服务"；"基本公共服务"对"转移支付"产生影响；"转移支付"对"社会分配"产生影响；"社会分配"又对"经济发展"产生正面影响，对"经济增长"产生负面影响；"经济发展"对"绩效"产生影响。

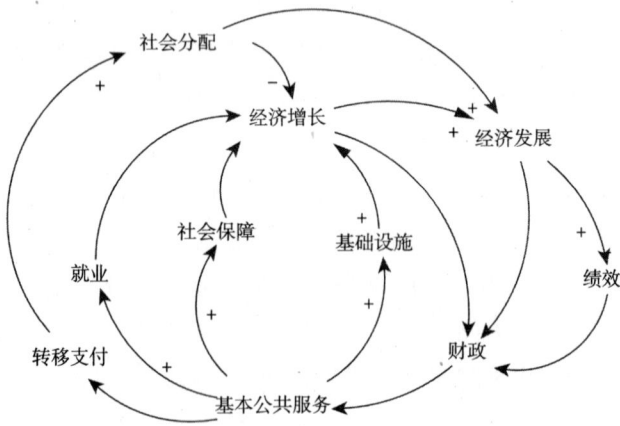

图 7 – 17  考核"经济发展"的系统因果图

考核"经济发展"的系统动力学模型见图 7 – 18。图中我们增加了几个变量辅助仿真实验，如 Level of BPS（基本公共服务水平）、Adjust Value（调节变量）。系统中存在很多时滞，但为了分析的需要，我们仅对三个有明确讨论价值的时滞进行设置，即 DELAY1、DELAY2、DELAY3。DELAY1 是"经济增长""绩效"影响财政所需要的时间，称为"财政调节时滞"。DELAY2 是基本公共服务影响"就业""社会保障""基础设施"所需要的时间，称为"基本公共服务时滞"；DELAY3 是从"经济增长"到"经济发展"需要的等待时间，称为"经济发展时滞"。

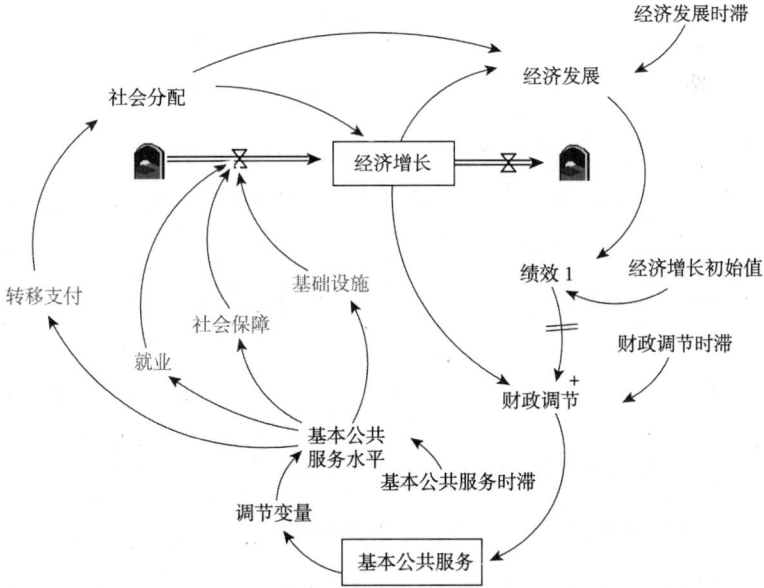

图 7 –18　考核"经济发展"的系统动力学模型

## 二、原因树、结果树及反馈回路

### （一）原因树

从"经济发展"的原因树可知，"就业""基础设施""社会保障"

"社会分配""经济增长效用"对经济增长有直接影响，而"经济增长"对"经济发展"产生影响；"经济发展时滞"对"经济发展"产生影响；"转移支付"对"社会分配"产生影响，社会分配对"经济发展"产生影响。

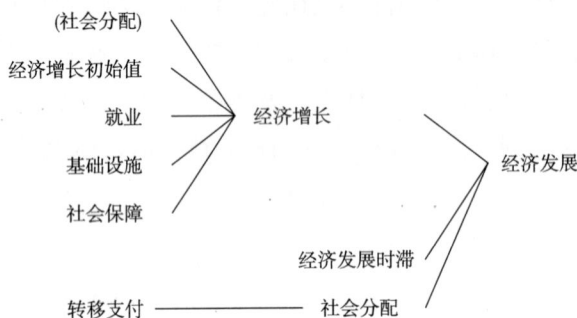

从"经济增长"的原因树可知，"基本公共服务水平"对"就业""社会保障""基础设施"有直接的影响力，而"就业""社会保障""基础设施"对"经济增长"产生影响；"转移支付"对"社会分配"产生影响，"社会分配"对"经济增长"产生影响。

从"基本公共服务"的原因树可知，"财政调节时滞""绩效1""经济增长"都是影响"财政调节"的原因，而"财政调节"对"基本公共服务"产生直接影响。

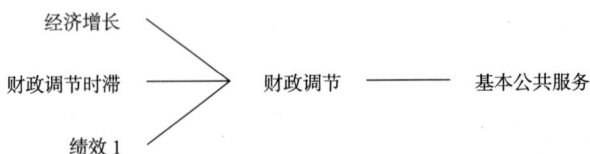

## （二）结果树

从"经济发展"结果树可知，"经济发展"促进"绩效 1"，而"绩效 1"促进"财政调节"。也就是说，"经济发展"是通过作用于"绩效"来作用于"财政"的。

经济发展 ———— 绩效1 ———— 财政调节

从"经济增长"结果树可知，"经济增长"促进"财政调节"和"经济发展"，而"财政调节"促进"基本公共服务"，"经济发展"促进"绩效 1"。可见，"经济增长"是"经济发展"的重要内容，也是"财政"的重要来源。

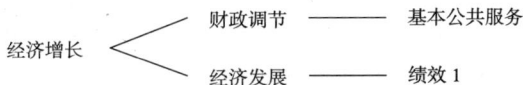

经济增长 ⟨ 财政调节 ———— 基本公共服务
经济发展 ———— 绩效 1

从"基本公共服务"结果树可知，"基本公共服务"影响"财政调节"，"财政调节"对"基本公共服务水平"产生影响；"基本公共服务水平"对"就业""基础设施""社会保障""转移支付"产生影响；"就业""基础设施""社会保障"对"经济增长"产生影响；"转移支付"对"社会分配"产生影响。

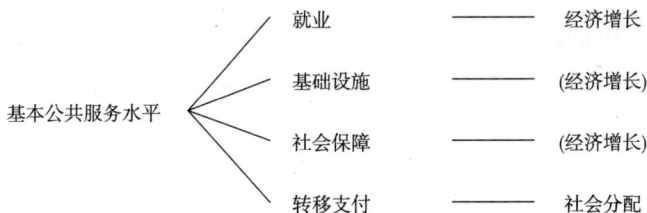

基本公共服务水平 ⟨
就业 ———— 经济增长
基础设施 ———— （经济增长）
社会保障 ———— （经济增长）
转移支付 ———— 社会分配

## 三、系统方程

建立系统的结构方程如下：

（01）adjust finance = DELAY3I（SMOOTH3I（Economic growth-Performance 1, 60, 0.1）, DELAY 1, 0.5）

（02）Adjust value = IF THEN ELSE（Basic public services > = 1, 1, Basic public services）

（03）Basic public services = adjust finance * 1e − 009/7. 5 + 0. 05

Units: Year

（04）DELAY 1 = 12

（05）DELAY 2 = 12

（06）DELAY 3 = 60

（07）Distribution of society = SMOOTH3I（transfer payment, 12, transfer payment/3）

（08）Economic development = DELAY3I（Economic growth-Distribution of society, DELAY 3, 0 ）

（09）Economic growth = INTEG（Employment * 0. 3 + Infrastructure * 0. 5 + Social security * 0. 2-Distribution of society, Economic growth initial value）

（10）Economic growth initial value = 5

（11）Employment = − 3. 68587e + 008 * Level of BPS^10 + 1. 2582e + 009 * Level of BPS ^8 − 2. 63173e + 009 * Level of BPS^5 + 7. 67274e + 009 * Level of BPS^2 − 8. 56658e + 009 * Level of BPS + 2. 63595e + 009

（12）FINAL TIME = 120

Units: Month

The final time for the simulation.

（13）Infrastructure = 53054. 9 * Level of BPS^10 − 107041 * Level of BPS^9 + 81760. 6 * Level of BPS^7 − 40845. 8 * Level of BPS^4 + 24116. 4 * Level of BPS − 11038. 4

（14）INITIAL TIME = 0

Units: Month

The initial time for the simulation.

（15）Level of BPS = （DELAY3I（ STEP（ 0. 9, 60）, DELAY 2, 0. 5）+0. 1）* Adjust value

（16）Performance 1 = SMOOTH3I（STEP（Economic development, 24），12，Economic growth initial value）

（17）SAVEPER = TIME STEP

Units：Month［0,?］

The frequency with which output is stored.

（18）Social security = 24. 8683 * Level of BPS^10 - 51. 6627 * Level of BPS^8 + 56. 7374 * Level of BPS^5 - 42. 3396 * Level of BPS^3 + 20. 9009 * Level of BPS - 5. 29862 + 6

（19）TIME STEP = 1

Units：Month［0,?］

The time step for the simulation.

（20）transfer payment = Level of BPS * 0. 2

## 四、系统仿真结果

设初始时间为 0，终止时间为 360 个月（30 年），时间步长为月，时滞月期为 6、12、24、36、48、60、120、240。

### （一）财政调节时滞变化，基本公共服务时滞、经济发展时滞设定为 12 个月的仿真结果

系统仿真得到，存在"财政调节时滞"的情况下，"经济发展""基本公共服务""经济增长""绩效 1""财政调节"的变化曲线，见图 7-19、图 7-20、图 7-21、图 7-22、图 7-23。由图知：

经济发展：仿真实验前期（0—72 个月），"财政调节时滞"对"经济发展"的影响微乎其微，"经济发展"随时间递增；仿真实验中期（72—234 个月），"财政调节时滞"对"经济发展"的影响略微显现出来，时滞越小"经济发展"越小，时滞越大，"经济发展"越大；仿真实验后期（234 个月以后），"经济发展"随时间递增。过大的时滞（时滞 120 个月、240 个月）导致"经济发展"从 108 个月以后便表现出稳定状态，未见变化。

经济发展

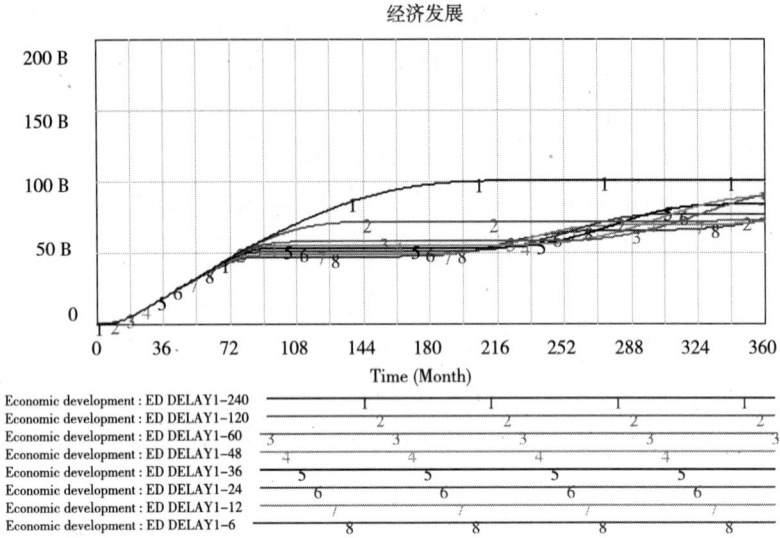

图7-19  经济发展曲线

基本公共服务

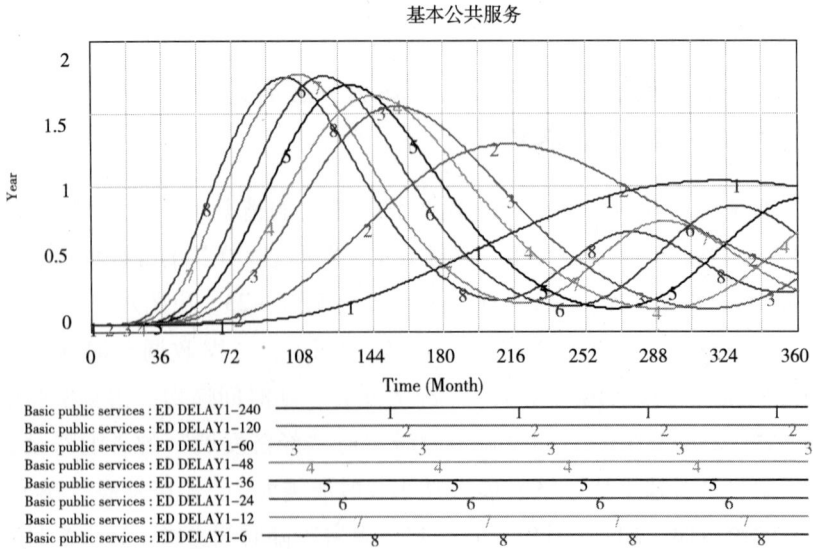

图7-20  基本公共服务曲线

经济增长

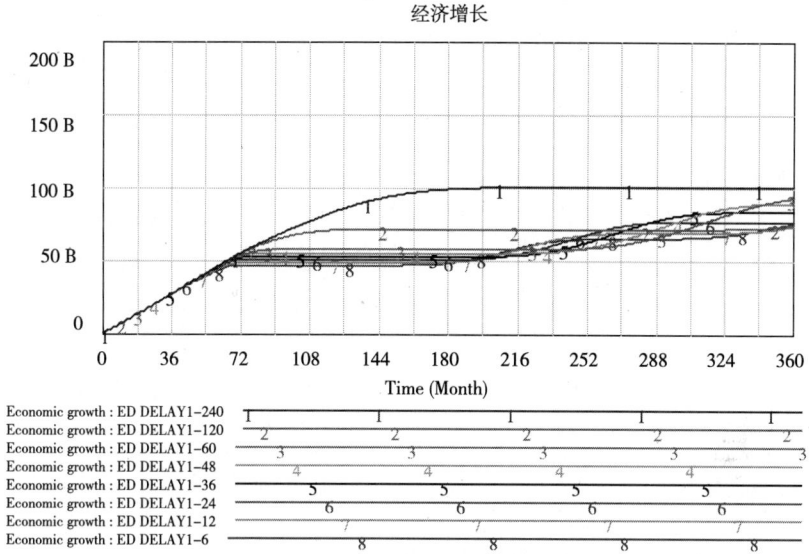

| | |
|---|---|
| Economic growth : ED DELAY1-240 | 1 |
| Economic growth : ED DELAY1-120 | 2 |
| Economic growth : ED DELAY1-60 | 3 |
| Economic growth : ED DELAY1-48 | 4 |
| Economic growth : ED DELAY1-36 | 5 |
| Economic growth : ED DELAY1-24 | 6 |
| Economic growth : ED DELAY1-12 | 7 |
| Economic growth : ED DELAY1-6 | 8 |

**图 7 – 21  经济增长曲线**

绩效 1

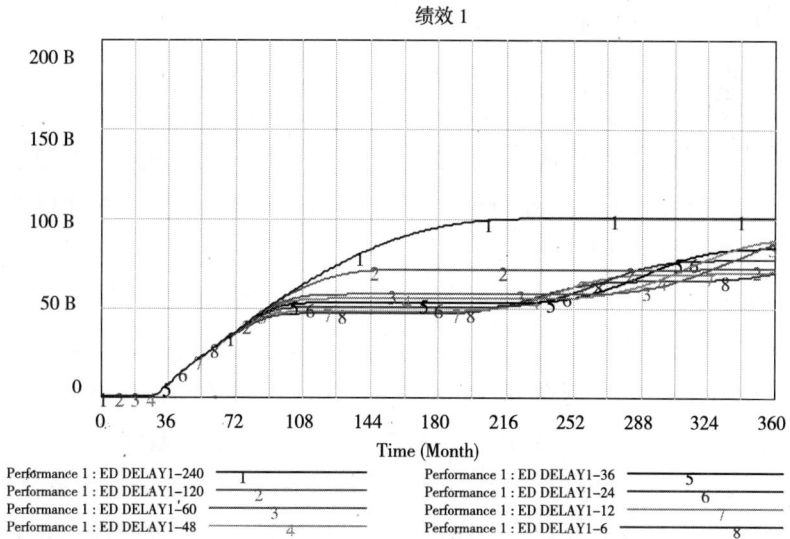

| | | | |
|---|---|---|---|
| Performance 1 : ED DELAY1-240 | 1 | Performance 1 : ED DELAY1-36 | 5 |
| Performance 1 : ED DELAY1-120 | 2 | Performance 1 : ED DELAY1-24 | 6 |
| Performance 1 : ED DELAY1-60 | 3 | Performance 1 : ED DELAY1-12 | 7 |
| Performance 1 : ED DELAY1-48 | 4 | Performance 1 : ED DELAY1-6 | 8 |

**图 7 – 22  绩效 1 曲线**

财政调节

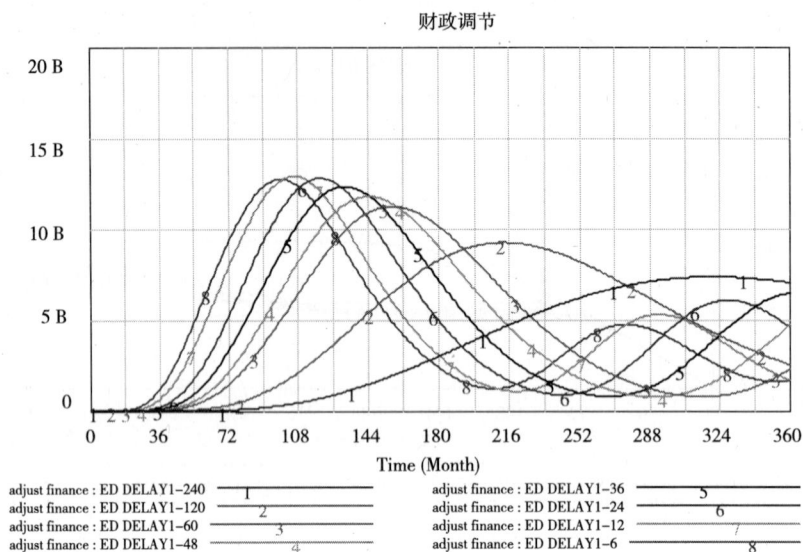

adjust finance : ED DELAY1-240 —————1
adjust finance : ED DELAY1-120 —————2
adjust finance : ED DELAY1-60 —————3
adjust finance : ED DELAY1-48 —————4

adjust finance : ED DELAY1-36 —————5
adjust finance : ED DELAY1-24 —————6
adjust finance : ED DELAY1-12 —————7
adjust finance : ED DELAY1-6 —————8

图 7 – 23　财政调节曲线

　　基本公共服务："财政调节时滞"对"基本公共服务"影响明显，18 月以后便出现明显的差异。仿真实验前期（0—99/135 个月），基本公共服务随时间递增；仿真实验中期（99/135—207/325 个月左右），基本公共服务随时间增加而减少；仿真实验后期（207/305 个月以后），基本公共服务在一个小幅度内波动。时滞过大情况下，基本公共服务在一个长月期内呈现上升和下降（如滞延为 120 个月），或是做缓慢的上升（如滞延为 240 个月）。

　　经济增长：仿真实验前期（0—72 个月）"财政调节时滞"对"经济增长"的影响微乎其微，"经济增长"随时间递增；仿真实验中期（72—216 个月），"财政调节时滞"对"经济增长"的影响显现出来，时滞越小"经济增长"越小，时滞越大"经济增长"越大；仿真实验后期（216 个月以后），"经济增长"随时间递增。时滞过大情况下，"经济增长"从零增长到一个稳定值以后便不再变化。如时滞 120 个月时，126 个月以后"经济增长"趋于常值；时滞 240 个月时，180 个月后"经济增长"趋于常值。

绩效1：仿真实验前期（0—90个月），"财政调节时滞"对"绩效1"影响不明显，绩效1基本趋于一致；仿真实验中期（90—234个月）"财政调节时滞"对"绩效1"有了一些影响，呈现时滞越大"绩效1"越高，时滞越小"绩效1"越低的态势；仿真实验后期（234个月以后），"绩效1"随时间递增。时滞过大情况下，当"绩效1"增长到一个值以后，趋于稳定，如时滞120月、240月。

财政调节：仿真实验前期（0—90/160个月），"财政调节时滞"对"财政调节"影响明显，时滞越小"财政调节"越大，时滞越大"财政调节"越小；仿真实验中期（90/160—198/304个月左右），"财政调节时滞"对"财政调节"的影响随时间增加而减小，呈现出时滞越小财政调节越大、时滞越大财政调节越小的态势；仿真实验后期（198/304个月以后），"财政调节"水平在一个小幅度内波动。

研究结论：系统运行前期，"财政调节时滞"对"经济发展"、"经济增长"的影响微乎其微，但影响随着时间递增而增加；"财政调节时滞"对"绩效1"影响不明显，"绩效1"基本趋于一致。但"财政调节时滞"对"基本公共服务"影响明显，18个月以后出现明显的差异；"财政调节时滞"对"财政调节"影响明显，时滞越小"财政调节"越大，时滞越大"财政调节"越小。

## （二）基本公共服务时滞变化，财政调节时滞、经济发展时滞设定为12个月的仿真结果

系统仿真得到，存在"基本公共服务时滞"的情况下，"经济发展""基本公共服务""经济增长""绩效1""财政调节"的变化曲线，见图7-24、图7-25、图7-26、图7-27、图7-28。

经济发展：仿真实验前期（0—54个月），"基本公共服务时滞"对"经济发展"的影响微乎其微。仿真实验中期（54—216个月），"基本公共服务时滞"对"经济发展"的影响表现出来，时滞越大"经济发展"越低，时滞越小"经济发展"越高。"经济发展"随系统运行时间增加而提升。

经济发展

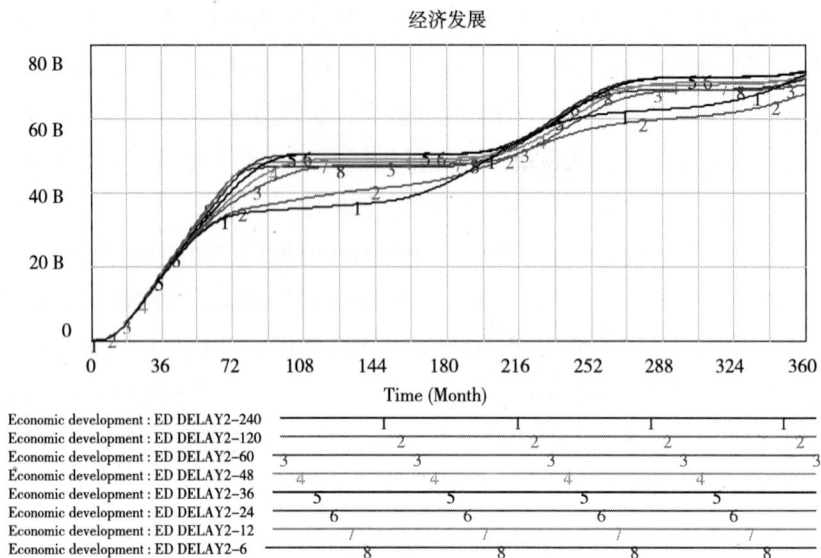

| Economic development : ED DELAY2-240 |
| Economic development : ED DELAY2-120 |
| Economic development : ED DELAY2-60 |
| Economic development : ED DELAY2-48 |
| Economic development : ED DELAY2-36 |
| Economic development : ED DELAY2-24 |
| Economic development : ED DELAY2-12 |
| Economic development : ED DELAY2-6 |

**图 7 – 24  经济发展曲线**

基本公共服务

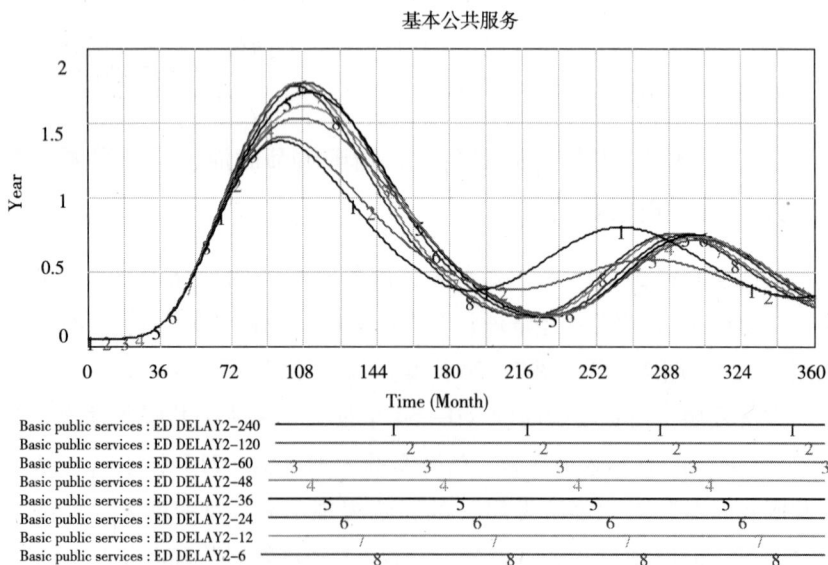

| Basic public services : ED DELAY2-240 |
| Basic public services : ED DELAY2-120 |
| Basic public services : ED DELAY2-60 |
| Basic public services : ED DELAY2-48 |
| Basic public services : ED DELAY2-36 |
| Basic public services : ED DELAY2-24 |
| Basic public services : ED DELAY2-12 |
| Basic public services : ED DELAY2-6 |

**图 7 – 25  基本公共服务曲线**

经济增长

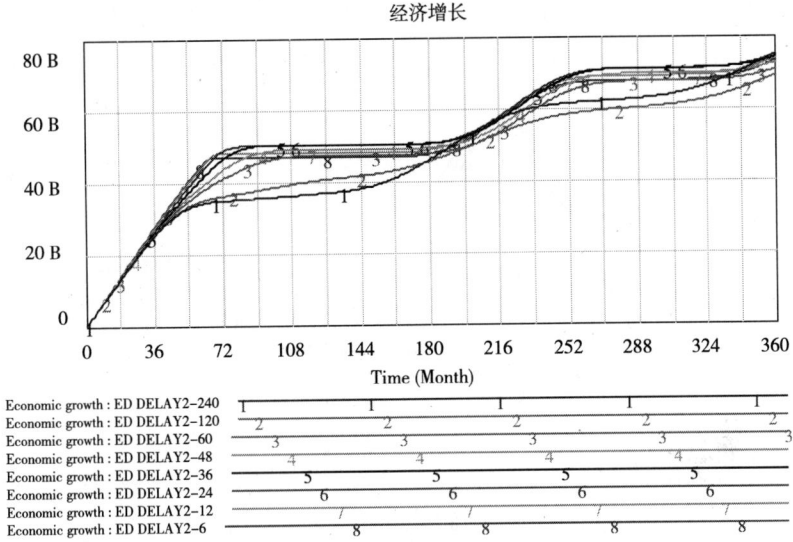

图 7 - 26　经济增长曲线

绩效 1

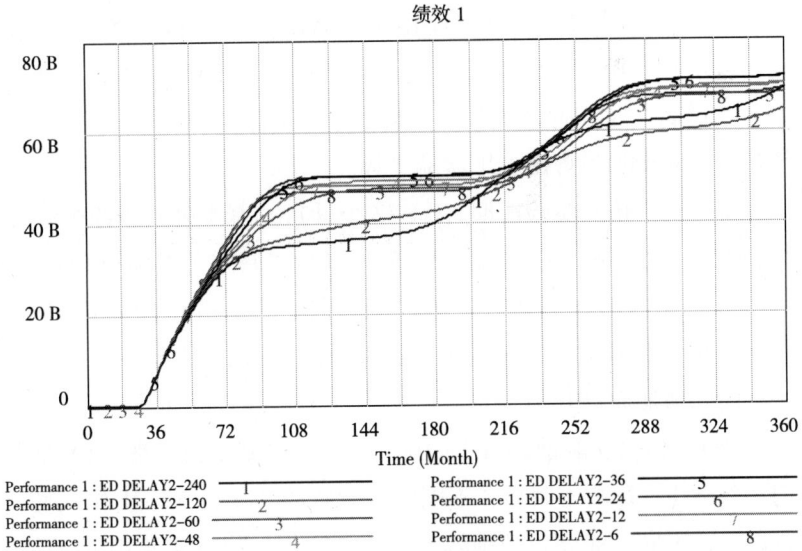

图 7 - 27　绩效 1 曲线

财政调节

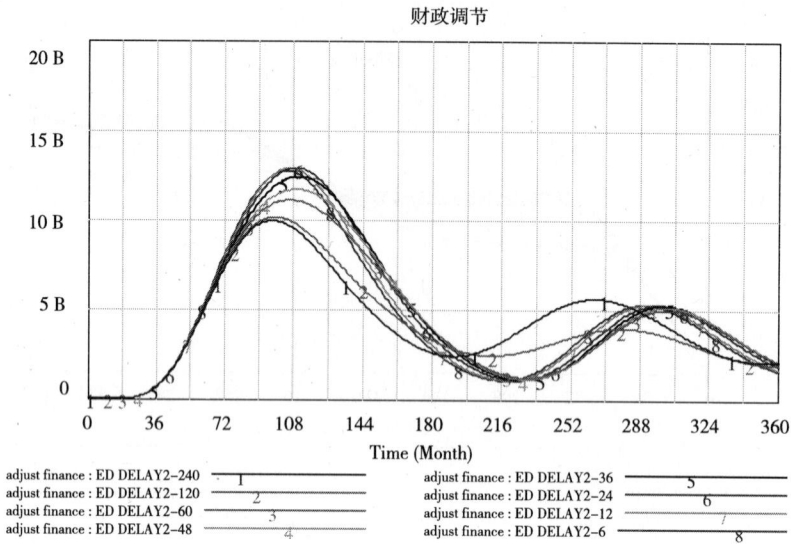

图 7－28　财政调节曲线

　　基本公共服务：仿真实验前期（0—108 个月），"基本公共服务时滞"对"基本公共服务"的影响微乎其微，72 个月以后才略有表现。仿真实验中期（108—216 个月），"基本公共服务时滞"越小"基本公共服务"越高，时滞越大"基本公共服务"越低。"基本公共服务"随系统运行时间增加呈现出上下波动之势。

　　经济增长：仿真实验前期（0—72 个月），"基本公共服务时滞"对"经济增长"的影响微乎其微，36 个月以后"基本公共服务时滞"对"经济增长"的影响表现出来。仿真实验中期（72—180 个月），时滞越小"经济增长"越大，时滞越大"经济增长"越小。"经济增长"随系统运行时间增加而提升。

　　绩效 1：仿真实验前期（0—108 个月），"基本公共服务时滞"对部门"绩效 1"影响不明显，不同时滞导致的"绩效 1"基本一致。72 个月以后，不同时滞导致的绩效差异逐渐显现。仿真实验中期（108—216 个月），绩效曲线保持在一个常值内。此间，时滞越大"绩效 1"越低，时滞越小"绩效 1"越高。仿真实验后期（216 个月以后），"基本公共服务时滞"对"绩效1"的影响有一定表现,"绩效1"随着时间增加递增。

财政调节:仿真实验前期(0—108个月),"财政调节"受"基本公共服务时滞"的影响不明显,在72—108个月逐渐表现出来。仿真实验中期(108—234个月左右),"基本公共服务时滞"越大,"财政调节"越小。仿真实验后期(234个月以后),"财政调节"水平在一个小幅度内波动。

研究结论:系统运行前期,"基本公共服务时滞"对"经济发展""经济增长""基本公共服务""绩效1"的影响很小,但随时间增加影响逐渐显现。"基本公共服务时滞"越大,"经济发展""经济增长""基本公共服务"越低;时滞越小,"经济发展""经济增长""基本公共服务"越高。

### (三)经济发展时滞变化,财政调节时滞、基本公共服务时滞设定为12个月的仿真结果

系统仿真得到,存在"经济发展时滞"的情况下,"经济发展""基本公共服务""经济增长""绩效1""财政调节"的变化曲线,见图7-29、图7-30、图7-31、图7-32、图7-33。由图知:

经济发展:仿真实验前期(0—90个月),"经济发展时滞"对"经济发展"的影响十分明显,时滞越小"经济发展"越低,时滞越大"经济发展"越高。仿真实验中期(90—180个月),"经济发展时滞"对"经济发展"的影响逐渐减小,趋于一个统一值。"经济发展"随系统运行时间的增加而提升。

基本公共服务:仿真实验前期(0—72个月),"经济发展时滞"对"基本公共服务"的影响微乎其微。仿真实验中后期(72个月以后),"经济发展时滞"对"基本公共服务"的影响凸显。"基本公共服务"在某一个固定值做类似正弦函数的波动,不同的时滞有不同的波动周期。如时滞为6个月时,一个周期为216个月;时滞为60个月时,一个周期为288个月。整个曲线表现出"经济发展时滞"越小,"基本公共服务"越大。

经济发展

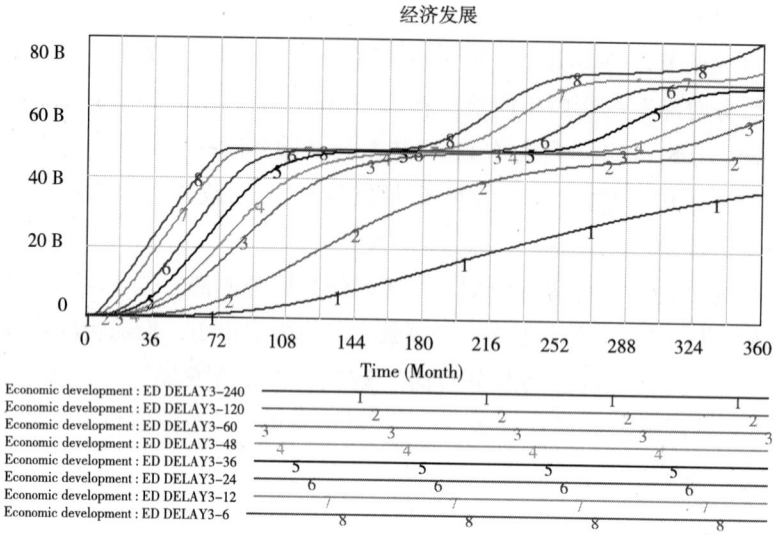

图 7 - 29  经济发展曲线

基本公共服务

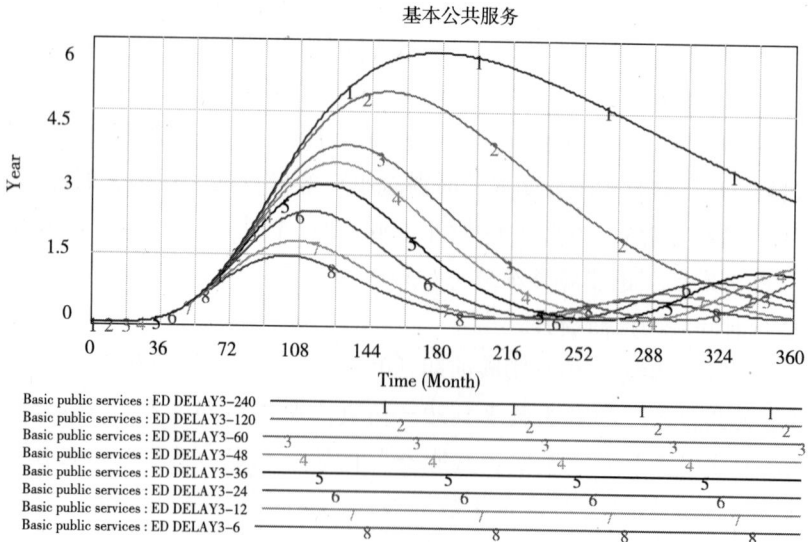

图 7 - 30  基本公共服务曲线

经济增长

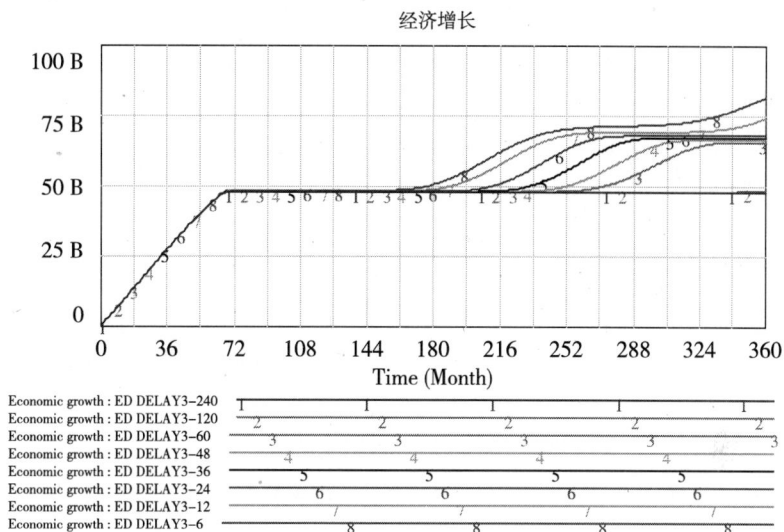

| | | | | |
|---|---|---|---|---|
| Economic growth : ED DELAY3-240 | | | | |
| Economic growth : ED DELAY3-120 | | | | |
| Economic growth : ED DELAY3-60 | | | | |
| Economic growth : ED DELAY3-48 | | | | |
| Economic growth : ED DELAY3-36 | | | | |
| Economic growth : ED DELAY3-24 | | | | |
| Economic growth : ED DELAY3-12 | | | | |
| Economic growth : ED DELAY3-6 | | | | |

**图 7 – 31 经济增长曲线**

绩效 1

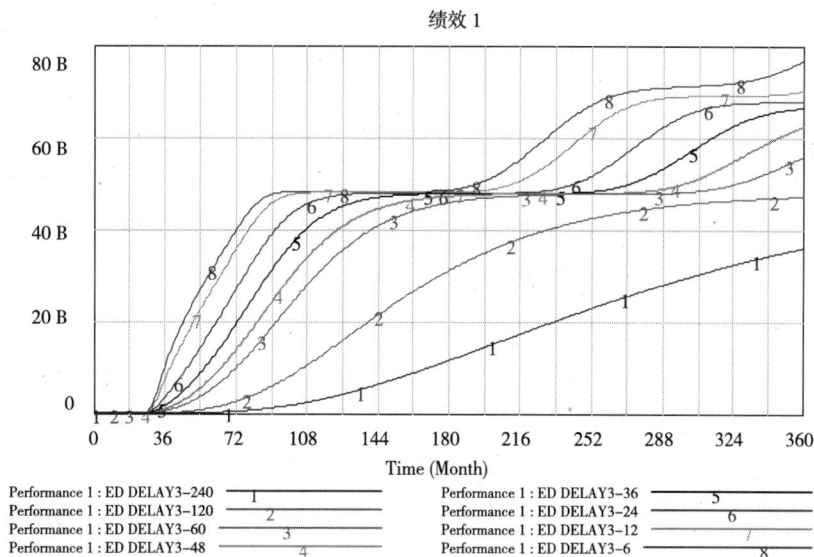

| | | |
|---|---|---|
| Performance 1 : ED DELAY3-240 | Performance 1 : ED DELAY3-36 | |
| Performance 1 : ED DELAY3-120 | Performance 1 : ED DELAY3-24 | |
| Performance 1 : ED DELAY3-60 | Performance 1 : ED DELAY3-12 | |
| Performance 1 : ED DELAY3-48 | Performance 1 : ED DELAY3-6 | |

**图 7 – 32 绩效 1 曲线**

财政调节

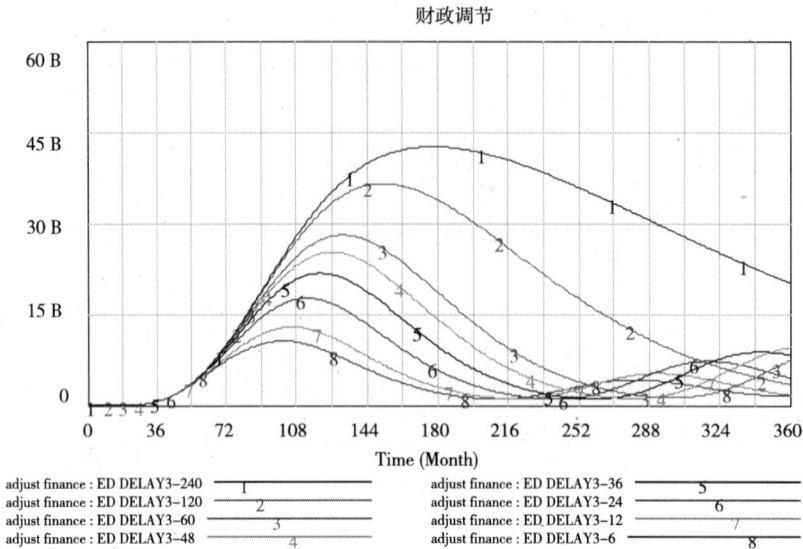

图 7-33　财政调节曲线

经济增长：仿真实验前期（0—72 个月），"经济发展时滞"对
"经济增长"没有什么影响。仿真实验中期（72—180 个月），"经济增
长"稳定于一个常值。仿真实验后期（180 个月以后），随时间增加
"经济增长"呈波动上升趋势。在时滞过大的情况下（120 个月、240
个月）"经济增长"趋于常值。

绩效 1：仿真实验前期（0—180 个月），"经济发展时滞"对"绩
效 1"影响明显，时滞越大"绩效 1"越低，时滞越小"绩效 1"越高。
仿真实验中后期（180 个月以后），随时间增加"绩效 1"呈波动增长
之势。在时滞过大的情况下（时滞 120 个月、240 个月），"绩效 1"曲
线随时间增加呈缓慢增长趋势。

财政调节：仿真实验前期（0—72 个月），"财政调节"受"经济
发展时滞"的影响不明显。仿真实验中期（72—270 个月），"财政调
节"受"经济发展时滞"的影响明显化，时滞越小"财政调节"越低，
时滞越大"财政调节"越高。仿真实验后期（270 个月以后），随时间
增加，财政调节趋于平稳，在一个很小的幅度内波动。

研究结论：系统运行前期，"经济发展时滞"对"经济发展"的影响十分明显，时滞越小"经济发展"越低，时滞越大"经济发展"越高，但"经济发展时滞"对"经济增长"没有什么影响。"经济发展时滞"对"基本公共服务"的影响微乎其微；"经济发展时滞"对"绩效1"影响明显，时滞越大"绩效1"越低，时滞越小"绩效1"越高；"财政调节"受"经济发展时滞"的影响不明显。

# 第四节　仿真结果比较分析

## 一、考核"经济增长"的系统动力学模型

"财政调节时滞"和"基本公共服务时滞"下，经济增长的比较见图7-34。图7-34上图为"财政调节时滞"下的"经济增长"，下图为"基本公共服务时滞"下的"经济增长"。在仅关心"经济增长"的背景下，"基本公共服务时滞"对"经济增长"的影响大于"财政调节时滞"对"经济增长"的影响。减小"基本公共服务时滞"对"经济增长"是有效的。从实践角度看，减小基本公共服务从投入到产出的时间长度，对经济增长有益。需要注意的是，以减小"基本公共服务时滞"促进"经济增长"并不是短期内可以看出来的。从仿真实验来看，3年以后方可出现较为明显的效果。

"财政调节时滞"和"基本公共服务时滞"下，基本公共服务的比较见图7-35。图7-35上图为"财政调节时滞"下的"基本公共服务"，下图为"基本公共服务时滞"下的"基本公共服务"。在仅关心"经济增长"的背景下，"财政调节时滞"对"基本公共服务"的影响作用大于"基本公共服务时滞"对"基本公共服务"的影响。也就是说，在以经济增长为考核的系统中，财政调节的时间对基本公共服务的影响作用更大，基本公共服务起效的时间对服务的作用反而小。减小财政调节的时间，对提升基本公共服务有着明显的效果。

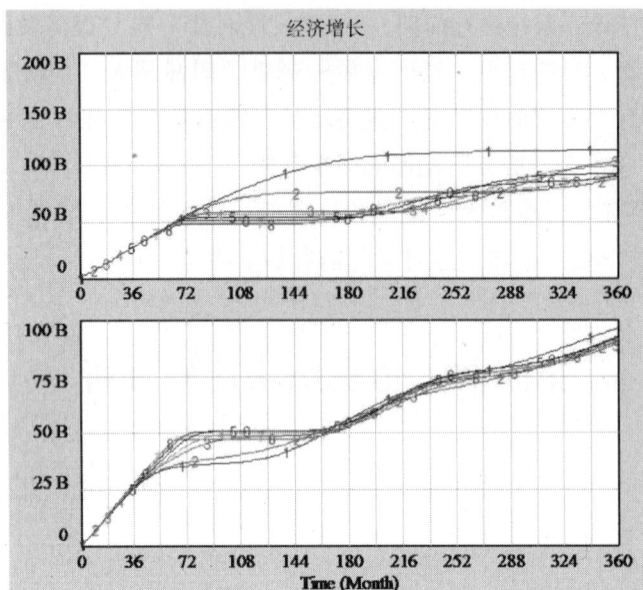

图 7 – 34 "财政调节时滞"和"基本公共服务时滞"下的经济增长比较

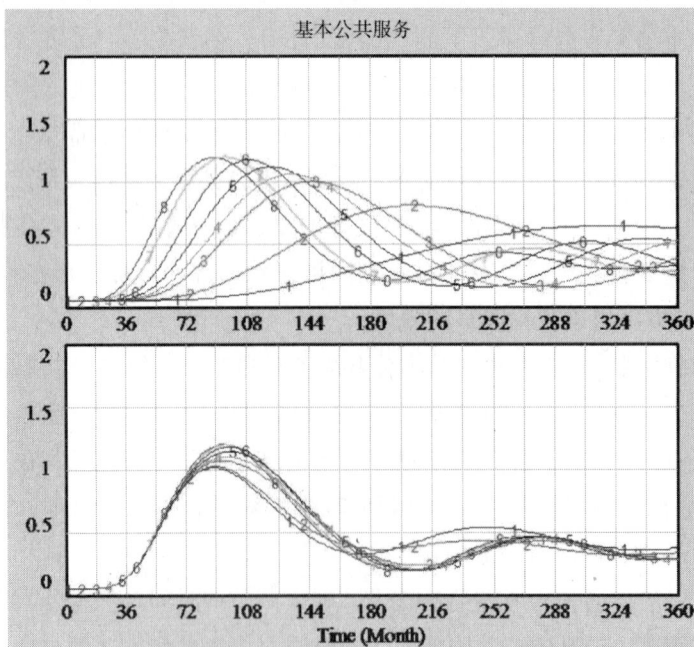

图 7 – 35 "财政调节时滞"和"基本公共服务时滞"下的基本公共服务比较

## 二、考核"经济发展"的系统动力学模型

"财政调节时滞""基本公共服务时滞"和"经济发展时滞"下，经济发展的比较见图7-36。图7-36的上图为"财政调节时滞"下的"经济发展"，中图为"基本公共服务时滞"下的"经济发展"，下图为"经济发展时滞"下的"经济发展"。在仅关心"经济发展"的背景下，"经济发展时滞"对"经济发展"的影响最大。减小"经济发展时滞"对提升"经济发展"质量有着很好的效果。"基本公共服务时滞"其

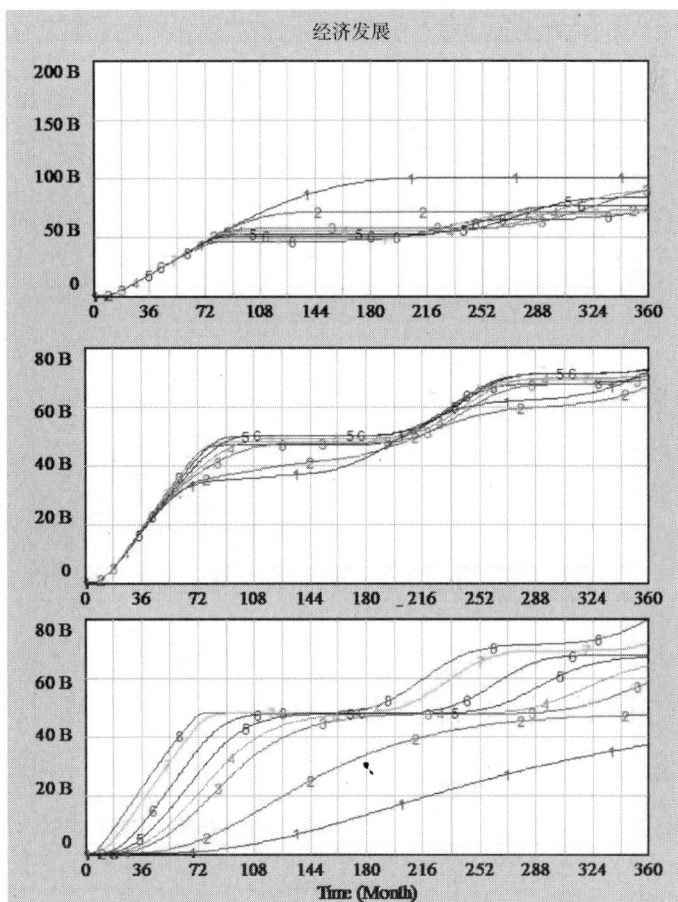

图7-36 三种时滞对"经济发展"的影响

次，减小该时滞，对提升"经济发展"也是有效的。相比而言，"经济发展"受到"财政调节时滞"的影响较小。

"财政调节时滞""基本公共服务时滞"和"经济发展时滞"下，基本公共服务的比较见图 7 – 37。图 7 – 37 的上图为"财政调节时滞"下的"基本公共服务"，中图为"基本公共服务时滞"下的"基本公共服务"，下图为"经济发展时滞"下的"基本公共服务"。在仅关心"经济增长"的背景下，"财政调节时滞"对"基本公共服务"的影响最大，其次为"经济发展时滞"。这两种时滞带动"基本公共服务"在

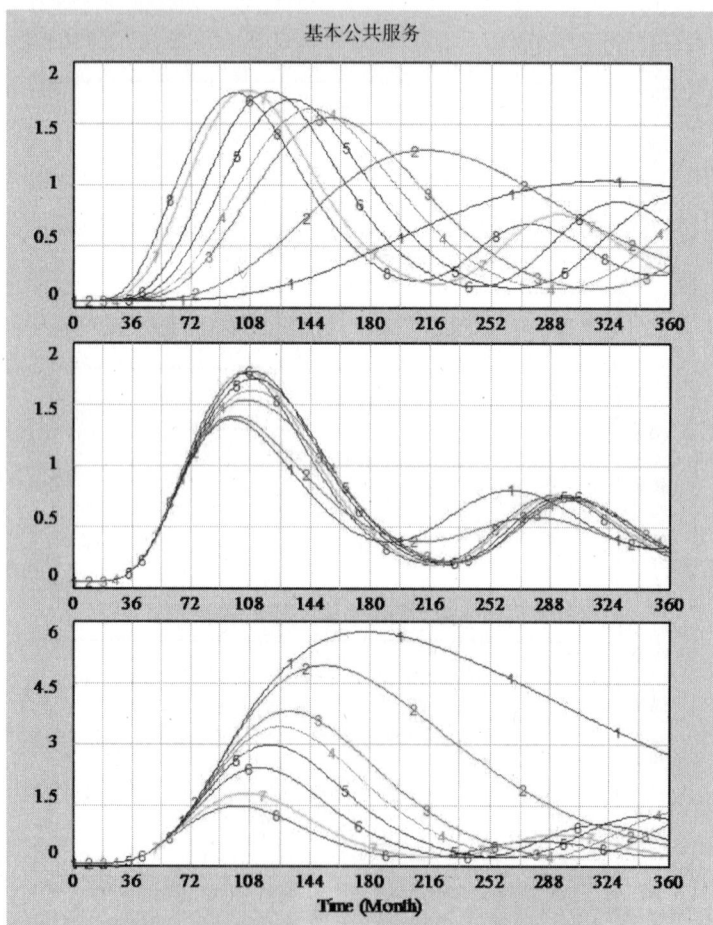

图 7 – 37  三种时滞对"基本公共服务"的影响

一个较大的幅度内波动。相比而言，"基本公共服务时滞"对"基本公共服务"的影响较小，在很长一段时间内，基本公共服务趋于一致。从实践角度看，减小"财政调节时滞"和增加"经济发展时滞"对"基本公共服务"都有利。这两个结论都强调，提高基本公共服务水平，政府应及时纠偏或制定长期规划。

"财政调节时滞""基本公共服务时滞"和"经济发展时滞"下，经济增长的比较见图7-38。图7-38的上图为"财政调节时滞"下的"经济增长"，中图为"基本公共服务时滞"下的"经济增长"，下图为

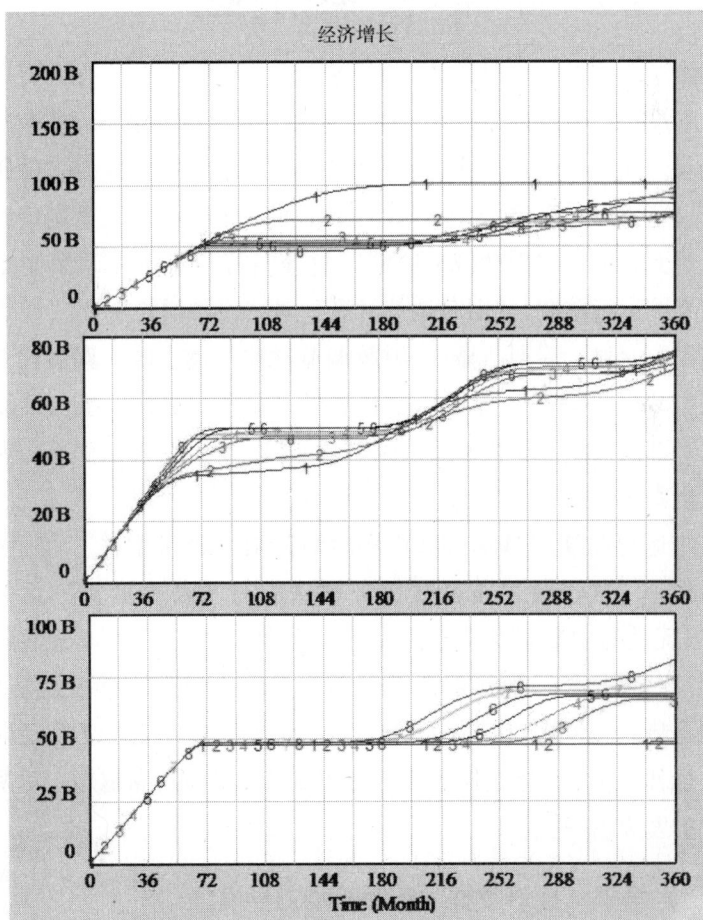

图7-38 三种时滞对"经济增长"的影响

"经济发展时滞"下的"经济增长"。在仅关心"经济发展"的背景下，"财政调节时滞"对"经济增长"的影响最大，其次为"基本公共服务时滞"。"经济发展时滞"对"经济增长"的影响较小。从实践角度看，增加"财政调节时滞"和减小"经济发展时滞"对"经济增长"都有利。

## 三、仿真结果归纳

### （一）考核"经济增长"的系统动力学模型

系统运行前期，"财政调节时滞"对"财政调节"的影响是明显的。时滞越小，财政调节越大，时滞越大，财政调节越小。这个与现实情况吻合。问题在于，"财政调节时滞"对"基本公共服务"的影响远远大于"经济增长"和"绩效"。也就是说，该时滞对政策制定者影响甚微。因此，减小"财政调节时滞"这个目标很难进入政策制定者的法眼。系统运行前期，"财政调节时滞"对"经济增长"和"绩效"的影响前期不明显，后期凸显。"财政调节时滞"越小时，调整调节越快时，区域"经济增长"越快，政府部门"业绩"越好。换句话说，经济增长和部门业绩能尽快地反映到财政部门，对经济增长和部门业绩都好，反之则不好。

系统运行前期"基本公共服务时滞"对"经济增长"和"绩效"的影响很小。这也是基本公共服务被认为与"经济增长"无关、与"绩效"无关的主要原因。随着系统运行时间增加，"基本公共服务时滞"对"经济增长"的影响逐渐显现，表现出时滞越小"经济增长"越好的态势。"基本公共服务时滞"对"绩效"影响也从不明显向明显过渡。也就是说，基本公服务投入与产出之间时间间隔越短，对系统内部要素的发展越好。

### （二）考核"经济发展"的系统动力学模型

系统运行前期，"财政调节时滞"对"经济发展""经济增长"

"绩效"的影响很小，但随时间递增影响增加。"财政调节时滞"对
"基本公共服务""财政调节"影响明显，且时滞越小，两者表现越好。
在现实中的表现也是，财政调节速度越快，基本公共服务就更好。

系统运行前期，"基本公共服务时滞"对"经济发展""经济增长"
"基本公共服务""绩效"的影响很小，但随时间增加影响逐渐显现。
"基本公共服务时滞"越大，"经济发展""经济增长""基本公共服
务"越低，时滞越小"经济发展""经济增长""基本公共服务"越
高。同样表现出，基本公服务投入与产出之间时间间隔越短，对系统内
部要素的发展越好的趋势。

系统运行前期，"经济发展时滞"对"经济发展"的影响十分明
显，时滞越小"经济发展"越低，时滞越大"经济发展"越高。也就
是说，好的经济发展需要等待的时间长。"经济发展时滞"对"经济增
长"和"基本公共服务"的影响都很小。"经济发展时滞"对"绩效"
影响明显，时滞越大"绩效"越低，时滞越小"绩效"越高。这意味
着经济发展需要的时间越长，"绩效"表现越差。这也说明了大部分官
员倾向于"经济增长"考核，而非"经济发展"考核的原因。此外，
"财政调节"受"经济发展时滞"的影响不明显。

### （三）考核"经济增长"与考核"经济发展"的比较

在仅关心"经济增长"的背景下，"基本公共服务时滞"对"经济
增长"的影响大于"财政调节时滞"对"经济增长"的影响。减小
"基本公共服务时滞"对"经济增长"是有效的。从实践角度看，减小
基本公共服务从投入到产出的时间长度，对经济增长有益。需要注意的
是，以减小"基本公共服务时滞"促进"经济增长"并不是短期内可
以看出来的（须在 3 年之后）。

在仅关心"经济增长"的背景下，"财政调节时滞"对"基本公共
服务"的影响作用大于"基本公共服务时滞"。也就是说，在以经济增
长为考核的系统中，财政调节的时间对基本公共服务的影响作用更大，
基本公共服务起效的时间对服务的作用反而小。减小财政调节的时间，

对提升基本公共服务有着明显的效果。

在仅关心"经济发展"的背景下,"经济发展时滞"对"经济发展"的影响最大。减小"经济发展时滞"对提升"经济发展"质量有着很好的效果。"基本公共服务时滞"其次,减小该时滞,对提升"经济发展"也是有效的。相比而言,"经济发展"受到"财政调节时滞"的影响较小。

在仅关心"经济发展"的背景下,"财政调节时滞"对"基本公共服务"的影响最大,其次为"经济发展时滞"。这两种时滞带动"基本公共服务"在一个较大的幅度内波动。相比而言,"基本公共服务时滞"对"基本公共服务"的影响较小,在很长一段时间内,基本公共服务趋于一致。

从实践角度看,减小"财政调节时滞"和增加"经济发展时滞"对"基本公共服务"都有利。这两个结论强调,加快财政调节频率,制定经济发展中长期规划(而非短期规划)对基本公共服务都有利。需要注意的是,随时间增加政府部门"绩效"呈波动增长之势,这可以在一定程度上解释,政府部门不太愿意将经济发展作为发展目标的原因,因为"绩效"预期并不明确。

# 第八章　我国基本公共服务的
# 政策分析与改革建议

新中国成立以来，以医疗、养老、就业和扶贫为主线条，我国出台了一系列公共服务政策。这些政策在特定时期内起到了满足人们公共需求，促进社会安定团结的效果。2005年国家将基本公共服务作为政府工作的重要内容，激生了一系列与基本公共服务相关的公共政策。这些政策对修正不足、弥补空白、增强有效性、扩大政策覆盖范围、细化公共服务有显著作用，促进了我国政府基本公共服务上台阶。本部分的主要工作是，对我国基本公共服务政策进行归纳和分析，在借鉴国外经验模式的基础上，提出基本公共服务政策改革思路及共赢策略。首先，从国家、区域和项目三个角度对我国基本公共服务政策进行归纳，对2000—2015年我国公共服务政策目标变化和重点转移进行分析；其次，从供给特征和经验模式两个角度思考国外公共服务供给的成功经验；最后，提出以基本公共服务促区域经济包容性增长的基本原则，以及基本公共服务与区域经济的共赢策略。

## 第一节　我国基本公共服务政策回顾与分析

"十一五"以来，我国为推进基本公共服务出台了较多的政策。这些政策既有分领域的细化政策，如公共教育、就业服务、社会保障、医疗卫生、人口计生、住房保障、公共文化、基础设施和环境保护；也有涵盖所有服务项目的综合性政策，如《国家基本公共服务体系"十二五"规划》。在中央政府出台相关政策后，各地方政府积极响应，形成了中央到地方、自上而下的较为连贯的政策体系。总体上，我国公共服务政策有两种基本分类方式：一是根据服务内容分为综合性政策和细分政策；二是根据政策出台的主体，分为中央政策和地方政策。

## 一、基本公共服务政策回顾

### （一）国家近年出台的重要政策

2009 年国家卫生部办公厅出台了《关于促进基本公共卫生服务逐步均等化的意见》，提出"到 2011 年，国家基本公共服务项目得到普及，城乡和地区公共卫生服务差距明显减小。到 2020 年，基本公共卫生服务逐步均等化的机制基本完善，重大疾病和主要健康危险因素得到有效控制，城乡居民健康水平得到进一步提高"。2013 年国家开始编制《全国卫生服务体系规划纲要（2015—2020 年）》，2014 年 10 月底公开征求意见稿发布（国卫办规划函〔2014〕972 号）。

2011 年国务院发布《国家环境保护"十二五"规划》。其总体目标是，基本建立符合我国经济社会发展要求、与环境管理制度相匹配的科学的、系统的、适用的国家环境保护标准体系，构建针对重点环境问题的标准簇，为环境管理各项工作提供全面支撑。

2012 年人力资源社会保障部、发展改革委、教育部、工业和信息化部、财政部、农业部、商务部发布《促进就业规划（2011—2015 年）》，旨在做好"十二五"时期就业工作，促进经济发展与扩大就业相协调。其确定的发展目标是：有效控制失业，保持就业局势稳定；人力资源开发水平得到明显提高；就业质量得到进一步提升；统一规范灵活的人力资源基本形成。

2012 年国务院转发《人力资源和社会保障标准化规划（2011—2015 年）》，明确我国"十二五"时期的主要目标是：社会保障制度基本完备，体系比较健全，覆盖范围进一步扩大，保障水平稳步提高，历史遗留问题基本得到解决，为全面建设小康社会提供水平适度、持续稳定的社会保障网。

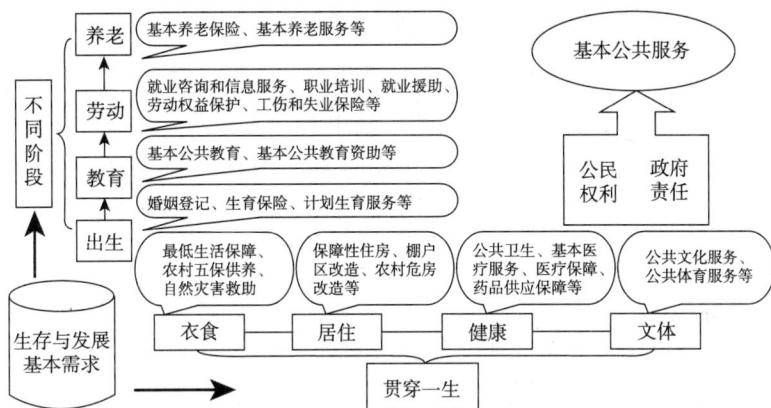

**图 8-1 基本公共服务范围内涵**

资料来源：中央人民政府网站，http：// www. gov. cn/zwgk/ 2012—07/20/content _ 2187242. htm。

2012 年 7 月公布的《国家基本公共服务体系"十二五"规划》（以下简称《规划》）主要阐明了国家基本公共服务的制度安排，明确了基本公共服务的范围（见图 8-1）、发展目标、各领域推进路径、城乡均衡、公共财政保障等内容。该《规划》提出了我国"十二五"期间基本公共服务的主要目标是，供给有效扩大、发展较为均衡、服务方便可及、群众比较满意；"十二五"期间，覆盖城乡居民的基本公共服务体系逐步完善，推进基本公共服务均等化取得明显进展；到 2020 年实现全面建设小康社会奋斗目标时，基本公共服务体系比较健全，城乡区域间基本公共服务差距明显缩小，争取基本实现基本公共服务均等化。该政策涵盖面广，地域是全国范围，内容涉及九大公共服务领域，也囊括了城乡和区域均等化的内容。对统一各地基本公共服务认识，施行较为一致的服务标准有重要指导意义。该政策强调的"创新供给模式"，如在实践证明有效的领域积极推行政府购买、特许经营、合同委托、服务外包、土地出让协议配建等提供基本公共服务的方式等，可以作为先行地区大胆尝试的支撑。

2013年9月《国务院办公厅关于政府向社会力量购买服务的指导意见》（国办发〔2013〕96号）提出"十二五"时期的任务目标是：政府向社会力量购买服务工作在各地逐步推开，统一有效的购买服务平台和机制初步形成，相关制度法规建设取得明显进展。到2020年，在全国基本建立比较完善的政府向社会力量购买服务制度，形成与经济社会发展相适应、高效合理的公共服务资源配置体系和供给体系，公共服务水平和质量显著提高。

2013年11月发布的《关于推进社区公共服务综合信息平台建设的指导意见》（民发〔2013〕170号）旨在发挥社区自治和服务功能方面的积极作用，切实满足居民公共服务需求，推动基层社会服务管理创新。[1] 该意见提出社区公共服务综合信息平台建设的总体目标是：到2020年，除部分不具备条件的地区外，全国大部分街道均应用社区公共服务综合信息平台，乡镇应用比例大幅度提高，政府基本公共服务事项主要依托社区公共服务综合信息平台统一办理，逐步实现社区公共服务事项的全人群覆盖、全口径集成和全区域通办。

## （二）地方政府出台的典型政策

广东是我国31个省、市、自治区中最早发布区域性基本公共服务政策的地区。2009年12月，广东省政府发布了《广东省基本公共服务均衡化规划纲要（2009—2020年）》。该纲要将基本公共服务分为了两大类八项内容，基础服务类包括公共教育、公共卫生、公共文化教育、公共交通，基本保障类包括生活保障、住房保障、就业保障和医疗保障。提出广东省基本公共服务的发展目标为：到2020年，全省基本建成覆盖城乡、功能完善、分布合理、管理有效、水平适度的基本公共服

---

① 中华人民共和国民政部网站，http：//www.mca.gov.cn/article/zwgk/fvfg/jczqhsqjs/201311/20131100551613.shtml。

务体系，实现城乡、区域和不同社会群体间基本公共服务制度的统一、标准的一致和水平的均衡。全省居民平等享有公共教育、公共卫生、公共文化体育、公共交通、生活保障、住房保障、就业保障、医疗保障等基本公共服务。力争做到率先实现基本公共服务普遍覆盖，率先建立城乡统一的基本公共服务体制，率先实现省内各地区基本公共服务财政能力均等化，率先建立基本公共服务多元化供给机制，基本公共服务水平在国内位居前列，在国际上达到中等发达国家水平。

2011 年 9 月，海南发布了《海南省基本公共服务均等化重点民生项目发展规划（2011—2015 年）》，提出海南力争在"十二五"时期初步构建配置合理、公平均衡、水平适当、功能完善、覆盖城乡的基本公共服务体系，并从教育、就业服务和农民增收、医疗卫生、养老保障和社会福利、保障性住房、公共文化体育等项目推进民生项目。

2011 年 12 月，首都北京发布了《北京市"十二五"时期社会公共服务发展规划》，明确划定了社会公共服务的实施范围，包括公共教育、公共卫生和基本医疗、公共就业、社会保障、社会福利和社会救助、公共文化、公共体育、公共安全等服务。该规划提出，到 2015 年北京基本构建起与首都功能定位和中国特色世界城市建设目标相适应的社会公共服务体系，基本公共服务水平位居全国前列并达到中等发达国家水平；指出首都社会公共服务发展应表现出"供给有效扩大，水平明显提升""发展较为均衡，服务方便可及""管理运行高效、群众比较满意"三大特征，并给出了"十二五"时期社会公共服务发展的主要目标。

2012 年 12 月，河南省人民政府发布了《河南省基本公共服务体系"十二五"规划》，提出基本公共服务包括公共教育、劳动就业服务、社会保险、基本社会服务、医疗卫生、人口计生、住房保障、公共文化等领域。

2013 年 5 月，四川省人民政府出台的《四川省基本公共服务体系"十二五"规划》提出，"十二五"期间，四川要逐步完善政府主导、覆盖城乡、可持续的基本公共服务体系，全省基本公共服务水平在西部地区位列前列，达到或接近全国平均水平。到 2020 年，实现基本公共服务体系比较健全，城乡区域间基本公共服务差距明显减小，总体实现基本公共服务均等化。同年，四川省人民政府办公厅出台了《四川省基本公共服务体系"十二五"规划重点工作分工方案》。

2013年12月，吉林发布了《关于公共服务领域进一步扩大开放的意见》（吉发〔2013〕15号），从推进政府购买公共服务、全面放开市政公用项目建设、大力推行市政特许经营制度、打破市政公用行业垄断、放开市政公用行业养护市场等角度探索公共服务领域的扩大开放。

2014年上海出台了《上海市基本公共服务体系暨2013—2015建设规划》，提出基本公共服务体系建设的范围为基本公共教育、就业服务和社会保障、基本社会服务、基本医疗服务、计划生育、基本住房保障、公共文化、公共体育、残疾人基本公共服务九个领域。设定目标为：到2015年，初步建立与上海经济社会发展水平相适应，与社会主义现代化国际大都市建设相匹配，城乡一体、较为完备的基本公共服务体系；区（县）域内基本公共服务均等化基本实现，中心城区与郊区基本公共服务保障水平逐步接近，全市城乡教育、医疗卫生等领域基本公共服务均等化取得显著进展；表现出"资源配置趋向均衡""服务更加便捷高效""体制机制较为完备""群众普遍比较满意"等。

此外，湖北省、吉林省、山东省等也相继出台了"基本公共服务体系"规划，促进区域基本公共服务水平及均等化程度提升。

### （三）基本公共服务的细分政策

收集、整理国家在公共教育、医疗卫生、就业服务、社会保障、生态环保、扶贫及财政方面的政策，参见本书附录2。

## 二、基本公共服务政策分析

不是所有现实中的问题都会成为政策问题。只有那些被公众和媒体关注，具有较大社会影响力，政府有关部门也认识到严重性的问题才能进入公共政策制定流程。总体而言，基本公共服务各项内容都作为"政策问题"存在，但影响力差异导致了程度不一的关注度。故而，在公共政策的推进中也存在"轻"与"重"，存在一定的偏向和倾斜。

## （一）政策阶段性目标比较

自2001年以来，我国每隔五年公共服务的目标都有较大变化，具体表现在《国民经济与社会发展规划纲要》中。以下从就业服务、社会保障、医疗卫生、公共教育、生态环保、公共文化六个方面，对"十五""十一五""十二五"时期公共服务发展目标进行比较，以此挖掘我国公共服务政策的变化趋势。

1. 就业服务

我国就业服务阶段性目标比较，见表8－1。

"十五"时期，就业服务政策目标：通过产业选择扩大就业；促进多形式企业发展，增加就业岗位；引导就业观念改变；强化劳动力市场建设，完善就业服务体系，强调形成市场导向的就业机制。

"十一五"时期，就业服务政策目标：强调就业的重要性，使用了"千方百计扩大就业"这个表达；增强对农村劳动力的技能培训，为农民工提供更多的服务，如政策咨询、就业信息、就业指导和职业介绍；健全就业服务体系，完善对困难地区、困难行业和困难群体的就业援助制度；通过产业选择扩大就业；建立用人单位守法诚信制度，完善约束企业裁员机制；鼓励劳动者自主创业和自谋职业，促进多种形式就业。

"十二五"时期，就业服务政策目标：加强公共就业服务，首次提出"公共就业服务"这个概念；完善城乡公共就业服务体系，通过健全统一规范灵活的人力资源市场和就业信息全国联网，为劳动者提供优质服务；健全面向全体劳动者的职业培训制度，对新成长劳动力普遍实行劳动预备制培训，鼓励企业开展职工岗位技能培训；加强创业培训；完善城镇调查失业率统计，健全失业监测预警制度，开展就业需求预测。

表 8 – 1　我国就业服务政策阶段性目标比较（2001—2015 年）

| 时期 | 就业服务目标 |
|---|---|
| "十五" | ●就业渠道拓宽，扩大就业门路。●在保障较快经济增长的同时，重视发展有比较优势的劳动密集型产业，特别是发展就业容量大的服务业，积极发展集体企业和私营、个体企业，努力增加就业岗位，拓宽就业渠道。●加强社区建设，扩大社区服务。发展灵活多样的就业形式。●引导人们改变就业观念，鼓励创业和自谋职业。●加强劳动力市场建设，完善就业服务体系，发展职业培训，形成市场导向的就业机制 |
| "十一五" | ●千方百计扩大就业。●加强农村劳动力技能培训、就业服务和维权服务能力建设，为外出务工农民免费提供法律政策咨询、就业信息、就业指导和职业介绍。●继续实施和完善鼓励企业增加就业岗位、加强就业培训的财税、信贷等优惠政策。●健全就业服务体系。完善对困难地区、困难行业和困难群体的就业援助制度。●积极发展就业容量大的劳动密集型产业、服务业和各类所有制的中小企业。●鼓励劳动者自主创业和自谋职业，促进多种形式就业。●支持并规范发展就业中介服务。●全面实行劳动合同制度，积极推行集体合同制度，健全协调劳动关系三方机制，完善劳动争议处理体制。●全面建立用人单位守法诚信制度。完善企业裁员机制，避免把富余人员集中推向社会 |
| "十二五" | ●加强公共就业服务。●健全统一规范灵活的人力资源市场，完善城乡公共就业服务体系，推动就业信息全国联网，为劳动者提供优质高效的就业服务。●健全面向全体劳动者的职业培训制度，加强职业技能培训能力建设。对未能升学的应届初高中毕业生等新成长劳动力普遍实行劳动预备制培训。足额提取并合理使用企业职工教育培训经费，鼓励企业开展职工岗位技能培训。●加强创业培训，将有创业愿望和培训需求的人员纳入培训范围。●完善城镇调查失业率统计，健全失业监测预警制度，开展就业需求预测 |

资料来源：根据《国民经济与社会发展"十五"规划》《国民经济与社会发展"十一五"规划》《国民经济与社会发展"十二五"规划》整理得到。

归纳起来，"十五"期间就业公共政策重点是产业选择、观念改善和市场建设。"十一五"期间重点是强化技能培训，健全就业服务体系，实施就业援助制度，促进多形式就业。"十二五"期间重点是加强公共就业服务，完善城乡就业服务体系。健全职业培训制度，健全失业监测预警制度。2001—2015 年间，我国就业服务公共政策的特征是：就业是各级政府服务的重点；保障农民工权益、增强农民工就业服务是就业服务的阶段性难点；通过产业选择、鼓励创业等多种形式拓展就业渠道；完善就业体系，建立统一的城乡服务体系；促进劳动者劳动技能培训；开展失业监测预警和就业需求预测。

2. 社会保障

我国社会保障服务阶段性目标比较，见表 8-2。

**表 8-2　我国社会保障政策阶段性目标比较（2001—2015 年）**

| 时期 | 社会保障目标 |
|---|---|
| "十五" | ●健全社会保障体系。●确保国有企业下岗职工基本生活费和离退休人员基本养老金按时足额发放。●加快形成独立于企业之外、资金来源多元化、保障制度规范化、管理服务社会化的社会保障体系，精心做好完善城镇社会保障制度体系的试点工作。●完善社会统筹和个人账户相结合的城镇职工基本养老保险制度 |
| "十一五" | ●增加财政社会保障投入，多渠道筹措社会保障基金，合理确定保障标准和方式，建立健全与经济发展水平相适应的分层次、广覆盖的社会保障体系。●扩大城镇基本养老保险覆盖范围，逐步做实个人账户，逐步提高社会统筹层次，增强统筹调剂的能力。●推进机关事业单位养老保险制度改革。建立失业保险与促进就业联动机制，完善失业保险制度。●扩大基本医疗保险覆盖范围，健全多层次的医疗保障体系。完善和落实工伤保险政策和标准，推进各类用人单位依法参加工伤保险。鼓励有条件的企业建立补充保险。建立健全生育保险制度。●认真解决进城务工人员社会保障问题。规范社会保险基金征缴和监管。加强社会保障服务管理能力建设 |
| "十二五" | ●加快推进覆盖城乡居民的社会保障体系建设，稳步提高保障水平。●实现新型农村社会养老保险制度全覆盖。●完善实施城镇职工和居民养老保险制度，全面落实城镇职工基本养老保险省级统筹，实现基础养老金全国统筹，逐步推进城乡养老保障制度有效衔接。●推动机关事业单位养老保险制度改革。●加强社会救助体系建设。完善城乡最低生活保障制度，实现应保尽保。健全低保标准动态调整机制，合理提高低保标准和补助水平。加强城乡低保与最低工资、失业保险和扶贫开发等政策的衔接。提高农村五保供养水平。●完善临时救助制度，保障低保边缘群体的基本生活。●积极发展社会福利和慈善事业。以扶老、助残、救孤、济困为重点，逐步拓展社会福利的保障范围，推动社会福利由补缺型向适度普惠型转变，逐步提高国民福利水平。●坚持家庭、社区和福利机构相结合，逐步健全社会福利服务体系，推动社会福利服务社会化 |

资料来源：根据《国民经济与社会发展"十五"规划》《国民经济与社会发展"十一五"规划》《国民经济与社会发展"十二五"规划》整理得到。

"十五"时期，社会保障政策目标：健全社会保障体系；保障国有企业下岗职工和离退休职工基本养老；完善城镇社会保障制度体系试点工作；完善社会统筹和个人账户相结合的城镇职工基本养老保险制度。

"十一五"时期，社会保障政策目标：增加财政社会保障投入，建立健全与经济发展水平相适应的分层次、广覆盖的社会保障体系；扩大城镇基本养老保险覆盖范围；进行机关事业单位养老保险制度改革；扩大基本医疗保险覆盖范围，健全多层次的医疗保障体系；认真解决进城务工人员社会保障问题；加强社会保障服务管理能力建设。

"十二五"时期，社会保障政策目标：加快推进覆盖城乡居民的社会保障体系建设，稳步提高保障水平；完善实施城镇职工和居民养老保险制度，全面落实城镇职工基本养老保险省级统筹，实现基础养老金全国统筹，逐步推进城乡养老保障制度有效衔接，实现新型农村社会养老保险制度全覆盖；加强社会救助体系建设，健全低保标准动态调整机制，加强城乡低保与最低工资、失业保险和扶贫开发等政策的衔接；积极发展社会福利和慈善事业，推动社会福利由补缺型向适度普惠型转变；坚持家庭、社区和福利机构相结合，逐步健全社会福利服务体系，推动社会福利服务社会化。

"十五"时期社会保障政策重点是，健全社会保障体系，完善城镇职工基本养老保险制度，保障国有企业下岗职工和离退休职工基本养老，完善城镇社会保障制度体系试点工作。"十一五"时期社会保障政策重点是，建立健全与经济发展水平相适应的分层次、广覆盖的社会保障体系，解决进城务工人员社会保障问题，加强社会保障服务管理能力建设。"十二五"时期社会保障政策重点是，加快推进覆盖城乡居民的社会保障体系建设，完善实施城镇职工和居民养老保险制度，全面落实城镇职工基本养老保险省级统筹，实现基础养老金全国统筹，加强社会救助体系建设，积极发展社会福利和慈善事业，健全社会福利服务体系。2001—2015年间，我国社会保障公共政策的特点是：建立健全与经济发展水平相适应的分层次、广覆盖的社会保障体系，逐步提高保障水平；逐步实现城镇职工基本养老保险省级统筹，基础养老金全国统筹，城乡养老保障制度有效衔接；强化社会救助体系建设，建设动态调整机制，加强城乡衔接；发展社会福利和慈善事业，推动社会福利由补缺型向适度普惠型转变。推动社会福利服务社会化。

3. 医疗卫生

我国医疗卫生服务阶段性目标比较，见表 8 - 3。

表 8 - 3　我国医疗卫生政策阶段性目标比较（2001—2015 年）

| 时期 | 医疗卫生目标 |
|------|------------|
| "十五" | ●积极推进城镇职工基本医疗保险制度改革。●推进医疗机构和药品流通体制改革。●鼓励有条件的用人单位为职工建立补充养老和医疗保险，并发挥商业保险的作用 |
| "十一五" | ●完善公共卫生和医疗服务体系。●建立健全突发公共卫生事件应急机制，提高疾病预防控制和医疗救治能力。●改善医疗卫生机构条件，加强专业队伍建设。大力发展社区卫生，加快构建以社区卫生服务为基础，社区卫生服务机构与医院分工协作、双向转诊的城市医疗服务体系 |
| "十二五" | ●加强公共卫生服务体系建设。完善重大疾病防控等专业公共卫生服务网络。●逐步提高人均基本公共卫生服务经费标准，扩大国家基本公共卫生服务项目，实施重大公共卫生服务专项，积极预防重大传染病、慢性病、职业病、地方病和精神疾病，提高重大突发公共卫生事件处置能力。●逐步建立农村医疗急救网络。●健全覆盖城乡居民的基本医疗保障体系，进一步完善城镇职工基本医疗保险、城镇居民基本医疗保险、新型农村合作医疗和城乡医疗救助制度。●逐步提高城镇居民医保和新农合人均筹资标准及保障水平并缩小差距。提高城镇职工医保、城镇居民医保、新农合最高支付限额和住院费用支付比例，全面推进门诊统筹。做好各项制度间的衔接，整合经办资源，逐步提高统筹层次，加快实现医保关系转移接续和医疗费用异地就医结算。●全面推进基本医疗费用即时结算，改革付费方式。积极发展商业健康保险，完善补充医疗保险制度 |

资料来源：根据《国民经济与社会发展"十五"规划》《国民经济与社会发展"十一五"规划》《国民经济与社会发展"十二五"规划》整理得到。

"十五"时期，医疗卫生服务政策目标：推进城镇职工基本医疗保险制度改革；推进医疗机构和药品流通体制改革；鼓励有条件的用人单位为职工建立补充养老和医疗保险。

"十一五"时期，医疗卫生服务政策目标：完善公共卫生和医疗服务体系；建立健全突发公共卫生事件应急机制；大力发展社区卫生，加快构建以社区卫生服务为基础，社区卫生服务机构与医院分工协作、双向转诊的城市医疗服务体系。

"十二五"时期，医疗卫生服务政策目标：加强公共卫生服务体系建设，逐步提高人均基本公共卫生服务经费标准，扩大国家基本公共卫生服务项目，实施重大公共卫生服务专项，提高重大突发公共卫生事件处置能力；健全覆盖城乡居民的基本医疗保障体系，进一步完善城镇职工基本医疗保险、城镇居民基本医疗保险、新型农村合作医疗和城乡医疗救助制度；逐步提高城镇居民医保和新农合人均筹资标准及保障水平并缩小差距；做好各项制度间的衔接，加快实现医保关系转移接续和医疗费用异地就医结算。

"十五"时期医疗卫生服务政策重点是，推进城镇职工基本医疗保险制度改革，推进医疗机构和药品流通体制改革。"十一五"时期医疗卫生服务政策重点是，加强公共卫生服务体系建设，构建以社区卫生服务为基础，社区卫生服务机构与医院分工协作、双向转诊的城市医疗服务体系。"十二五"时期医疗卫生服务政策重点是，加强公共卫生服务体系建设，提高重大突发公共卫生事件处置能力，健全覆盖城乡居民的基本医疗保障体系，逐步提高城镇居民医保和新农合人均筹资标准及保障水平并缩小差距。2001—2015 年间，我国社会保障公共政策的特点是：推进城乡医疗保险制度改革；加强公共卫生服务体系建设；健全覆盖城乡居民的基本医疗保障体系；提高城乡医保水平，并逐步缩小差距。

4. 公共教育

我国公共教育服务阶段性目标比较，见表 8 - 4。

### 表8-4 我国公共教育政策阶段性目标比较（2001—2015 年）

| 时期 | 公共教育目标 |
|---|---|
| "十五" | ●巩固基本普及九年义务教育和基本扫除青壮年文盲 |
| "十一五" | ●普及和巩固义务教育。●重点加强农村义务教育，努力降低义务教育阶段农村学生特别是女性学生、少数民族学生和贫困家庭学生的辍学率，全国初中三年保留率达到95%。●推进城乡、地区间义务教育均衡发展。各地政府要保证进城务工人员子女与当地学生平等接受义务教育 |
| "十二五" | ●合理配置公共教育资源，重点向农村、边远、贫困、民族地区倾斜，加快缩小教育差距。促进义务教育均衡发展，统筹规划学校布局，推进义务教育学校标准化建设。●提高农村义务教育质量和均衡发展水平，推进农村中等职业教育免费进程，积极发展农村学前教育。●九年义务教育质量显著提高，九年义务教育巩固率达到93% |

资料来源：根据《国民经济与社会发展"十五"规划》《国民经济与社会发展"十一五"规划》《国民经济与社会发展"十二五"规划》整理得到。

"十五"时期，公共教育政策目标：巩固基本普及九年义务教育；基本扫除青壮年文盲。

"十一五"时期，公共教育政策目标：普及和巩固义务教育；推进城乡、地区间义务教育均衡发展；加强农村义务教育，努力降低义务教育阶段农村学生特别是女性学生、少数民族学生和贫困家庭学生的辍学率；保证进城务工人员子女与当地学生平等接受义务教育。

"十二五"时期，公共教育政策目标：提高农村义务教育质量和均衡发展水平；九年义务教育质量显著提高；合理配置公共教育资源，重点向农村、边远、贫困、民族地区倾斜。

"十五"时期公共教育政策重点是，巩固基本普及九年义务教育，扫除文盲。"十一五"时期公共教育政策重点是，加强农村义务教育，推进城乡、地区间义务教育均衡发展，保证进城务工人员子女与当地学生平等接受义务教育。"十二五"时期公共教育政策重点是，显著提高九年义务教育质量，提高农村义务教育质量和均衡发展水平，合理配置公共教育资源，重点向农村、边远、贫困、民族地区倾斜。2001—2015年间，我国公共教育服务政策目标的特点是：巩固基本普及的九年义务教育，提升教育质量；推进城乡、地区间义务教育均衡发展；合理配置公共教育资源，重点向农村、边远、贫困、民族地区倾斜；保证进城务工人员子女接受义务教育的权利。

5. 生态环保

我国生态环保服务阶段性目标比较，见表8-5。

"十五"时期，生态环保政策目标：开展重点流域、区域、海域的污染治理；健全环境、气象和地震监测体系，做好防灾减灾工作；建立战略性矿产资源储备和安全供应体系；健全资源的有偿使用制度；完善资源保护和利用的法律法规，强化执法监督。

"十一五"时期，生态环保政策目标：发展循环经济，保护生态环境；建立全社会的资源循环利用体系。

"十二五"时期，生态环保政策的目标：以解决损害群众健康的突出环境问题为重点，加强综合治理，明显改善环境质量；加快建立生态补偿机制，制定实施生态补偿条例，探索市场化生态补偿机制；推行资源型企业可持续发展准备金制度。

表8-5 我国生态环保政策阶段性目标比较（2001—2015年）

| 时期 | 生态环保目标 |
| --- | --- |
| "十五" | ●推动经济、社会、生态环境协调发展。●抓好长江上游、黄河中上游等地区的天然林保护工程建设。●开展重点流域、区域、海域的污染治理。综合治理城市污染，搞好城市绿化，使大中城市环境质量明显改善。重视农村污染治理和环境保护。●健全环境、气象和地震监测体系，做好防灾减灾工作。保护和合理利用资源。依法保护和合理利用淡水、土地、能源等宝贵资源。●逐步建立战略性矿产资源储备和安全供应体系。加强对海洋资源的综合开发利用和保护。积极开展资源回收利用，大力提高资源综合利用率。健全资源的有偿使用制度。维护矿产等资源的国家所有者权益。完善资源保护和利用的法律法规，强化执法监督 |
| "十一五" | ●发展循环经济，保护生态环境，加快建设资源节约型、环境友好型社会。●逐步建立全社会的资源循环利用体系 |

**续表**

| 时期 | 生态环保目标 |
|---|---|
| "十二五" | ●以解决饮用水不安全和空气、土壤污染等损害群众健康的突出环境问题为重点，加强综合治理，明显改善环境质量。●坚持保护优先和自然修复为主，加大生态保护和建设力度，从源头上扭转生态环境恶化趋势。●建立生态补偿机制。按照谁开发谁保护、谁受益谁补偿的原则，加快建立生态补偿机制。加快制定实施生态补偿条例。加大对重点生态功能区的均衡性转移支付力度，研究设立国家生态补偿专项资金。●推行资源型企业可持续发展准备金制度。鼓励、引导和探索实施下游地区对上游地区、开发地区对保护地区、生态受益地区对生态保护地区的生态补偿。积极探索市场化生态补偿机制 |

资料来源：根据《国民经济与社会发展"十五"规划》《国民经济与社会发展"十一五"规划》《国民经济与社会发展"十二五"规划》整理得到。

"十五"时期生态环保政策重点是，开展重点流域、区域、海域的污染治理，健全环境、气象和地震监测体系，健全资源的有偿使用制度，建立战略性矿产资源储备和安全供应体系。"十一五"时期生态环保政策重点是，发展循环经济，保护生态环境，建立全社会的资源循环利用体系。"十二五"时期生态环保政策重点是，明显改善环境质量，建立生态补偿机制，推行资源型企业可持续发展准备金制度。2001—2015 年间，我国生态环保政策的特点是：开展重点流域、区域、海域的污染治理；加强综合治理，明显改善环境质量；发展循环经济，保护生态环境；建立生态补偿机制；推行资源型企业可持续发展准备金制度。

6. 公共文化

我国公共文化服务阶段性目标比较，见表 8-6。

"十五"时期，公共文化政策目标：改善文化生活；重视信息媒体的建设；强化文化设施建设。

"十一五"时期，公共文化政策目标：发展文化事业和文化产业；加大政府投入，逐步形成覆盖全社会的比较完备的公共文化服务体系；推进文化创新，提高文化艺术产品质量；加强文化自然遗产和民族民间文化保护；扩大广播影视覆盖范围，繁荣新闻事业；重视网络媒体建设。

"十二五"时期，公共文化政策目标：建立健全公共文化服务体系，创新公共文化服务运行机制，增强公共文化产品和服务供给；鼓励扶持少数民族文化产品创作生产，注重满足残疾人等特殊人群的公共文化服务需求；改善农村文化基础设施，支持老少边穷地区建设和改造文化服务网络；加强重要新闻媒体建设，提高传播能力；加强非物质文化遗产和自然遗产保护，拓展文化遗产传承利用途径；建立国家文化艺术荣誉制度。

表8-6　我国公共文化政策阶段性目标比较（2001—2015年）

| 时期 | 公共文化目标 |
| --- | --- |
| "十五" | ●文化生活有较大改善。●重视新的信息媒体的建设和管理。●加强图书馆、文化馆、科技馆、博物馆、档案馆等文化设施建设，加强青少年、老年活动场所建设 |
| "十一五" | ●积极发展文化事业和文化产业，创造更多更好适应人民群众需求的优秀文化产品。●加大政府对文化事业的投入，逐步形成覆盖全社会的比较完备的公共文化服务体系。●推进文化创新，实施精品战略，繁荣艺术创作，提高文化艺术产品质量。●加强文化自然遗产和民族民间文化保护。●扩大广播影视覆盖范围，发展数字广播影视，繁荣新闻事业。●发展现代出版发行业，积极发展数字出版，重视网络媒体建设。大力推广普通话。●扩大国际文化交流，积极开拓国际文化市场，推动中华文化走向世界 |
| "十二五" | ●创新公共文化服务运行机制，增强公共文化产品和服务供给。公共博物馆、图书馆、文化馆、纪念馆、美术馆等公共文化设施免费向社会开放。●鼓励扶持少数民族文化产品创作生产。●注重满足残疾人等特殊人群的公共文化服务需求。●建立健全公共文化服务体系。以农村基层和中西部地区为重点，继续实施文化惠民工程。加强农村公共文化和体育设施建设，丰富农民精神文化生活。●改善农村文化基础设施，支持老少边穷地区建设和改造文化服务网络。完善城市社区文化设施，促进基层文化资源整合和综合利用。广泛开展群众性文化活动。●加强重要新闻媒体建设，提高传播能力。●加强文物、历史文化名城名镇名村、非物质文化遗产和自然遗产保护，拓展文化遗产传承利用途径。依法推进语言文字工作。●建立国家文化艺术荣誉制度 |

资料来源：根据《国民经济与社会发展"十五"规划》《国民经济与社会发展"十一五"规划》《国民经济与社会发展"十二五"规划》整理得到。

"十五"时期公共文化政策重点是，重视信息媒体的建设，强化文化设施建设。"十一五"时期公共文化政策重点是，发展文化事业和文化产业，形成公共文化服务体系，推进文化创新，加强文化自然遗产和民族民间文化保护，重视网络媒体建设。"十二五"时期公共文化政策重点是，建立健全公共文化服务体系，创新公共文化服务运行机制，增强公共文化产品和服务供给，注重特殊群体文化需求满足，改善农村和老少边穷地区文化基础设施，加强重要新闻媒体建设，加强非物质文化遗产和自然遗产保护。2001—2015 年间，我国公共文化政策的特点是：强化文化设施建设；发展文化事业和文化产业；建立健全公共文化服务体系，创新公共文化服务运行机制；增强公共文化产品和服务供给；注重特殊公共文化供给（少数民族和特殊人群）；加强非物质文化遗产和自然遗产保护；加强重要新闻媒体建设。

## （二）公共政策演进及特征

基于上面分析可以发现，不同内容的基本公共服务在国家层面推行重点不一。以下从就业服务、社会保障、公共教育、公共文化、医疗卫生、住房保障、环境保护等角度进行阐述。

### 1. 就业政策

就业政策的直接目标可以概括为两个方面，即解决失业人员再就业和解决新生劳动力的初次就业。在不同时期，就业政策围绕这两个重点，从不同的路径实现突破。

早期就业政策着力点在就业延迟、产业选择和渠道拓展上。就业延迟缓解就业竞争，推迟就业问题爆发时间；产业选择强调实现产业和就业的结合，支持劳动密集型产业发展，支持第三产业发展；渠道拓展是开源政策，鼓励企业扩大规模，增加用人，鼓励个体自谋出路，积极创业。

新中国成立以来，我国有三次失业高峰。第一次失业高峰出现在1949 年，城市与农村失业人口巨大。国家将城市失业人口纳入就业计划，阻止农村人口流入城市，较好地解决了城市失业问题。第二次失业高峰出现在 20 世纪 70 年代。"文化大革命"导致国家高等院校陷入瘫痪，中学毕业生激增。"知识青年上山下乡"政策延迟了城市人口就业，暂时缓解了城市失业问题。但 1979 年返城"知识青年"又将城市失业率提升到 5.9%。1980 年，党的十二届三中全会通过《中共中央关于经济体制改革的决定》，提出在国家政策和计划的指导下，实行国家、集体、个人一起上的方针，主张公有制单位、集体企业、个体私营经济一起发展，特别强调发展乡镇企业，增加农村非农就业。1987 年，中央政治局通过《把农村改革引向深入》，放开了农村劳动力进入城市的口子，开始允许农村剩余劳动力向劳动力紧张的地区流动。此外，在扩大对外开放的进程中，积极兴办三资企业和"两头在外"的加工业，也成为解决就业问题的良好途径。1990 年仅外商投资企业从业人员就达到 66 万人。第三次失业高峰出现在 20 世纪 90 年代中期。我国从计划经济体制向市场经济体制转型，国企改革步伐加快，实行减员增效导致大批职工下岗，这也是我国企事业单位经历的最大规模的结构调整。① 1992 年中央出台了《关于加快发展第三产业的决定》，明确提出第三产业是解决我国失业问题的主要出路。1995 年党的十四届五中全会通过了《关于国民经济和社会发展"九五"计划和 2010 年远景目标建议》，提出"要积极发展第三产业，形成合理的规模和结构，发挥劳动就业主渠道的作用"。1998 年国务院下发《关于切实做好国有企业下岗职工基本生活保障和再就业工作的通知》，推动就业市场化和下岗职工再就业保障。同年，我国高校实施扩招，在一定程度上减小了新增劳动力与下岗工人的竞争，缓解了失业率居高不下的不良状态。

近期就业政策着力点在就业观念转变、人力资源市场建设、加强公共就业服务体系建设、劳动技能培训和完善就业制度上。就业观念是对个人就业思维的解放，倡导创业和自谋职业。人力资源市场建设是为了发挥市场配置人力资源的作用，支持专业中介机构提供就业服务。公共就业体系的职能是实施就业政策和人才政策，对城乡劳动者提供公益性

---

① 据不完全统计，此次调整产生了 1200 万下岗职工。

就业服务，对就业困难群体提供就业援助，对就业与失业进行社会化管理等。劳动技能培训支持就业转型和职能升级，有效化解就业结构性矛盾。完善制度建设用以协调劳动关系三方，改善劳动环境，保障合法权益以及构建和谐的劳动关系。2009 年国家人力资源和社会保障部发布的《关于进一步加强公共就业服务体系建设的指导意见》、2010 年《国务院办公厅关于进一步做好农民工培训工作的指导意见》、2012 年七个部门发布的《促进就业规划（2011—2015 年)》，以及 2012 年《国家基本公共服务体系"十二五"规划》都是这些政策的典型代表。从国家层面看，就业公共服务强调从公共就业服务体系建设、信息化建设（如全国招聘信息公共服务网)、就业促进规划实施、公共就业人才培养、职业培训等角度增加就业服务的效率和服务质量，制定了"十二五"时期劳动就业公共服务国家基本标准，力促就业服务标准化。

2. 社会保障

按照国家发展改革委就业和收入分配司的分类，我国社会保障制度建设大体上经历了三个阶段，即 1978—1992 年、1993—2002 年、2002 年至今。

第一阶段社会保障政策从养老、医疗和失业保险三个点切入。养老保险突破国家和企业负担，开始实行个人缴费。医疗保险改善公费医疗和劳保医疗的弊端，探索医疗费用与个人挂钩，大病医疗费用社会统筹。失业保险推行待业保险制度。这一阶段的社会保障政策出台紧跟国有企业改革，是国企改革的配套政策，力图突破计划经济的束缚，建立与社会主义市场经济相适应的社保制度，出台的重要政策有《关于企业职工养老保险制度改革的决定》（1991)、《国营企业职工待业保险暂行规定》（1986) 等。

第二个阶段围绕社会保险、社会救助、社会福利、优抚安置、社会互助和个人储蓄保障建立多层次的社会保障体系。养老保险方面确立了养老保险制度的基本框架。医疗保险方面确定了"社会统筹＋个人账户""用人单位＋个人缴费"的城镇职工基本医疗保险制度。失业和工伤保险方面，把保障对象扩大到所有国企职工，"建立了相互衔接的国有企业下岗职工基本生活保障、失业保险和城市居民最低生活保障"三条保障线。① 这一阶段的社会保障政策出台与国家深化改革有关，出台的重要政策有《农村五保供养工作条例》（1994）、《关于深化企业职工养老保险制度改革的通知》（1995）、《关于建立统一的企业职工基本养老保险制度的决定》（1997）、《关于建立城镇职工基本医疗保险制度的决定》（1998）、《城市居民最低生活保障条例》（1999）、《关于城镇医药卫生体制改革的指导意见》（2000）、《关于印发完善城镇社会保障体系试点方案的通知》（2000）。

第三个阶段以基本公共服务均等化为主线，社会保障进入了全覆盖的快速发展阶段。养老方面，从城镇基本企业职工拓展到个体工商户和灵活就业人员。医疗方面，发展农村新型合作医疗制度，制定和完善农民工参加大病医疗保险的办法，建立城镇居民基本医疗保险制度。这一阶段的社会保障政策出台体现了"保基本、广覆盖"的特征，出台的重要政策有《关于完善企业职工基本养老保险制度的决定》（2005）、《国务院关于解决农民工问题的若干意见》（2006）《关于开展城镇居民基本医疗保险试点的指导意见》（2007）、《国务院关于开展城镇居民社会养老保险试点的指导意见》（2011）、《社会养老服务体系建设规划（2011—2015 年）》（2011）等。

3. 公共教育

教育政策品目繁多，可根据教育层次分为学前教育政策、初等教育政策、中等教育政策、高等教育政策（四等七级，七级是指幼儿园、小学、初中、高中、高等专科、本科、研究生）。还可根据教育类别分为普通教育政策、职业教育政策和成人教育政策；根据教育对象分为一般教育政策和特殊教育政策。由于公共教育涉及的教育层次为初等教育，即小学和初中，类别包括普通教育和职业教育。因此，以下的讨论主要围绕义务教育和特殊教育展开。其中，义务教育包括了普通教育和职业

---

① 国家发展改革委就业和收入分配司：《社会保障改革：风雨兼程三十年》，《中国经济导报》2009 年第 328 期。

教育。自 1986 年《义务教育法》① 颁布实施后，我国陆续出台了一系列公共教育政策。如 1994 年《国务院关于〈中国教育改革与发展纲要〉的实施意见》《普及九年义务教育评估验收暂行办法》，2001 年《全国教育事业第十个五年计划》，2007 年《国家教育事业发展"十一五"规划纲要》，2012 年《国家教育事业发展第十二个五年规划》等。

早期公共教育政策着力点在普及义务教育、扫除青壮年文盲和推进职业教育上。普及九年义务教育重点是增加入学率和减小辍学率，缩小女童和男童、农村和城市、贫困地区和发达地区、少数民族聚居区和其他地区学龄儿童入学率的差距。职业教育强调分区、分步增加在校生比例。如《全国教育事业"九五"计划和 2010 年发展规划》等。

近期公共教育政策着力点在巩固九年义务教育、提升教育质量、大力扶持特殊群体和弱势地区、建立基本公共教育服务体系上。如《教育事业"十一五"规划纲要》提出"确保义务教育的普及及巩固"；在全面覆盖的基础上升级义务教育质量，"重点加强农村义务教育"；在教育对象上，倾斜少数民族地区和贫困家庭的学生；重视发展儿童早期教育，在大力发展中等教育的同时，稳步发展普通高中教育。《特殊教育提升计划（2014—2016 年）》（2014）从普及水平、保障条件和教育质量三个方面推进特殊教育。《教育事业发展第十二个五年规划》提出"建立基本公共教育服务体系"，该体系包括免费九年义务教育、高中阶段教育、中等职业教育、学前教育，教育保障体系②，以及信息化建设等等。

从发展趋势看，公共教育政策未来一段时间的着力点在教师素质、教育质量和就业服务三大问题上，向农村地区、少数民族地区和贫困地区倾斜，向弱势群体倾斜（如家庭经济困难人群、进城农民工），向职业教育、学前教育、特殊教育倾斜。从普及九年义务教育、中等职业教育免费、化解农村义务教育债务、教育人才培养、解决农民工子女就

---

① 2006 年修订后更名为《中华人民共和国义务教育法》，于 2006 年 9 月 1 日起施行。
② 教育保障体系包括进城务工人员随迁子女、家庭经济困难学生和残疾学生的教育保障政策体系。

学、教育信息化等角度推进教育公平，促进机会平等。

4. 医疗卫生

早期医疗卫生政策着力点在医疗卫生体系构建和医疗制度改革。医疗卫生体系包括卫生服务、医疗保障和卫生执法监督。制度改革集中于城镇职工医疗保障制度和农村合作医疗。《关于卫生改革与发展的决定》（1997）提出，卫生事业发展要与国民经济和社会发展相协调，人民健康保障的福利水平要与经济发展水平相适应。除了政府加大卫生投入，个人也要逐步增加医疗保健投入。到 2000 年，初步建立起包括卫生服务、医疗保障、卫生执法监督的卫生体系，基本实现人人享有初级卫生保健。《中国农村初级卫生保健发展纲要（2001—2010 年)》（2002）提出，完善和发展农村合作医疗，探索实行区域性大病统筹，逐步建立贫困家庭医疗救助制度，积极实行多种形式的农村医疗保障制度。

近期医疗卫生政策着力点在基本医疗保障制度建设、基层医疗卫生服务体系建设，以及基本公共卫生服务均等化。《卫生事业发展"十一五"规划纲要》提出，到 2010 年全国初步建立覆盖城乡居民的基本卫生保健制度框架；在全国普遍建立比较规范的新农合医疗制度和县乡村三级医疗卫生服务体系，初步解决农村公共卫生和农民看病就医问题。《医药卫生体制改革近期重点实施方案（2009—2011 年)》（2009）提出，推进基本医疗保障制度建设，将全体城乡居民纳入基本医疗保障制度；完善基层医疗卫生服务体系，方便群众就医；促进基本公共卫生服务逐步均等化，使全体城乡居民都能享受基本公共卫生服务。《卫生事业发展"十二五"规划》提出，到 2015 年初步建立覆盖城乡居民的基本医疗卫生制度，全体居民享有基本医疗保障、基本公共卫生服务，医疗卫生服务可及性、服务质量、效率和群众满意度提高。

总体上看，医疗类政策向农村倾斜，如建立新型农村合作医疗、新型农村社会养老保险，积极培养卫生人才等，把医疗保障、公共卫生、药品供应、监管体制改革作为服务推进的重点，强调完善城乡医疗救助制度、完善新型农村合作医疗制度、完善政府卫生投入政策、建立新型农村社会养老保险制度、改革药品和医疗服务价格形成机制、实现流动就业人员基本医疗保障关系转续、健全基层医疗卫生机构补偿机制、推行居民健康卡等，促进医疗卫生服务供给的更广泛、更普遍。

5. 其他公共服务

"公共文化"政策演进线条为：从促进文化表现形式多样性、推进文化分享免费、实施文化改革发展规划、加大文化保护、强化民族文化延续、加强文化市场管理等角度促进文化大发展，促进文化繁荣。

"住房保障"政策演进线条为：从加快发展公共租赁住房、落实保障性安居工程、城镇廉租住房、经济适用住房等角度促进人民群众安居乐业。

"基础设施"政策演进线条为：从公路水路交通设施建设、公共图书馆（文化馆）建设、农村饮水安全工程建设、农村电网改造升级、邮政普遍服务、农村公路和水利设施建设等角度完善基础设施，增加人民群众生产、生活的便利度。

"环境保护"政策演进线条为：从退牧还草、农村环境保护、节能减排、水污染防治、加强环境保护等角度促进人民群众生产、生活环境的改善。

"人口计生"政策演进线条为：从户籍管理制度改革、流动人口计划生育管理、计划生育家庭奖励扶助等角度促进人口计生工作开展与完善。

此外，除了与基本公共服务相关的政策，还必须注意到国家税收政策。我国 1994 年进行了税制改革。这次税制改革调整了中央和地方的财政关系，增强了政府税收的能力，但也因过分注重投资激励、抑制消费而扭曲了经济结构。

## （三）现行政策的倾斜方向

具体而言，现行政策表现出三个比较明显的倾斜，即向较弱服务项目、向较弱区域与群体、向"经济性与社会性并重"倾斜。

1. 向公共教育、就业服务、住房保障和基础设施建设倾斜

向公共教育倾斜，出台了《国家中长期教育改革和发展规划纲要（2010—2020 年）》《关于深入推进义务教育均衡发展的意见》等政策。

向就业服务倾斜，出台了《促进就业规划（2011—2015 年）》《关于进一步加强公共就业服务体系建设的指导意见》《关于促进以创业带动就业工作的指导意见》《大学生志愿服务西部计划实施方案》等政策。

向住房保障倾斜，出台了《国务院办公厅关于促进房地产市场平稳健康发展的通知》《国务院关于解决城市中低收入家庭住房困难的若干意见》《中央补助廉租住房保障专项资金管理办法》等政策。

向基础设施倾斜，出台了《交通运输"十二五"发展规划》《公路水路交通运输信息化"十二五"发展规划》《互联网行业"十二五"发展规划》等政策。

2. 向农村地区、贫困地区和弱势群体倾斜

向农村地区倾斜，出台了《关于开展清理化解农村义务教育"普九"债务试点工作意见的通知》《关于创新机制扎实推进农村扶贫开发工作的意见》《关于做好进城务工人员随迁子女接受义务教育后在当地参加升学考试工作意见的通知》《关于做好 2012 年新型农村合作医疗工作的通知》《关于进一步加强乡村医生队伍建设的指导意见》《关于印发开展农村订单定向医学生免费培养工作实施意见的通知》等政策。

向贫困地区倾斜，出台了《关于实施面向贫困地区定向招生专项计划的通知》《中央财政补助中西部地区、贫困地区公益性水利工程维修养护经费使用管理暂行办法》《中央专项彩票公益金支持贫困革命老区整村推进项目资金管理办法》《兴边富民行动规划（2011—2015 年）》等政策。

向弱势群体倾斜，出台了《关于建立普通高中家庭经济困难学生国家资助制度的意见》《关于开展提高农村儿童重大疾病医疗保障水平试点工作的意见》《流动就业人员基本医疗保障关系转移接续暂行办法》《关于做好被征地农民就业培训和社会保障工作指导意见的通知》《农

村残疾人扶贫开发纲要（2011—2020 年)》《关于促进牧区又好又快发展的若干意见》等政策。

3. 向经济性和社会性服务倾斜

公共服务可分为维护性、经济性、社会性三类。其中，维护性公共服务（主权性公共服务）是保证国家安全和国家机器正常运作的公共服务，包括国防、维护公共秩序与安全、一般行政管理等。经济性公共服务是指政府促进经济发展的公共服务，通常是生产型的，主要包括邮电、通讯、电力、煤气、自来水、交通等。社会性公共服务是指政府为促进社会公正与和谐为全体社会成员提供的公共服务，包括教育、医疗、社会保障、环境保护等。[①]

从近年国家制定的政策看，其主要走向为"经济性与社会性并举"。如在项目上，向基础设施、住房保障倾斜，这些政策对区域经济的带动性是很强的，是政府工作的重点。在社会性的公共服务项目中，公共教育、就业服务是国家基本公共服务的重心，出台的政策也最多。相比而言，项目的选择更加倾斜经济，这与我国发展现实有关。此外，我国在文化、体育、生态环保、人口计生方面的各种政策也不断增加，凸显出国家对基本公共服务的关注从经济性向社会性过渡，从追求经济增速向发展质量转型，从寻求效率向"效率与公平并重"过渡。

4. 强化服务体系建设

《国家基本公共服务体系"十二五"规划》中对基本公共服务体系界定如下：基本公共服务体系，指由基本公共服务范围和标准、资源配置、管理运行、供给方式以及绩效评价等所构成的系统性、整体性的制度安排。基本公共服务涵盖了城乡居民出生→教育→劳动→养老不同阶段的服务，覆盖了城乡居民衣食住行、健康、文化、体育等生存与发展的基本需求，是为城乡居民幸福生活搭建的保障体系。

我国基本公共服务推进思路明显具有"体系建设"的特征，遵循由浅及深、由少至多的系统推进原则。以社会保障为例，基本养老、基

---

① 王谦：《城乡公共服务均等化问题研究》，山东大学博士学位论文，2008 年。

本医疗是城乡居民社会保障体系中非常重要的两个方面。在基本养老保险上，我国探索建立起了企业职工基本养老保险制度，2009 年"新型农村社会养老保险（新农保）"试点启动，一部分农村居民开始享受国家普惠式的养老保险。2011 年"城镇居民社会养老保险（城居保）"试点启动，试点地区的非就业居民开始享有养老保障。2012 年 7 月，"新型农村社会养老保险"和"城镇居民社会养老保险"扩展到全国，有 862 个试点县区全部启动了两项制度。到 2011 年底，我国基本医疗（城镇职工医保、城镇居民医保、新型农村合作医疗（新农合））已全面建立并覆盖 13 亿人；城乡居民低保覆盖了所有省市区，实现了应保尽保。

就业服务推进同样遵循"体系建设"的思路。2007 年颁布的《就业促进法》对公共就业服务范围作出了基本规定：县级以上人民政府建立健全公共就业服务体系，设立公共就业服务机构，为劳动者提供免费的就业政策法规咨询、职业指导和职业介绍；对就业困难人员实施就业援助、办理就业登记、失业登记等事务；负责职业供求信息、市场工资指导价位信息和职业培训信息发布，以及其他的公共就业服务。在《促进就业规划（2011—2015 年）》中提出，整合公共就业和人才服务机构公共管理和服务的职能，形成覆盖城乡的公共就业和人才服务体系。加强基层就业和社会保障服务体系建设，建立覆盖全国的就业信息监测和招聘信息公共服务平台，为社会提供公共就业信息服务。

客观地说，"体系建设"是国家对人们不断扩大的服务需求的切实响应，对公共服务生产能力和公共服务供给能力提出了更高的要求。从公共服务主体来看，由政府部门直接生产与提供的公共服务只是一部分，需要引入更多的社会投资进入，鼓励非营利组织与私人部门参与。也就是说，政府在引导社会资本流入、建立与其他部门的公私伙伴关系、推行形式多样的供给方式上既需要开拓思路、勇敢创新，又需要持之以恒、大胆践行。

# 第二节 国外公共服务供给特征及经验模式

作为发展中国家，我国政府参与基本公共服务供给的时间较短、经验也较少，且长期以来，处于"摸着石头过河"的探索阶段。向公共服务供给质量高的国家学习，借鉴成熟经验是提高我国公共服务供给水平和质量的重要路径。

## 一、公共服务供给的四个特征

### （一）协同发展：公共服务与经济发展水平相当

公共服务对经济发展既有激励作用也有制约作用。政府强化公共服务会给区域经济带来发展动力，而忽视公共服务职能则可能造成区域经济发展的停滞。如义务教育为国家发展提供人力资源保障，是世界各国优先普及且率先完成的目标。又如 19 世纪前后，美国过分信任市场的自我调节功能，不注重社会保险制度的建立，导致国内经济发展停滞以及世界经济危机。

公共服务发展的"度"是学者喜欢讨论的话题，这与一些国家"过度福利"导致发展包袱过重有直接关系。20 世纪 70 年代，一部分"福利国家"的公共服务超过了国家经济负担能力，对经济增长、社会发展造成负面效应，导致税收过高、失业增加、财政危机等后果，随后这些国家普遍开展了新公共管理改革。在"过度"之外，有的学者强调"适度超前"。如李军鹏（2006）认为，"公共服务具有整体性、系统性和基础性，公共服务制度的建立和公共服务的普及需要系统设计、适度超前发展"。[1] 当然，这种"适度超前"不是泛指所有的公共服务，而是那些与经济发展契合紧密的内容，如义务教育。

---

[1] 李军鹏：《国外公共服务的启示》，《人民论坛》2006 年第 3 期。

"水平相当"则是另一种提法，也是各国对公共服务与区域经济发展关系的基本定位。所谓"公共服务与经济发展水平相当"有两层含义：一是从静态的角度看，经济水平高的地区，公共服务水平相对高，经济水平低的地区，公共服务水平相对低。二是伴随着经济水平提升，公共服务也应随之提升，要有"相当"的速度。

第一点"相当"并不是必然的，发达国家或发展中国家大都经历过经济发展起来但公共服务没有跟上的问题。进一步说，经济发展水平提升未必带动公共服务，这取决于政府"觉悟"而非市场力量。1890年前后，英国、美国等国家在高速发展的同期并未建立与其经济水平相当的公共服务制度，过分相信市场具备资源优化和自我调节能力导致了1929年世界经济大危机。1935年罗斯福政府颁布了《社会保障法》，公共服务制度完善对经济发展起到了稳定器的作用，美国此后70年的经济增长是很好的佐证。

第二点"相当"较难，就如涨工资一样。企业对大面积、大幅度涨工资是非常谨慎的。因为，工资涨上去很容易但降下来就很难。同理，公共服务应与经济发展同步，但不能超越经济承受力。在西方发达国家的政党之争中，公共服务是利器，是政党争取选民投票的重要工具。参政党或在野党许给公民超过政府承受力、超出经济所能承受范围的公共服务，导致国家用于经济职能的资金不足，继而导致税收过高、通货膨胀、失业危机和财政危机等一系列问题。西方国家"福利危机""福利病"是公共服务过度的真实案例，也是我国公共服务供给的前车之鉴。20世纪80年代，西方各国普遍采纳了新自由主义或新右派的理论作为指导思想，采取了减少社会福利支出的社会政策。如英国撒切尔夫人、美国里根总统在就任后采取的新公共管理改革，其主要目的就是减小社会福利支出。[①]

综上，公共服务支出或者说社会福利支出"过少"与"过多"对发展都不利，因此，寻求公共服务与经济发展水平"相当"已成为大

---

① 李军鹏：《国外公共服务经验》，《决策与信息》2010年第9期。

多数国家公共服务支出的基本判断。

## （二）第三条道路：政府干预与市场自由的中间路线

党的十八届三中全会提出的，我国下一步改革的重点是："处理好政府和市场的关系，使市场在资源配置中起决定性作用和更好发挥政府作用"。走在政府和市场之间，"第三条道路"是必然选择。

第三条道路（第三种道路或新中间路线）是在自由放任资本主义和传统社会主义中间的一种政治经济理念的概称。其既不主张纯粹的自由市场，也不主张纯粹的高福利社会。按照捷克经济学家奥塔·塞克的理解，第三条道路的实质是"人文关怀"和"经济效率"的结合，也是国家干预和市场经济的结合，是一种"混合经济"的道路。英国首相、工党领袖布莱尔对第三条道路情有独钟。在布莱尔眼里，第三条道路的新意主要体现在"以价值社会主义替代制度社会主义为重要内容的改革、创新原则中以'双赢'替代'通吃'为主旨的相关利益者原则中，以风险机遇平衡替代不思回报的'不承担责任就没有权利'原则中"。①

在第三条道路的指引下，政府与市场有各自优势且分工明确。发达国家政府大都倾向于寻求"包办和不干预"之间的中间状态参与管理。"国家在经济生活中继续扮演着一个根本性角色，寻求创造宏观经济的稳定性，它不能取代市场，也不能取代社会，但却需要对两者进行干预。"② 当然，"是否具有市场化的制度安排是现代社会福利制度能否健康发展的另一个关键要素"。③ 作为资源优化的主要力量，市场的优势必须运用。这样不仅可以规避政府作为利益集团在权力无约束、无限制的条件下产生寻租行为和腐败，也能更好地激励各种组织，激发市场活力。

---

① 罗云力：《布莱尔"第三条道路"的三项原则》，《世界经济与政治》1999 年第 4 期。
② ［英］安东尼·吉登斯：《第三条道路及其批评》，孙相东译，中共中央党校出版社 2002 年版，第 75 页。
③ 陈雷、江海霞：《英国"第三条道路"实践与中国社会保障改革——兼论政府、市场、社会"三位一体"社会保障构想》，《劳动保障世界》2009 年第 1 期。

处理好政府与市场的关系，其实质是要求政府在某些领域退出来，这就对公共产品（服务）的生产和供给两个环节提出了要求。在这两个环节中政府应根据自身能力选择性地做工作。首先，"生产"不是政府工作的重点。政府要为公民提供良好的交通基础设施，但政府未必要成为很好的工程建筑公司。政府只需要通过市场的作用，以招标的方式获取性价比高的企业来做这个事情。把公共产品（服务）生产的这个环节交给市场，以企业之间充分的竞争保障产品（服务）的质量，促进市场的活力。在供给这个环节，政府可以亲身为之，也可通过购买的方式将供给任务交给其他组织（营利或非营利组织）。公共产品（服务）由政府主导供给，但并未要由政府全部承担，也可以交给其他组织去做。第二部门（私部门）、第三部门（支援部门）以及社区都可以做。

## （三）主张转型：消极福利向积极福利转型

安东尼·吉登斯认为，国家所提供的福利救济越多，发生道德公害和欺诈的可能性也就越大。在可能的情况下政府应尽量在人力资本上投资，而不是直接向公民提供经济资助。① 在第三条道路思维或价值观的引导下，西方针对"福利病"提出了改革构想。改革的指导思想是：变消极福利为积极福利，变"福利国家"为"社会投资国家"，用市场机制激活福利机制和劳动力市场。② "积极福利思想变匮乏为自主，变疾病为积极的健康，变无知为一生中不断持续的教育，变悲惨为幸福，变懒惰为创造。"③ 而"如果福利只具有一种消极的内涵而且主要面向穷人，那么它必然会导致社会分化"。④在"第三条道路"思想的支配

---

① ［英］安东尼·吉登斯：《第三条道路及其批评》，孙相东译，中共中央党校出版社2002年版，第119、122页。

② 杨玲：《"第三条道路"与福利国家改革》，《长白学刊》2004年，第5期。

③ ［英］安东尼·吉登斯：《第三条道路：社会民主主义的复兴》，郑戈译，北京大学出版社2000年版，第57页。

④ ［英］安东尼·吉登斯：《第三条道路：社会民主主义的复兴》，郑戈译，北京大学出版社2000年版，第61页。

下，发达国家对社会福利制度进行了改革，主要突破路径是就业和教育，向弱势群体倾斜，并在投入机制上施行"国家＋私人"的双轨制。

以就业政策为例。传统的福利国家造就了一大批能工作而不工作的懒汉，国家经济缺乏活力和效率。安东尼·吉登斯认为，在可能的情况下尽量在人力资本上投资，而最好不要直接提供经济资助，以此避免道德公害（Moral Hazard）和欺诈的可能性。1994年美国克林顿政府颁布《工作与责任心法案》，实行"工作替代福利"的改革。有的州提出"要工作不要福利"的口号，有的州要求就业者在寻找工作的过程中至少应与12个雇主取得过联系。布莱尔政府在促进就业方面强制那些能工作而不工作的人去主动工作。政府在发放社会补贴时，将"寻找工作"作为必要条件。在1998年颁布的绿皮书中政府向失业者提供四种可供选择的就业和培训机会：一是到非营利性的公益机构和自愿组织谋职，二是到政府提供补贴的私企谋职，三是到环保部门谋职，四是取消享受政府津贴的资格。瑞典政府将"愿意就业"作为有工作能力的公民享受福利的基本条件，失业者必须参加就业培训才能领到失业救济金。

以教育为例。布莱尔政府不断提高教育投资占 GDP 的比例，由保守党时期的 4.6% 提高到 5.1%。在就业培训方面，1999 年英国有15.9%的工作年龄的人接受了岗位培训，接受培训的年轻就业者的人数是年长者的 2.5 倍。[①] 为推动"终身学习"战略，政府建立了个人学习账户，并与企业沟通合作。企业在招收新雇员时，可向政府申请职业培训费。德国政府新的改革方案规定，企业必须提供培训岗位，否则向其征收培训费。

### （四）强调平衡：注重多元形式下的公平正义

在公共服务供给过程中，关注"管理"还是"治理"是公共服务理论演进的重要标志。"管理"注重政府部门的控制，"治理"则强调

---

① 裴援平、柴尚金等：《当代社会民主主义与第三条道路》，当代世界出版社 2004 年版，第 311 页。

参与主体的多元以及参与形式的多样。公众参与有两条路径：一是政治参与，二是社会参与。在我国，公众涉足有关公共利益的活动主要渠道仍在"社会参与"这个层面。

在欧美一些国家，公民参与公共服务的渠道较多。一方面，政府通过"三化"（民营化、市场化、社会化）将一些政府职能转移到第二部门（私部门）、第三部门（志愿部门），让非营利组织履行诸如大学教育、医疗卫生以及文化等公共职能。另一方面，政府发挥基层社会组织的作用，通过与这些组织互动、协作创造活力。如法国在20世纪90年代已拥有6万人的私人社团，瑞典社团密度为每10万人2300个。再一方面，发达国家重视社区建设。自20世纪80年代以来，出现了社会治理向社区回归的趋势，即社会社区化和社会人文化。1990年英国颁布《社区照顾法令》，1993年在全英施行。美国的"EZEC行动特区"和"企业社会计划"，通过向社区授权，自下而上的全面动员，达成重建社区、福泽公民的目标。

鼓励公民参与，最为重要的是建立参与机制。下面以德国为例说明公民参与的几种形式。一是通过投票选举代表和决定自己关注的问题。为了方便公民就公共问题、公共利益发起倡议，德国建立了非常直接的参与形式。若城镇中有高于某一绝对数量的公民联合签名要求处理某个问题，地方官员必须在城市政务会中讨论该问题，就此问题发表政治声明。这一制度为公民参与地方政府的决策提供了保障，也促进了信息的透明化。二是公民直接参与决策。公民可以对一些涉及自身利益且拥有实践经验的计划提供评议和提出建议。如果公民对该计划存在强烈的反对意见，政府可以启动调解程序，成立一个调查机构或寻求一个中立的调解者（如NGO）。三是公民作为公共服务的顾客或使用者参与。在这个参与中，公民要积极对公共服务给予评价，表达自己的满意或不满意，为服务水平提升和质量改进提出好的建议。四是公民作为服务的提供者参与。公民参与有三个好处：既可以发挥公民的专业知识技能，又可以减少公共资金的支出，还可以发挥公民的积极性。考虑到志愿工作过程中，公共服务需求与供给存在不匹配的问题，德国成立了中介中心，用于协调公民的公共服务需求与供给组织之间的关系。如"绿色女士"组织，帮助病人尽快熟悉医院环境和习惯医院生活。再如创建病人的自助组织，对患相同疾病的公民，让他们相互鼓励、相互学习处理疾病的方法。地方卫生部门通过为这些组织提供会议室、交通援助、参与经验介绍等办法支持自助组织活动。此外，动员社会弱势群体参与活动具有非常重要的意义，可以促进他们加入到社会生活中来，增加与社区居民的沟通与交流，从公共服务的消费者转变为公共服务的提供者，更加积极地生活。①

参与机制的建设也需要私人部门的参与。一方面，作为理性的"经济人"，私人部门有营利的动机，准公共服务的特性为私人部门谋利开启了大门。另一方面我们必须注意到企业的"公民身份"。"公民身份"是指"企业在其主流活动之外的志愿慈善捐赠"。② 世界500强企业中有很大一部分每年会发布自己的《企业社会责任报告》，以彰显企业对社会的贡献，如英特尔、微软等等。英国经济学家查尔斯·汉迪认为，"利润只是企业存在的必要而非充分条件。营利只是某种目标的手段，而不是根本目的，企业应该具有自己的使命"。③ 企业的"公民身份"使得私人部门也能承担那些看起来"吃亏不谋利"的事，成为公共服务供给的重要参与者。私人部门参与公共服务供给也加速了公共服务市场化的进程。私人部门参与，开启了民间资本的进入渠道，有助于缓解政府财政压力、减轻政府人员工作负担，促进了财政资源的优化配置。此外，一旦公共服务进入市场化道路，将遏制垄断服务供给的企业以财政拨款维持经营的路子，倒逼企业参与市场竞争，提高服务质量和服务效率。

公民参与、私人部门参与以及志愿部门参与，对打破政府在公共服务领域"一枝独秀"的状态有正面的影响。而多元化的参与状态，也

---

① 本部分内容参看［德］迪尔特·格诺若、托马斯·海贝勒：《德国的行政改革——以公民参与及公共部门与私人部门之间关系为例》，《经济社会体制比较》2007年第1期。

② 马伊里、杨团：《公司与社会公益》，华夏出版社2002年版，第16页。

③ ［英］查尔斯·汉迪：《超越确定性：组织变革的观念》，华夏出版社2000年版，第175—178页。

增进了供给过程的民主和供给结果的公平。与此同时，公民接受的公共服务并非唯一来自政府也是抵御供给风险的重要方法。政府通过公共服务民营化、市场化、产业化，强化公共服务的"标准"制定，既可以把控质量关，又可以在不增加政府部门服务人员的情况下，为公民提供更多的服务。总体上，"政府提供核心公共服务，企业通过市场化机制参与政府规划的公共服务，逐渐成为当代公共服务供给体系的基本特征"。①

## 二、公共服务供给经验模式

### （一）国有化→私有化→公私合作

英国是欧洲公共服务变革的领军者，是其他国家公共服务改革的效仿对象。自第二次世界大战以后，英国公共服务经历了三个阶段，呈现"国有化→私有化→公私合作"变革的趋势。

国有化的供给（1945—1979 年）以凯恩斯理论为基础，政府将铁路、航空、电信、钢铁、银行等产业划归国家。在强大的国有资产支撑下，逐步建立并完善了国家公共服务，涵盖了卫生医疗、教育、保险、住房和贫困救济等内容。公共服务国有化有几个特点：一是实施公共服务的权力从地方向中央、从私人领域向政府部门集中，表现出实施的集权性。二是不加限制地，所有公民都是公共服务的受益对象，不带有任何排斥和歧视，表现出受众的广泛性。三是公共服务供给有严格的计划保障，政府对公共服务的生产和配送给予专业指导，表现出管理的计划性。四是公共服务供给受到法律的保护，政府出台了一系列法规保障实施，如《国民健康服务法》《国民保险法》《住房法》《国民救助法》等。国有化供给模式实施初期得到英国民众的普遍支持，但 1970 年后，民众对国有化供给模式的支持有所波动。有资料显示：1963 年、1970年、1974 年、1979 年，主张增加国家公共服务供给支出的人口占比分

---

① 申霞：《私人部门参与公共服务的制度建构》，《中国行政管理》2007 年第 4 期。

别为41%、27%、33%、49%。公共服务国有化的问题在于：一是国家财政负载太大，对国家发展造成负面影响；二是公众对公共需求的反馈不足，需求与供给脱节；三是造成了不劳而获的社会负面效应。以社保为生的"长期病号"以及不工作靠政府补贴维生的单亲父母累计达到了275万人。

私有化的供给（1979—1997年）发展的大背景是世界经济危机。在失业人口不断增加的20世纪80年代，英国首相撒切尔夫人主张将市场机制引入政府以及公共服务领域，提出减小国家干预，推行私有化改革的建议。具体做法为：把水电气供给等公用事业转为私有；大量出售公房，减少公房补贴；出售石油、电信公司股份；在医疗卫生部门引入竞争机制，鼓励私人部门进入；转移负担，如将工伤等费用转移给雇主。公共服务私有化有几个特点：一是强化绩效导向，政府将关注力向投入、产出和量化指标倾斜。二是强调竞争，在教育、医疗、社保等领域政府寻求市场开放。三是减小成本，在管理过程中，特别在预算中遵循成本收益原则。四是鼓励差别化，细化服务需求，打破公共服务低效率瓶颈。公共服务私有化的问题在于：一是私有化使得国家职能萎缩，导致国家空心化；二是私有化使得国家统一供给公共服务局面被打破，干预能力下降，导致公共服务的地区供给水平差距拉大，服务标准不一致，使得公共服务碎片化；三是效率、竞争、差异和盈利等替代了公平、公正、公共利益和责任，令价值受损。

公私合作供给（1997年至今）是在公众对政府期望提高，公共服务需求变化的背景下提出的。公私合作与前面我们提到的布莱尔政府的"第三条道路"吻合，强调政府和私人要在各自适应的领域发挥优势和作用。在一些学者看来，公私合作发挥了政府和市场的共生性，不是一种方向的选择，而是一种程度的选择。"选择倾向于市场，会面临更多价值丧失的危险。选择倾向政府则会面临更多效率丧失的危险。"[1] 公共服务公私合作供给有几个特点：一是价值的多元性，强调效率和公

---

① ［美］查尔斯·沃尔夫：《市场或政府》，中国发展出版社1994年版，第150—152页。

平，强调政府和市场。二是参与主体多样性，政府、公共部门、企业和个人共同参与。三是权责对等，风险分担。相比而言，公私合作供给在诸多领域取得了成功，如公共交通、医疗卫生、公共教育等。而英国的这一成功经验也被美国、法国等国家复制，再由发达国家向发展中国家推进。

推行公私合作供给需要具备五个条件：一是完善的制度保障，对合作对象、范围、形式、权责等有明确地规定，以法规、政策文件等形式进行约束；二是完善的市场机制，供给主体自愿、积极地参与服务供给竞争；三是较高的公民参与意识和较好的民主参与氛围；四是具有良好、高效、透明的行政环境；五是具备监督体制机制，形成政府、企业、个体及公共部门四位一体的多元监督。

## （二）公共服务合同外包

公共服务外包是指政府引入私人承包商来提供公共服务，政府保留资金提供者的身份，但不再是服务的直接提供者。[①] 简单地说，公共服务合同外包就是将公共服务提供这个活动分解为生产和供给两个阶段，并在生产环节这个阶段引进非营利性组织或私人组织，以实现公共服务供给的目标。

关于公共服务外包有几个问题必须探讨：一是哪些公共服务可以被外包，哪些不能？二是如何管理合同外包？三是合同外部受什么主要因素的影响？

对于第一个问题，有的学者提出政策制定、规划和法律强制执行等政府传统职能不能外包；有的提出，低交易成本、服务质量容易得到保障的项目可以外包；还有的提出，如餐饮、交通、印刷等对服务责任心和公正性要求低的可以外包。可见，大部分人认同，凡是涉及服务质量要求高的，需要较好公正性的服务是不适应外包的。

对于第二个问题，学者从三个点切入：一是从合同管理的关键流

---

① Young Chool Choi, *The Dynamics of Public Service Contracting*: *The British Experience*, Bristol: The Policy Press, 1999, p. 19.

程、重要环节入手，二是从监督与评估角度切入，三是分析政府与外包者的关系。关键流程包括"可行性评估"、"执行合同"和"监督与评估绩效"。

对于第三个问题，学者看法不一，归纳起来影响服务外包的因素有：市场竞争性、政府公共管理能力、交易成本、合同关系及过程的政治化、公共服务的可衡量性。而官僚主义、信息隐匿、目标分歧以及官员抵制等将会导致外包任务漂移、非专业化和服务质量降低等不良后果。

学界和实践界大都赞成以合同外包的形式转移政府公共服务的生产职能，因为合同外包在一定层面上能够为政府节省开支，增加供给，提升质量。如萨瓦斯对英国、德国、日本、美国和加拿大等国家进行了研究，提出"在服务水平和服务质量不变的前提下，合同外包平均节省约25％"的费用。① 但外包也存在一定风险：一是当非政府组织提供的公共服务过多时，可能出现"国家空心化"现象。二是私人组织有营利的本能，可能存在降低服务质量，出现抛弃一些顾客的"撇脂"行为。

## （三）建立"合作政府"

合作政府（Joined-Up Government，JUG）是后新公共管理时代英国政府奉行的改革模式，针对的是新公共管理导致的"管理碎片化"问题。英国新公共管理运动固然降低了公共服务提供的成本，提高了效率，但是在服务供给中大量采用私有化、外包以及竞争等手段也使得政府能力"空心化"。同时，强化分权以及大量设立执行局让本来根据功能划分的组织格局呈现"碎片化"的特征。鉴于空心化和碎片化遭致的严重的社会问题，布莱尔一上台便开始推行合作政府。

合作政府是指将公部门、私部门、志愿部门联合起来，实现跨部门、跨组织的工作，以实现共同的目标。Tom Ling 认为，合作政府是充分发挥各种组织的功能，寻求不同部门、不同组织之间行动的协调一

①　E. S. Savas, ed. ,"Privatization for New York：Competing for a Better Future",Report of the New York State Senate Advisory Commission on Privatization（ Lauder Commission） , 1992.

致，因此，合作政府强调的是"合作"这种行为，而非形式上的联合。① 当然，除了不同政府部门与私部门、志愿部门的联合，合作政府也强调政府不同部门之间、同部门的不同层级之间的合作。从这个角度来看，合作政府既是部门组织机构的合作，也是组织运行机制的一种表达。

合作政府的形成首先是区域管理域外延伸的需要。在区域经济一体化，区域对外开发程度增加的背景下，为了促进区域间产业、经济、资源的交流、互动，不同政府间有合作的需要。传统的合作以口头、协议或政策的方式确定下来，依赖双方的热情。这样的合作是短期的，是合作者双方利益的表达。一方强势，一方企图放弃，甚至一方政府部门领导人更替，都可能导致合作的失效。其次，合作政府的形成需要一定的载体。载体未必是组织，也可以是合作项目。以项目的实施实现多方的合作，是当前政府与社会组织、企业合作的普遍方式。最后，合作政府的形成不仅仅靠政府推动，还需要建立有效的运作机制，发挥市场配置资源的作用。

# 第三节　以公共服务促进区域经济
# 包容性增长的基本原则

## 一、关注五个重点

### （一）时间：短期目标与长期目标结合

基本公共服务对区域经济的影响存在时间滞延，在时间上学会等待、在心理上学会包容是以基本公共服务提升区域经济发展质量的重要

---

① Tom Ling. , "Delivering Joined-Up Government in the UK: Dimensions, Lssues and Problems", *Public Administration*, Vol. 80, No. 4, 2002, p. 616.

前提。需要政策制定者和推行者将"基本公共服务水平"和"基本公共服务均等化"目标区别对待，制定出短期、中期、长期目标和计划，以有序、合理、科学的推进步骤缓解服务部门在不同考核时间段（月度、季度或年度）的压力，引导管理者、推行者放弃陈旧的"唯GDP"发展观，树立经济质量为重、民生问题为重的发展理念。

### （二）空间：突破隔阂与统筹管理共推

当前，我国各地实施的基本公共服务标准迥异且不同地区服务无法对接，使得服务对象在跨区域流动时面临重重困难，存在横向（空间）无法打通、纵向（时间）难以连贯的尴尬局面。该现象的产生有以下几个原因：一是发达地区与欠发达地区的服务标准不一致，二是发达地区与欠发达地区基本公共服务的公共财政难以共通，三是发达地区与欠发达地区在人力资源的流动上仍旧保持"单向"特征。发达地区资源承载力有限，承载压力不断增大，形成了基本公共服务发展的压力和瓶颈。因此，要力促发达地区与欠发达地区融合。具体路径有：在城镇化的过程中逐步实现城乡居民平等分享；通过加大公共财政对欠发达地区的转移支付力度，提高具有扶贫济困性质的一般转移支付规模和比例；通过发达地区向欠发达地区对口支援的方式促进地区的捆绑发展；通过基本公共服务标准化管理，实现服务全域推进的目标。

### （三）管理：减少包办与强化监督并举

切实履行政府经济调节、市场监督、社会管理和公共服务的四大基本职能，推动全能型政府向公共服务型政府转变。政府需放下"包办"家长的架子和行事风格，彻底扭转生产、供给两手抓的认识偏差与惯性思维，通过购买公共服务、强化监督实现政府职能的转型和行政效能的提升。政府需要在服务供给中注重以下五个环节：一是决策哪些公共服务需要提供，二是供给的对象、数量和质量，三是公共财政的支持，四是公共服务的采购或生产方式，五是公共服务的检查验收与评估。

政府工作的重点是保障供给的质量，而非生产。可以通过签约外包、联合生产、公共服务民营化，鼓励第三部门参与公益性服务，政府给予政策支持和适当补贴等方式来实现公共服务广度、深度的拓展。当前，北京、广州、上海等地在购买公共服务这块做得较快、较好，在符合《政府采购法》的基础上，通过政府购买非营利性组织的服务，不断扩大发包的领域，明确对非营利组织的优惠政策，是调动社会组织积极性、提高公共服务整体供给能力、实现公共服务精细化管理的极优路径。

### （四）制度：体系建设与监督执行同步

在税收制度上，首先要理顺中央政府和地方政府的财政关系。1994年税制改革后，出现了支出责任下移的现象。地方政府支出责任既要满足地方发展的需要（提供地方性公共产品和服务，包括地方教育、健康、社保以及社会服务和经济服务），还承担了很多的全社会服务功能（基础教育），导致了地方政府财权和事权的不匹配，令其高度依赖间接借贷和非税收入。前者的累积已形成难以预知的财政风险，后者的持续扩展以及非规范性管理，已严重偏离中央宏观政策目标，并不断刺激投资，扼杀消费。未来发展，应以"减税替代政府投资，非税收入更多用于民生支出"。与政府投资相较，减税是充分发挥市场配置资源的作用，避免政府过渡干预市场的重要方法，可以避免过度公共投资导致的投资膨胀以及国有化倾向。此外，在地方非税收入规模较大且增长速度较快的情况下，规范并尽可能地将其全部纳入预算管理，是完善公共财政制度之必需。在财政支出安排上，应优先考虑教育、住房保障、社会保障、文化等民生支出，而投资更多地让位于市场，形成投资、消费和出口协调稳定的经济发展机制。[①]

### （五）项目：强化推进与持续巩固兼行

在基本公共服务的推进上，需要明确不同项目在发展中的轻重缓

① 唐祥来、倪琳、孔娇娇：《中国税制改革路径选择：从投资激励向消费激励转型》，《中央财经大学学报》2013年第5期。

急。有的项目起步早、任务重，既需要巩固前期的工作成果，又需要持续推进，如公共教育、医疗卫生。有的项目与民生关系紧密，服务效果不尽如人意，需要加快、加大力度实施，如就业服务。有的项目推进时间较迟，但关系到人民群众安居乐业，需要集中资源、快速推进，如住房保障。还有的项目推进方式需要创新，需要消除地方割据带来的均等化障碍，如社会保障。从我国现状来看，近期我国首要推进的是就业服务、人口计生、公共教育、公共文化和住房保障。需要在推进力度上有所加大，在推进路径、方式上有所创新，需要多层次、多空间、多时间面的结合，实现覆盖群体广、服务内容多、服务质量高的目标。

## 二、侧重四大均衡

### （一）"关心经济"与"关心个体"并重

提升发展质量，实现包容性增长既要关心"经济发展"还要关心"人的发展"。把"关心人"与"关心经济"放在同一地位，意味着在发展经济的同时需要考虑人的发展，在促进人的发展的时候也要对经济发展有所设计、有所贡献。

"关心经济"需要在推进基本公共服务的时候考虑到国家或区域发展的现状，经济总量、经济结构、产业比例等，有针对性地确定基本公共服务各类项目发展的轻重缓急。"关心人"需要从基本公共服务体系构建的角度，针对人的发展的各个阶段和生产生活所需，为人的发展提供必需的公共服务。推进基本公共服务与区域经济协调、共赢发展的基础路径为：转变发展模式，提升人力资本，拉动国内需求，推动产业积聚；维护公平正义，提高社会流动性，改善社会利益结构；突破二元结构，降低贫困程度，创造良好发展环境（社会、生态）。

需要注意的是，随着公共消费规模的扩大，公共消费在拉动经济发展中的作用也越来越大。除了保险市场、第三部门可以分担部分消费风险以外，剩下的消费风险会以公共风险的形式来加以化解。这需要消费内容（项目）和消费环境方面都要有改善，即与人民群众衣食住行切身相关的服务消费要扩大，与人民群众生产生活环境相关的消费也要改进。

## （二）"短期发展"与"长期发展"兼顾

从时间上看，基本公共服务作用区域经济的过程是非线性的，受时间滞延的影响。时间滞延是干扰个体对公共服务与区域经济关系认知的重要原因。通过对个体绩效预期的扭曲，时间滞延对系统内部资源的量与质产生影响，导致输入与输出的失衡，引发归因错误。考虑到时间滞延的存在，政策制定者应保持政策的持久性，对政策实施的效果耐心等待。从服务内容来看，基础设施建设对区域经济的作用效果更快、更显著，而教育、社保、医疗起效较缓，长期实施才会加速区域要素的流动性，促进市场机制发挥更大的作用。

城镇化是眼下我国拉动经济增长的重要支点，具有短期快速拉动经济的效力。就业和收入比重调节是长期策略，是实现城镇化从物理外观向社会层面转移，促进人口就业结构、经济产业结构转化和城乡空间社区结构变迁的路径。但较之就业和收入比重调节，新型城镇化对官员的说服力似乎更强。再如促进就业是推进城镇化、拉动经济有力的短时之举，推进城乡制度一致性、保障城乡居民享受同等程度的公共服务则是带动经济的持久长效之作。我国短期内亟待解决的问题是扩大就业机会，通过投资强化工业。长期内需要考虑的则是带动产业集聚，促进服务业发展，扩大就业空间。

尽管我国当前的经济发展策略（区域协调发展、主体功能区、经济一体化、"三农"等）与基本公共服务均等化具有较好的相容性。但囿于经济增长的狭隘，策略实施者更愿采纳短期机会行为，抑制了均等化推进的速度与力度。因此，在共赢发展策略中，应注重整体而非局部发展，长期而非短期效益；强调差异而非统一对待，分段而非全线推进。

## （三）"空间均衡"与"群体均衡"齐行

基本公共服务水平与区域经济发展优劣直接相关。虽然存在部分经济欠发达地区的公共服务优于经济发达的地区，但好经济对应好公共服务仍是较为普遍的事实。因此，减小各地区经济发展差距，对基本公共服务的空间均衡至关重要。

推动我国基本公共服务均等化进程需考虑区域经济的空间定位（区位优势、产业结构、主体功能区分类等）。目前我国东部、中部、西部区域经济差距较大，基本公共服务对区域经济的影响作用有差异，应实施不同推进策略，注重服务内容、服务群体、服务重点的差异，允许分层逐步推进，避免短期快速催化均等的机会行为。实施主体功能区或是区域经济一体化，宏观应考虑东部、中部和西部的差异，中观应顾及区域内部经济带、城市圈布局，微观应思考各层级政府和不同组织（企业、第三部门）在公共服务均等化中的作用。加强经济发达地区与欠发达地区的多方协作、合作，转换"授之以鱼"为"授之以渔"模式，抓住东部沿海地区产业转移、灾后重建，以及通道经济发展的大好机遇，增强欠发达地区经济的造血功能，提升地方经济实力。

消除地方割据，实现区域制度相容是推进空间均衡的主要策略。应逐步消除不同区域间居民的差别对待，促进人口转移。促进农村人口向城市和城镇转移，欠发达地区向发达地区迁移。逐步取消城乡居民差别对待，扩大基本公共服务覆盖面；加强职业技能培训，提高转移就业人口综合素质；完善流动人口子女义务教育制度，建立流动人口居住保障、社会保障、医疗保障等制度。扩大文化包容，转换身份观念。处于不同地区、民族的群体或个体，在服务供给问题上存有不同的标准和意识。促进观念兼容，促进民族地区与"非民族地区"文化共同发展，加大群体参与服务监督的力度。

群体均衡以"减小贫富分化"为重要内容，在社会保障、公共教育、就业服务等方面对弱势群体进行扶持。群体均衡有三大基本倾向：一是向农村人口的倾斜，弥补城乡经济差距造成的基本公共服务供给差异；二是向民族人口的倾斜，促进民族地区经济、社会发展；三是向贫困家庭及个人的倾斜，如低保人群、失业人群、离退休人群、残疾人群、孤寡老人等。

空间均衡或是群体均衡都需要通过财政转移支付来实现。要促进地区间基本公共服务均等化的财力供求大体均衡；保障基本公共服务投入占地区财力的比重稳步增加，逐年加大基本公共服务支出的力度；根据经济发展梯度制定各地区基本公共服务支出占一般预算支出的比重；加大横向转移支付力度，保障欠发达地区的基本公共服务支出需求。

## （四）"经济合作"与"产业衔接"共进

基本公共服务均等化对人才流、资金流和信息流有直接的影响作用，促进基本公共服务均等化是促进区域间有效合作、产业间有效衔接最为直接的路径。区域经济合作需要以产业衔接为触点，通过产业转移、延伸、融合实现合作。产业衔接要以区域经济合作为基础，在有利的合作氛围中实现产业衔接。

区域"经济合作"是指两个或两个以上地区，为了维护共同的经济和政治利益，在生产领域和流通领域所进行的以生产要素的区间移动和重新合理组合配置为主要内容的，较长期的经济协作活动。经济合作在有地缘关系的地区之间较多，随着信息通讯技术的发展、产业分工的深入，跨区域的合作也趋于寻常。由于经济合作的区域在人力资源、资本、品牌、自然资源方面具有共享的便利，施行相似或相同的基本公共服务标准更为便利。

"产业衔接"表现在两个方面。一是区域间产业衔接，与产业梯次转移有关。应根据国家产业布局的需要进行，与国家和区域发展规划吻合。《国民经济和社会发展第十二个五年规划纲要》中提出，在产业布局上需要"按照区域主体功能定位，综合考虑能源资源、环境容量、市场空间等因素，优化重点产业生产力布局""优先在中西部资源地布局""主要利用进口资源的重大项目，优先在沿海地区布局"。产业转移对地区间基本公共服务均等化程度要求较高，要避免基础设施差距大造成的生产成本递增，也要避免生活环境质量下降导致的人才流失。从现状来看，我国承接产业转移较好的城市其基本公共服务都处于较高的水平，如西部内陆城市成都。二是第一产业、第二产业与服务业的衔

接。三次产业衔接也可称为三次产业融合，其实质为产业结构的调整与
升级，基本公共服务中的基础教育、就业服务与其有直接作用关系，社
会保障制度、医疗卫生制度与其有间接作用关系。产业融合是指两个边
界既定的产业中，有一个产业融入另一个产业所属的经济活动。产业融
合可出现在同一产业内部的不同行业之间，也可出现在不同产业之间，
是"产业在经济全球化、高新技术迅速发展的背景下提高生产率和竞争
力的一种发展模式和产业组织形式"。[①] 三次产业融合是发展服务经济
的基础，也是城镇化推进的核心。此外，大力发展交通运输业、现代物
流业、金融服务业、信息服务业等生产性服务业也是促进产业衔接的关
键点。

## 三、凸显四个效果

### （一）优化资源配置，减小区域发展差距

资源配置是在资源稀缺的条件下，通过一定的方式把有限资源合理
分配到社会的各个领域中去，以实现资源的最佳利用，达到物尽其用、
人尽其能的目的。基本公共服务均等化是优化资源配置的重要策略。首
先，通过基本公共服务的区域均等，促进东部、中部、西部和东北部发
展的均衡；其次，通过对弱势群体的倾斜，减小居民收入差距，扩大国
内消费；最后，通过对民族地区的倾斜，弱化民族地区与非民族地区的
矛盾，促进社会和谐，为经济发展提供稳定环境。与此同时，在地区经
济结构、产业结构、市场结构、企业结构失衡状态下，通过财政政策将
资源分配到急需的领域，使得经济结构与生产力发展需求相吻合，也是
优化资源配置的重要路径。

### （二）改善生态环境，促进可持续性发展

改善发展环境，对当代人是提升生活品质、保障身体健康，对后代

---

① 赵琳昕、杜钊：《产业融合下旅游业竞争力识别及评价思路研究——以四川省文化产
业与旅游业的融合为例》，《旅游经济》2012 年第 6 期。

人则是保障代际公平、保持发展可持续性。改善发展环境是可持续发展的前提条件，保障代际公平是实现良好代际关系的重要基础。世界环境与发展委员会在《我们共同的未来》中对"可持续发展"做了以下界定：既满足当代人需要，又不对后代人满足其需要的能力构成危害和发展。该定义强调了发展应遵循"代际公平"的原则①。当前我国社会存在普遍的"公共服务供给不足的代际转移"现象，即贫困地区、弱势群体的几代人都生活在"公共服务供给水平低下"的状态中。公共服务供给不足的代际转移与贫困的代际转移具有同质性。贫困代际转移直指贫困以及导致贫困的相关条件和因素，在家庭内部由当代传递给下一代，使后代重复前代的贫困境遇。"公共服务供给不足的代际转移"主要与文化行为、政府政策和经济结构等因素有关。因此，推进基本公共服务代际公平发展，保证当代人与后代人共同享有大致相同的服务需从文化适应、政策推进路径入手。根据"保存选择原则"，每一代人都应为后代保存自然与文化资源的多样性，避免后代人权利受限。根据"保存质量原则"，当代人享受的服务质量后代人也应享受或者更多。因此，在基础设施建设、公共教育、医疗卫生、社会保障上，必须考虑服务的可持续性。

## （三）提高群体素质，均衡人才区域分布

无论从要素供给还是技术进步的角度来看，人力资本都是影响区域经济增长的核心要素。当前，我国公共服务供给过程中的瓶颈问题是服务人才的匮乏，亟需通过人才数量补充、人才队伍扩建、人才素质提升以实现服务人才与群众需求的衔接。从我国现有的人才政策来看（见附录2），其着重强调人才总量提升和人才分布均衡。

当前，我国公共服务人才主要分布在政府部门，政府承担了服务供给中的大多数环节。未来发展，政府应培养、扶持一批基层的社会组

---

① 代际公平是指当代人和后代人在利用自然资源、满足自身利益、谋求生存和发展上的权利均等，即当代人必须留给后代人生存和发展必要的环境资源和自然资源，是可持续发展的重要原则。

织，将服务以灵活的方式委托给社会组织，以社会组织壮大、社工人才素质提升壮大公共服务人才队伍。此外，我国公共服务人才分布存在经济发达地区多，欠发达地区少，教育领域多，就业、卫生等领域少的问题。

促进人才均衡分布要从两条路径入手：一是注重不同服务项目间人才培养的均衡性，根据各自发展特征明确人才培养的侧重点。如就业服务是当下及未来一段时间内的重要服务内容，现有就业服务人才数量不能满足服务的要求，因此 2011 年人力资源与社会保障部出台了《关于开展 2012 年公共就业和人才服务专项活动的通知》，就业服务人才的培养第一步是要突破数量的缺失。公共教育是我国基本公共服务中起步早、任务重的项目，教育服务人才的问题集中在质量而非数量上，因此在教育人才队伍的培养上是以素质提升为重点的。二是注重不同区域人才培养的均衡性。2011 年 6 月发布的《人力资源和社会保障事业发展"十二五"规划纲要》中明确提出"协调区域发展"。该纲要提出东部地区、中西部地区要根据自身的比较优势，建立劳动力供求信息共享机制，并在东部提倡"素质就业"，在中西部提倡"就地就近转移就业"，在少数民族地区提倡"扩大就业"。通过实施东部地区带动西部地区、城市人才带动农村人才的对口支持政策，逐步引导人才向西部和农村流动。

### （四）提升政府效能，促进服务质量改善

作为衡量国家、区域综合实力和政府管理能力的核心指标，政府效能的重要性不言而喻。问题在于，我国各级政府效能不高是当前存在的普遍现象，备受社会各界的批评、指责。通过系统分析，我们认为政府部门可从三条激励路径提升公共服务效能。

需求：挖掘需求交集，绑定发展目标。员工、部门与政府是三个不同的主体，既有共性也有差异。挖掘三者需求交集，绑定发展目标，是保障激励的第一步。从实际操作来看，政府需求、部门需求与员工需求分列宏观、中观和微观，难从需求理论中找到共振点。但是，三者都有

发展的诉求，都对各自未来有更高的期望。因此，以发展为主题，将发展作为三者需求的交集，能很好地将三者联合起来。在这里，发展并不是一个抽象的概念，国际和国内的研究对此已有很好的界定。对员工而言，发展意味着个体具有更好的可行能力、更多的选择自由和尊严；对部门而言，发展是部门具有更好的完成工作职能的能力，具备更好的对外协调能力，内部软硬环境的协调与改善；对政府而言，就是要增强政府对经济社会活动的协调组织能力，提高政府服务对象的满意度，树立政府的良好形象和权威。显然，这三个目标在政府基本公共服务的职能下可以找到很多的交集。

绑定发展目标，需要让员工感知自身成长与部门成长、基本公共服务供给之间的紧密关系，激发员工在服务供给中的工作自豪感。可将部门公共服务任务考核与员工考核结合起来，以适当的权重绑定员工行为与部门绩效。在绑定设计中需要对任务进行科学分解，注意部门间在基本公共服务供给任务的分配中是否存在交集和空集。部门工作的交集会造成工作推诿、利益争夺。空集的产生一方面源于工作人员对任务的疏漏，另一方面源于管理模式、需求变更创造了更多政府职责。因此，细化分工、查缺补漏是绑定政府、部门、员工三者发展目标的必要步骤，是提升公共服务供给效能的重要工作。

员工：注重工作设计，拓宽成长路径。激励的受力对象是员工，激励作用的好或坏，最终是以员工在工作中表现出来的行为、态度及最终业绩来测度的。由于对基本公共服务业绩存在测度较难、观察不便的问题，因此，需考虑该项工作的特点对员工进行激励。如强化对服务过程的考核，辅之以服务效果的评价。对部门工作考核的时间应强化短期、中期与长期的结合，避免官员的短视、功利行为，以及重短期考核带来的"作秀心态"。

随着政府规模的扩张，"管理成长通道"会越发狭窄。有研究者通过实证得到，政府效能真正起主导作用的是职业发展激励。其中，职位晋升和教育培训是最具激励效果的两类职业发展措施。政府部门人力资本投资是经济增长的重要因素，有针对性地给予员工培训，对提高政府行政效率大有好处。应将管理、技术、工勤等职业发展路径打通，实现平行、平等，允许员工自选和换道。实现各种职业通道的平级平等，一方面需要在经济上实现不同通道同级基本相等，在观念上推进平等观念的形成，另一方面还要在晋升难易程度上加以平衡。人才价值必须通过流动来体现，以生涯规划的开始或终止为砝码，推动人才"能进也能出"是人才激励的重要举措。此外，对政府工作人员而言，太多的激励是"向上的激励"，拥挤的上行通道，令激励作用十分有限，也滋生了买官和卖官的腐败现象。因此，促进"向下的激励"对在位者、谋位者都有较好的效果，应成为政府效能激励的重要思路。

管理：保障信息通畅，重视服务体验。保障系统内四大流运行通畅，是实现科学、动态管理的基础。除去"人才流"，当前最应重视的是信息流的上行与下达、开放与共享。促进信息流畅通，须对部门内部与部门之间的工作流程进行再造，减少管理层次，减少由于政府组织条块分割造成的信息隐匿和失真。与此同时，促进信息流畅通需要借助媒体（纸媒、电媒、网络媒体）构建全媒体数据化平台，寻求专业组织帮助和民间组织协调，改善信息流动的内外环境。提升信息流宽与流速，是加大政府系统开放度，强化政府与外部环境进行能量交换的重要举措。让公民在接受服务的过程中体验服务，既是公民满意的基础，也吻合当下服务领域流行的"体验"一说。目前，效能管理者多将注意力集中在服务结果上，不重视公众对服务过程的体验。因此，注重过程评估，重视服务体验，糅合"短期＋长期""员工＋部门""内部＋外部"的考核原则，强化过程激励，弱化结果惩罚是提升政府部门基本公共服务供给效能的系统路径。

综上，提升政府部门服务效能需要注重绩效考核制度与激励制度的共建，避免以纠错方式应对效能缺失或不足，而是以机制形成替代纠偏，保障服务质量的稳步提升。

# 第四节　基本公共服务与区域经济的共赢策略

现有政策多是针对基本公共服务项目出台的，未将区域经济发展纳入思考范围。这符合公共政策制定的有效性原则。考虑到基本公共服务与区域经济之间存在直接和间接的关系，可以将基本公共服务均等化推进与区域经济发展结合起来，实现资源优化与高效利用。

## 一、以新型城镇化拓展经济空间

以基本公共服务推动新型城镇化，可以有效地拓展经济发展空间。城镇、城市是基本公共服务与区域经济的载体空间，城镇化是基本公共服务与区域经济包容并进的主战场。或许会有读者质疑，城镇化虽与地方经济有直接关系，但与基本公共服务关系甚微，如何把基本公共服务与地方经济扯上关系？表面上看，两者不在同一个层面上，没有直接的对应关系。新型城镇化与工业化联系紧密，注重经济；基本公共服务与群众生活密不可分，关注民生。两者可谓互不相干，各司其责。系统分析，将人这个要素纳入思考范围，新型城镇化与基本公共服务之间呈现出清晰的逻辑关系，即"基本公共服务→人的发展→城镇发展→供给能力→基本公共服务""城镇发展→经济发展→人的发展"。

## （一）新型城镇化与区域经济

新型城镇化从三个方面影响区域经济。首先，新型城镇化是我国经济的内生动力和新增长点。内需是发达国家经济增长三大模式（内需、出口和投资）的主动力，如美国和日本，内需占 GDP 的比重分别达70%、60%以上。我国目前的增长模式仍以出口和投资为主，2012 年内需只占 GDP 的 36%，转型的目标在于向"内需"靠拢。其次，新型城镇化是"三元经济"发展的基础。二元经济是工业经济与农业经济冲突的产物。随着知识经济、服务经济的冲击，我国步入"超越二元"

时代，即三元经济时代。新型城镇化是"三元经济"空间、信息、产业的承载体，也是人力、物力、财力的集聚地，推进新型城镇化就是拓展三元经济的发展空间，发挥三元经济的潜力。最后，以城镇化规划引领生产力布局优化。调整生产力布局是解决我国城乡和区域发展不均、差距越来越大问题的良方。生产力布局关系国民经济各部门、各环节、生产力要素的地域分布与组合，需要考虑政治、经济、产业、技术、人口等因素。很显然，新型城镇化规划会力促城乡发展一体化，促进优势产业集聚、基础设施完善、公共服务均等等一体化，实现人们共享经济发展成果的愿望。

## （二）新型城镇化与基本公共服务

城镇化与"人的发展"息息相关。城镇化是指一个国家或地区的农村人口向城镇转移，第二、三产业向城镇聚集的过程。当前，国内对城镇化的研究呈多视角、多层次的发展态势，研究分为四大学派（地理学派、经济学派、环境学派和生态学派），囊括了微观、中观和宏观三个层面。客观地说，国内学者多关注城镇发展中的空间布局、功能结构和经济效应，从微观层面思考城镇发展与人的发展的研究较少。就笔者看来，城镇化不仅是人口空间布局的改变，也是农村人口生产、生活方式的转变，更是传统价值观向现代价值观转变的过程。在这一过程中，人是最为重要的要素。走可持续发展的城市化道路的关键是提高人的素质。[①] 城镇发展离不开人的发展。首先，人是城镇的重要组成部分，城镇是人的载体，对城镇的描述必然涉及人口总量、结构、密度等与人相关的指标。其次，城镇发展和人的发展都与经济密切相关。拿著名的经济增长理论来说，其认为人力资本是经济增长的内生变量。城镇化与经济的关系更加紧密。李克强同志指出，城镇化是内需最大的潜力所在，是经济结构调整的重要依托。城镇对生产要素具有集聚效应，这种集聚效用是工业化所需要的，可降低生产成本，提高资源使用效率。用"人

---

① 包兴荣：《社会公正话语下的城乡公共服务统筹刍议》，《四川行政学院学报》2006 年第 5 期。

均国内生产总值"指代经济发展水平，用"城镇人口比重"指代城镇化水平，计算可得，1978—2010 年间我国经济发展水平与城镇化水平高相关，相关系数为 0.9388，见图 8－2。最后，人的发展水平是评价城镇发展水平的重要维度。在城镇发展水平的测评中，指标体系通常包含了大量与"人的发展"直接相关的指标，如人口比重、人均受教育年龄、人均收入、从业人口等。

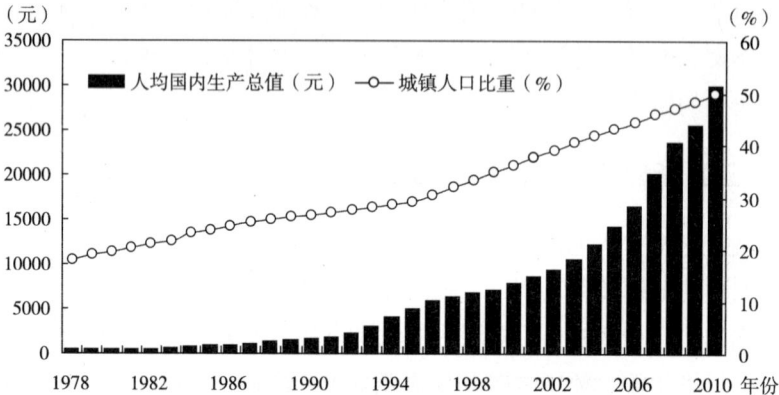

**图 8－2　城镇化水平与经济发展水平的关系**

资料来源：根据《中国统计年鉴 2011》整理得到。

基本公共服务的目标是"人的发展"。基本公共服务是为了"人的发展"而提供的服务。2012 年 7 月，我国出台了《国家基本公共服务体系"十二五"规划》。该规划提出的八项基本公共服务要么与人的发展直接相关，要么与人的发展所需的环境相关，都是影响人的发展的重要因素。基本公共服务均等化是为了实现"人的公平发展"。首先，基本公共服务均等化可以通过缩小个体生存环境差异，带动起点公平；其次，基本公共服务均等化有利于实现机会均等，对增大社会的流动性、打破固化的利益结构、增加弱势人群发展机会、缩小居民收入分化具有重要作用；最后，基本公共服务均等化有利于调整收入分配结构，缓解收入分配差距，平衡不同利益群体关系，在危机中化解社会矛盾。

城镇发展与基本公共服务兼容并进。城镇化与基本公共服务是经济社会复杂系统中的两个要素，可用系统动力学模型刻画两者的关系，见

图 8-3。由图知，城镇化与基本公共服务的关系具有一定的隐秘性，不易被人察觉，主要原因有二。

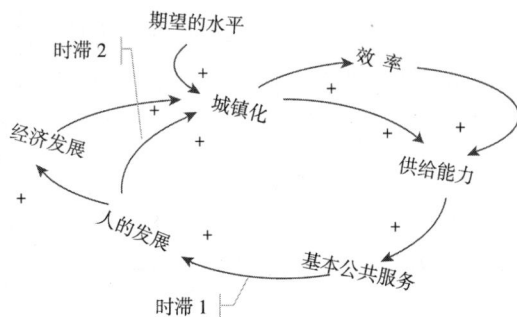

**图 8-3　城镇化与基本公共服务的系统动力学模型**

原因之一，两者作用机理中存在中间要素，即两者非直接作用。"人的发展"是两者作用机理中最为重要的关联因素，"经济发展"其次。"基本公共服务"作用"城镇化"是通过"人的发展"和"经济发展"这两个要素的。"城镇化"对"基本公共服务"的影响并非一步到位，其通过影响基本公共服务的"供给能力"（政府供给能力、非政府组织供给能力）继而作用"基本公共服务"。需注意的是，城镇化对提升基本公共服务的供给效率具有很好的作用。城镇人口集中，具有对经济、产业、人才的聚集效应，可降低基础设施（道路、公园）的人均成本，促进基本公共服务的规模供给，进而降低服务成本。从空间角度看，城镇人口比农村密集，公共服务的半径小，服务供给时间成本和人力成本都相对较小。

原因之二，两者作用过程中存在时间滞延。时间滞延是指行动与结果之间的时间差距①，时间滞延直接导致因与果在时空上并不紧密相连。我们在图 8-3 中标示了两个时间滞延，分别是：基本公共服务促进人的发展需要时间等待（时滞 1），人的发展促进城镇发展也需要时

---

① ［美］彼得·圣吉：《第五项修炼——学习型组织的艺术与实务》，上海三联书店 2002 年版，第 81 页。

间等待（时滞 2）。由于这两个时间滞延都较长，基本公共服务对城镇化的作用效果难以在短时间内表现出来，影响了政策制定者的判断，容易被忽略。

综上，围绕着人这个要素，城镇化与基本公共服务具有发展的一致性。首先，城镇化是推进基本公共服务均等化的重要路径。我国基本公共服务不均等主要表现在区域和群体两个方面。其中，区域非均衡又主要表现在城市与农村，群体非均衡主要表现在市民与农民。推动城镇化的实质就是，通过农村人口城镇化、城乡经济结构、人口结构比重调整，弱化城乡对抗，以农村人口的流动和迁移推进区域、群体基本公共服务均等化。其次，基本公共服务是带动城镇发展的重要措施。判断一个城镇是否优质的标准为"宜居"。宜居城市对人力资源具有强大的吸引力，造就有活力的劳动力群体。建立宜居的城镇，首先要解决好人民群众的安居问题，也就是要做好基本公共服务中的"住房保障"工作。建立宜居的城镇，需要改善人民群众生产、生活的软硬件环境，也就是要做好基本公共服务中的基础设施、环境保护和公共文化。建立宜居的城镇，还需要提升人民群众的个体可行能力，也就是要做好基本公共服务中的公共教育、就业服务、社会保障、医疗卫生。总而言之，基本公共的服务供给过程就是促进城镇发展的过程，基本公共服务是带动城镇发展的重要措施。

因此，围绕着人这个要素，城镇化与基本公共服务具有发展的一致性，基本公共服务与区域经济具有发展的一致性，是相互包容的，且两者包容的介质是"人"。促进基本公共服务与区域经济共同发展，围绕新型城镇化这个主题，将实现发展的双赢。

## （三）基本公共服务促进新型城镇化路径

新型城镇化的实质是人的城镇化，强调的是城市的宜居、宜业、宜人。可从"三宜"入手，促进新型城镇化。首先，改善人民群众居住条件，做好住房保障工作。要拓宽住房保障渠道，采用廉租住房、公共租赁住房、租赁补贴等多种方式，让农村转移人口有房住，让城镇居民改善住房条件。鼓励企业建立公共租赁住房、农民工集体宿舍。其次，改善人民群众生产、生活环境，完善基础设施建设，构建现代公共文化服务体系，保护生态环境。对大多数非中心区的城镇来说，道路交通基础设施仍旧是下一阶段基本公共服务的重点。一方面道路基础设施关系到物流、人流的经济成本和时间成本，对区域经济有直接影响作用；另一方面道路基础设施需要大的投资，需要政府带动民间共同实现。此外，城镇基础设施建设要向教育、医疗倾斜，有条件的地区要向商贸物流、旅游集散地发展。最后，提升人民群众的个体可行能力，做好公共教育、就业服务、社会保障、医疗卫生等工作。就业服务优劣对新型城镇化发展速度有直接的影响作用。新型城镇化要保证城镇居民有家、有业，对就业服务体系的服务便利性、完备性、及时性和信息透明度有很高的要求。必须根据人力资源的特性，提供差异化的服务，充分发挥人力资源市场的作用。

## 二、以服务标准化优化营商环境

标准化是被广泛采用的技术支撑，依循"工业→农业→服务业"的渗透规律。目前德国、美国和英国等发达国家出台的公共服务标准数量较多，我国尚处在起步阶段。由于服务标准迥异，导致服务对象在跨区域、跨行业和跨机构的流动中存在横向无法打通、纵向难以连贯的尴尬局面。此外，公共服务品质低劣亦是阻碍国际高端人才区域间流转的主要原因，特别在医疗和教育领域，广受诟病。

基本公共服务标准化是对公共服务实践中的重复性行为、技术和产品制定操作流程和标准，以实现社会效益最佳的活动过程。可从范畴界定、标准制定、监督考核三个方面推进。首先，明确服务标准化的范围及均等化的模式，根据服务项目制定服务准则，力求精准、高效。其次，健全评估监督机制，将基本公共服务标准化纳入政府日常考核。鼓励社会力量参与标准化监督，拓宽信息反馈渠道。最后，强化公共服务标准化理论的研究，开展公共服务领域基础通用标准的制定，促进标准化组织建构，扩大基本公共服务标准化试点工作。力争在一些地区先行先试、逐步推广。

## 三、以服务社会化和市场化扩大供给

促进基本公共服务社会化和市场化，以扩大服务客体，激发市场活力，实现基本公共服务供给能力的快速提升。

公共服务社会化的实质是供给载体扩大化。基本公共服务的载体可以是政府部门，也可以是企业和第三部门。将政府部门作为唯一的服务载体，无疑会加剧机构的臃肿，且随着服务内容的增加，引发一系列的问题。从过去来看，政府习惯将一些服务供给工作交由附属部门，如其下属的一些机构。这种自上而下的工作交接，难以保障服务供给的品质，且在管理上呈现多头现象。因此，将企业和第三部门纳入供给队伍，既在规模层面上拓宽了供给载体，又在质量层面上增加了竞争压力，对基本公共服务供给能力的提升具有"双促"作用。

公共服务市场化的实质是服务的"泛化"。要将成本管理、订单管理、标杆管理等方法引入政府，为公共服务市场化找到合理的解释，准确定位市场化的范畴，还要避免利益集团绑定利益，削弱服务供给的品质。公共行政学家威尔逊认为，政府可以通过交易费用理论来解释合同外包的理由。通过比对组织成本和交易成本，可以让政府决策是否该由政府部门向私人部门来购买某些服务。[①] 公共服务提供包括生产和供给两个环节。公共服务合同外包是在生产环节引进非营利性组织或私人组织。也就是说，政府可以走政府干预与市场自由的中间路线，即第三条道路。把公共服务的生产环节交给市场，通过企业的充分竞争保障服务质量。在供给这个环节，政府可以亲为，也可通过购买的方式将其交给其他组织。以公共服务合同外包带动社会力量参与，既借助市场力量优化资源配置，又可为政府垄断解套。

至于如何购买公共服务，则需要深入讨论政府购买公共服务的模

---

① 马骏、叶娟丽：《西方公共行政学理论前沿》，中国社会科学出版社2004年版，第53页。

式。这里涉及两个问题，一是购买双方的独立性；二是购买程序的竞争性，也就是公共服务购买双方的关系。王浦劬（2010）从国外实践中归纳出政府向社会组织购买公共服务的四种模式，分别是第一象限的依赖关系非竞争性购买、第二象限的独立关系非竞争性购买模式、第三象限的独立关系竞争性购买模式、第四象限的依赖关系竞争性购买模式。[①] 对我国而言，最为普遍的购买模式是第一象限、第二象限和第三象限的。为了推进服务社会化和市场化，强调公平竞争，降低运行成本，可以采取三种模式组合的方式。首先，对于一些前期建立了良好合作关系、资信度较高的企业和社会组织，可以采用委托的方式，也就是独立关系非竞争性购买模式。但这种方式需要政府有一套较为完整的信用评价系统，对合作对象的服务效果有所记录，对其信用等级进行区别。其次，可以采用独立关系竞争性购买模式，充分的竞争也是公平的象征，在成本既定的条件下，可以获取更好的服务品质。最后，依赖关系非竞争性购买模式较为常见，也是当下政府与购买者关系中较为普遍的情况。但这种关系容易滋生腐败，形成较为稳固的利益链，难以保障服务质量。

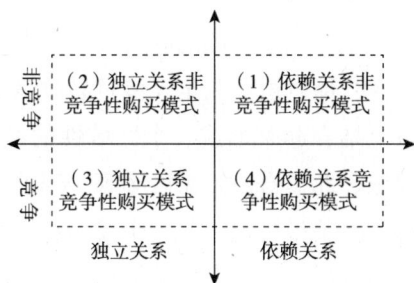

**图 8 - 4　政府购买公共服务的四种模式**

具体而言，政府购买以合同承包、政府补助、财政补贴、拨款补

---

① 王浦劬、莱斯特·M. 萨拉蒙：《政府向社会组织购买公共服务研究》，北京大学出版社 2010 年版，第 19 页。

助、贷款和贷款担保以及消费券等方式展开。各国在这些方式的选择上各有侧重。如德国和中国香港以分类财政补贴为主，匈牙利和韩国以政府拨款补助为主，英格兰以贷款和贷款担保为主，而法国、德国、荷兰和美国则更倾向于使用消费券，匈牙利和美国还通过特殊税收规定为社会组织提供参与服务购买的优势。[①]

## 四、以服务一体化促生产要素流动

基本公共服务一体化是指某区域内的公民享受到的基本公共服务具有资源共享、制度对接、流转顺利的特征，是公共服务均等化在有地缘关系的空间板块上的实践。"服务一体化"这个说法源于"经济一体化"。确切地说，"服务一体化"也是为了实现"经济一体化"。

经济一体化是全球经济发展的一种大趋势，描述的是多国或多个地区之间，贸易或交易的壁垒被减弱或消除，生产要素流动趋于自由。从经济地理看，各个地区具有不同的经济特色，可能处在不同的经济区域内，存在经济交往的障碍。这些障碍对生产要素的有效配置起到不良影响，需要以约定、条约或协定等方式进行消除，也就是需要经济一体化。广义的经济一体化（Economic Integration）是指，国家或地区之间彼此开放，形成相互联系、相互依赖的有机体。狭义的经济一体化是指两个或两个以上的地区，通过协商制定经济贸易政策和措施，缔结经济条约或协定，在经济上结合起来形成一个区域性的经济联合体的过程，如欧盟、亚太经合组织、北美自由贸易区等等。当前，经济一体化的主要形式有：自由贸易区、关税协定、共同市场和经济联盟。以下从共同市场和经济联盟两个角度讨论基本公共服务促进生产要素流动的路径。

### （一）基本公共服务与共同市场形成

共同市场是经济一体化的一种形式。共同市场允许资本、服务和劳动力等要素在区域之间自由流动。基本公共服务一体化的实质是消除地

---

[①] 王春婷：《政府购买公共服务研究综述》，《社会主义研究》2012 年第 2 期。

区间因经济发展差距导致的服务差距，以均等的服务减小人才向大城市、发达地区拥挤的意愿，促进大小城市、农村和城市科学的发展，让经济发后发地区紧跟先发地区，满足共同市场的形成条件。大多数学者认可，公共服务均等化有助于促进共同市场的形成。唐钧（2006）认为，基本公共服务可以使生产要素和产业在利益的驱动下按照市场规律在地区间流动，进一步优化资源配置，促进经济与社会、城市与农村、内地与沿海的协调发展。程竹汝、钱海梅（2008）认为，良好的均等的公共服务是区域经济一体化的直接动力，有利于培育市场要素合理流动的社会条件，是鼓励市场要素合理流动的黏合剂。①

从公共服务分类来看，公共服务一体化对共同市场的建立也是必不可少的。首先，经济类公共服务（基础设施）对共同市场的建立十分重要。拿交通来说，只有在不同区域间架构了良好的道路，才能保障陆运、空运、水运的畅通，保证各种产品及服务的空间转移。其次，社会类公共服务（文化、教育和卫生等）对人力资源有直接的作用，保证区域间人力资源流动的自由。最后，安全类公共服务（国防、电网、网络等）对区域共同市场的形成有基础性作用。如果说人才（劳动力）的市场化流动以及随之而来的物流和资金流，是共同市场形成的标志的话，那么，公共服务一体化就是共同市场形成和发展的基础和重要条件，因为它能够为人才和劳动力的市场流动提供必要的前提和保障。

以上论述始终贯穿这样一个逻辑，即公共服务一体化会促进市场要素的合理流动，进而推动整个区域经济一体化的进程。从国际经验来看，公共服务一体化是伴随着市场一体化、区域经济一体化的演进的，"政府职能向公共服务均等化倾斜，一方面有助于瓦解已经形成的'行政壁垒'，另一方面也可以提高区域合作及联动的效率"。②

---

① 程竹汝、钱海梅：《公共服务均等化经济一体化的黏合剂》，《文汇报》2008 年 4 月 21 日。

② 程竹汝、钱海梅：《以公共服务均等化促进经济一体化》，《解放日报》2008 年 4 月 19 日。

## （二）基本公共服务与经济联盟形成

经济联盟（Economic Union）是经济一体化最高级的形式，其要求成员国在实现关税、贸易和市场一体化的基础上建立起一个超国家的管理机构，例如欧洲联盟。

经济联盟强调的是国与国之间的联盟，公共服务一体化主要是促进国内区域间的经济联盟产生。拿我国来说，当前我国的经济区域划分有以下几种形式：一是地理区位：东部、中部、西部和东北部；二是国土空间功能：优化开发区域、重点开发区域、限制开发区域和禁止开发区域；三是流域经济区：长江流域经济区、黄河流域经济区、西北五省经济联合开发区、珠江三角洲经济发展区、闽南三角地带经济区、东北经济区、澜沧江流域经济区；四是九大都市圈：京津冀、长三角、珠三角、山东半岛、辽中南、中原、长江中游、海峡西岸、川渝和关中城市群。无论何种形式的经济区、城市群、都市圈和城市带，都不是独立的，彼此之间需要协助。

基本公共服务一体化促进经济联盟形成有两个原因：一是减小要素流动阻力，二是保障要素流动。住房是影响人口流动的重要原因，经济发达地区居住成本高直接阻碍了农村居民、外地居民进入城市。制度障碍进一步加大人口流动的经济、时间成本。基本公共服务一体化在一定层面上保障了要素流动的通畅，对人流、物流和资金流有平衡作用，对成员区域之间的货币和财政政策具有协调甚至统一的作用。这种因经济利益、发展利益而形成的经济联盟从增长极理论、非均衡理论来看都是极其重要的。而公共服务一体化可为其形成和壮大创造必要的环境。

## （三）搭建全域化的公共服务信息平台

将信息化与基本公共服务均等化结合起来，以信息化带动基本公共服务均等化，以基本公共服务均等化促进信息化建设，是以基本公共服务提升区域发展质量的有力保障。

我国政府对公共服务信息化相当重视，在一些领域已全面铺开。国家基本公共服务的管理部门在各自的信息平台上都有"公共服务"的链接口，向人民群众提供有关公共服务政策、规划计划、统计、工作动态、办事指南等内容。有的信息平台上有"公共服务"的直接链接（如文化部、环境保护部），有的将服务内容直接挂在下属工作的各个端口中（如卫生部）。一些国家部门还建设了提供基本公共服务的专业网站。如在"人力资源和社会保障部"的网页界面下可链接到"全国招聘信息公共服务网""中国社会保障网""中国人力资源市场网""中国就业网"等。

一些服务项目的信息平台建设跟进迅速。以社会保障为例，党的十八大报告中提出"社会保障是保障人民生活、调节社会分配的一项基本制度。要坚持全覆盖、保基本、多层次、可持续方针，以增强公平性、适应流动性、保证可持续为重点，全面建成覆盖城乡居民的社会保障体系"。目前，我国从中央到省、市，建立了三级网络，实现了省、部联网，实现了数亿参保人员的监测数据上传。以就业服务为例，《促进就业规划（2011—2015年）》（国发〔2012〕6号）提出，加强基层就业和社会保障服务体系建设，建立覆盖全国的就业信息监测和招聘信息公共服务平台，为社会提供公共就业信息服务。2011年人力资源与和社会保障部发布了《关于加快推进就业信息公共服务网络建设的通知》（人社部发〔2011〕101号）。2012年人力资源和社会保障部发布了《关于进一步做好全国招聘信息公共服务网建设有关工作的通知》（人社厅发〔2012〕40号）。2012年6月起我国开展了事业单位公开招聘信息全国共享发布试点工作，在全国公共招聘网上发布试点地区的事业单位公开招聘信息，所有公民都可以及时地了解到"事业单位公开招聘信息"。

此外，不同区域根据自身发展需求也建立了平台。例如，江苏省建立了教育公共服务平台。从2002年开始，上海电视大学承建了"六网一库"的学习网络，并在"六网一库"的基础，打造了上海数字教育公共服务平台。一些地区还联合起来共同打造教育资源共享平台，如中国长三角优质教育资源网。

　　总之，实现基本公共服务一体化应强化区域跨界合作，从区域跨界、行业跨界和组织跨界三个层面入手，从信息网络平台建设、跨界合作机制建设、组织形态及功能调整推进。强化区间交通基础设施建设，提高通勤率，发挥城市中心区域对周边地区的扩散效应。取消户籍制度，实现劳动力自由流动。

# 第九章　基本公共服务与区域经济
　　发展的案例分析

## ——以四川为例

　　基本公共服务是一项接地气的工作，对特定区域进行研究，能更好地了解基本公共服务与区域经济的发展关系，也是对前面研究的延展。本部分的主要工作是，对四川基本公共服务进行综合评价，寻找均等化推进中存在的问题，对现行政策进行分析，提出推进基本公共服务均等化的对策建议。首先，运用层次分析法、基准法（标杆法）和统计分析法，对四川基本公共服务的发展状况进行综合评价，对基本公共服务与区域经济的关系进行判断；其次，讨论均等化推进过程中存在的问题；再次，对四川的现行政策进行归纳和分析；最后，结合四川发展的实际提出对策建议。

## 第一节　四川基本公共服务综合评价

　　这一部分评价权重与第四章并不相同。作为西部地区，四种基本公共服务的特征与东部、中部和东北部有所差异，公共服务所需、所重也有不同。故而，本部分采纳专家意见，重新计算了权重，使得评价结果更能体现四川特色，反映其真实情况。

# 一、评价指标体系及权重

"基本公共服务评价指标体系"参见附录3。本研究确定指标权重系数的重点在一级指标上,对二级指标的权重不加区别(即视为相同)。对一级指标权重的处理有两种方法:一是不考虑基本公共服务项目的差异,所有项目取相同权重。二是采用层次分析法获取一级指标权重系数。根据层次结构图,对各层要素进行两两比较,构造出比较判断矩阵;请公共服务领域的专家根据判断矩阵标度表填写咨询表;判断矩阵标度及其含义,见表9-1。

表9-1 判断矩阵标度及其定义

| 标度 $a_{ij}$ | 定 义 |
|---|---|
| 1 | $i$ 因素与 $j$ 因素同等重要 |
| 3 | $i$ 因素比 $j$ 因素略微重要 |
| 5 | $i$ 因素比 $j$ 因素相当重要 |
| 7 | $i$ 因素比 $j$ 因素明显重要 |
| 9 | $i$ 因素比 $j$ 因素绝对重要 |
| 2,4,6,8 | 为以上两判断之间的中间状态对应的标度值 |
| 倒数 | 若 $i$ 因素与 $i$ 因素比较,<br>得到的判断值为 $a_{ji} = 1/a_{ij}$ , $a_{ij} = 1$ |

资料来源:叶义成等编著:《系统综合评价技术及其应用》,冶金工业出版社2006年版。

首先,请该研究领域内的专家对各要素进行比较,得到判断矩阵 A – B:

| A | $B_1$ | $B_2$ | ... | $B_9$ |
|---|---|---|---|---|
| $B_1$ | $a_{11}$ | $a_{12}$ | ... | $a_{19}$ |
| $B_2$ | $a_{21}$ | $a_{22}$ | ... | |
| ... | ... | ... | ... | |
| $B_9$ | $a_{91}$ | $a_{92}$ | .... | $a_{99}$ |

也可表示为：

$$
A = (a_{ij})_{9\times9} = \begin{bmatrix} a_{11} & a_{12} & \cdots & a_{19} \\ a_{21} & a_{22} & \cdots & a_{29} \\ \cdots & \cdots & \cdots & \cdots \\ a_{91} & a_{92} & \cdots & a_{99} \end{bmatrix}
$$

其中，$B_1$、$B_2$、$\cdots$、$B_9$ 分别表示准则层中的 9 项基公共服务。求该层次上的权系数。按列将 $A$ 规范化，规范化公式为：

$$
\overline{b_{ij}} = a_{ij} \Big/ \sum_{k=1}^{9} a_{kj}
$$

求得 $\overline{\omega_i}$：

$$
\overline{\omega_i} = \sum_{j=1}^{9} \overline{b_{ij}} \quad i = 1,2,\cdots,9
$$

将 $\overline{\omega_i}$ 规范化，得到 $\omega_i$：

$$
\omega_i = \frac{\overline{\omega_i}}{\sum_{i=1}^{9} \overline{\omega_i}} \quad i = 1,2,\cdots,9
$$

$\omega_i$ 为特征向量 $\omega$ 的第 $i$ 个分量。

计算得到矩阵 $A$ 的特征向值为：

$\omega_9 = [0.17,0.33,0.12,0.15,0.06,0.04,0.04,0.03,0.06]^T$

一致性检验：

$$
\lambda_{max} = \sum_{i=1}^{9} \frac{\sum_{j=1}^{9} a_{ij}\omega_j}{9\omega_i}
$$

$$
C.I. = \frac{\lambda_{max} - 9}{9 - 1} = 0.0506
$$

因为 $C.I. < 0.1$，判断矩阵 $A$ 具有完全一致性，是满意的。

计算得到 9 个一级指标的权重如下：

| 1 | 2 | 3 | 4 | 5 | 6 | 7 | 8 | 9 |
|---|---|---|---|---|---|---|---|---|
| 公共教育 | 就业服务 | 社会保障 | 医疗卫生 | 人口计生 | 住房保障 | 公共文化 | 基础设施 | 环境保护 |
| 0.1689 | 0.3303 | 0.1168 | 0.1522 | 0.061 | 0.0405 | 0.0364 | 0.0321 | 0.0619 |

从权重数据可以看出对于公共服务梯次发展的要求，即发展重点的排序。在九项基本公共服务中，就业服务位居首位（系数高达0.3303），公共教育、医疗卫生、社会保障系数均超过了0.1。这四项公共服务是四川基本公共服务当前工作的重心。

## 二、数据来源及数据处理

### （一）主要数据来源

年鉴数据：各年度《中国统计年鉴》《四川统计年鉴》。

官方网站数据：国家统计局、财政部、教育部、卫生部、科技部、劳动与社会保障部、环保总局、国家发展与改革委员会、民政部等官方网站，以及省级政府或市州政府门户网站。

其他：地区《国民经济和社会发展统计公报》、政府工作报告、财政预算报告。

### （二）数据处理

有一些指标是对局域绝对量的描述，数据无可比性，需要将这些绝对量的数据处理为具有可比性的相对值，如将参加各类保险的人数处理为占总人口的比重。对不同单位和量纲的指标数据要进行标准化处理，数据标准化处理公式如下：

$$y_i = \frac{x_i - \min(x_i)}{\max(x_i) - \min(x_i)}$$

式中：$x_i$ 是指标实际值，$\max(x_i)$ 是指标实际值的最大值，$\min(x_i)$ 是指标实际值的最小值，$y_i$ 是指经过处理后的数据值。

此外，评价指标体系中存在逆指标，如城镇登记失业率、生师比等。需要对逆指标进行正向化处理。逆指标正向化处理公式为：

$$x'_i = \frac{1}{x_i}$$

式中：$x_i$ 是指标实际值，$x'_i$ 是指标实际值正向化处理后的值。

## 三、四川基本公共服务水平

### （一）基本公共服务与经济发展

我们给出两种评价结果：一种是考虑了九项基本公共服务实施轻重缓急的，利用 AHP 权重值计算得到的"权重值"；另一种是不考虑公共服务项目差异，按照一级指标权重相同计算得到的"平均值"。计算得到的四川"十一五"期间基本公共服务水平，见表 9 - 2。

表 9 - 2　四川"十一五"基本公共服务水平（2006—2010 年）

| 年　份 | 基本公共服务水平<br>（权重值） | 基本公共服务水平<br>（平均值） |
|---|---|---|
| 2006 | 0.1958 | 0.2222 |
| 2007 | 0.3999 | 0.3978 |
| 2008 | 0.4167 | 0.4964 |
| 2009 | 0.6223 | 0.6923 |
| 2010 | 0.8566 | 0.8883 |

"十一五"期间四川基本公共服务水平呈上升发展趋势，年均增长率44.63%，比经济增长速度更快，见图 9 - 1。"十一五"初期四川基本公共服务的起点很低，在政府的大力推动下，2006 年、2007 年发展迅速。2008 年四川遭遇特大地震灾害，基本公共服务整体增速放缓。但一部分与灾后重建相关的基本公共服务发展迅猛，如基础设施建设。2008—2010 年间，四川地震灾后恢复重建支出逐年增加，基础设施建

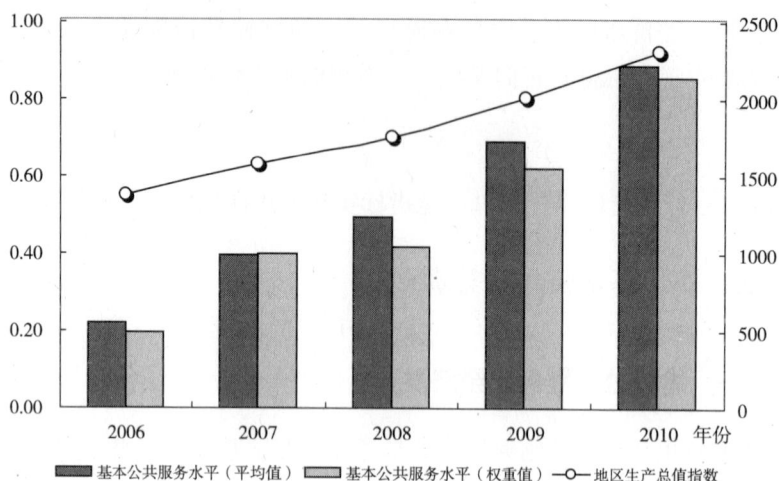

**图 9 - 1　四川基本公共服务总体水平与经济增长比较（2006—2010 年）**

资料来源：地区生产总值指数来自《四川统计年鉴 2011》。

设的投入不断增大。2009 年、2010 年四川基本公共服务水平发展进入正轨，增速较快。权重值大表示服务发展重点明确，处于有序、梯次发展状态；平均值大则相反。从"权重值"与"水平值"的比较可以看出，四川 2008 年以后平均值更大，由此可以看出在"十一五"期间四川省的基本公共服务发展是存在问题的。需要重点发展的服务未得到理想的加速，在有序推进方面政府改进的空间较大。

　　九项基本公共服务的水平在"十一五"期间呈向上发展态势，2010 年比 2006 年有较大幅度提升，见表 9 - 3。九项公共服务中，增速最大的是医疗卫生，其他项目增速从大到小依次为：人口计生、环境保护、社会保障、就业服务、基础设施、公共文化、公共教育和住房保障。将九项基本公共服务的"AHP 权重值排序"与"增速排序"进行比较，有以下基本判断：就业服务的发展速度虽没有排到九项服务之首，但发展进度仍是可喜的。公共教育的发展明显低于专家学者的期望，医疗卫生的发展则超过了预期，社会保障和环境保护基本吻合发展所需。

**表9-3 四川九项基本公共服务水平（2006—2010年）**

| 年份 | 公共教育 | 就业服务 | 社会保障 | 医疗卫生 | 人口计生 |
|---|---|---|---|---|---|
| 2006 | 0.248 | 0.190 | 0.227 | 0.091 | 0.085 |
| 2007 | 0.478 | 0.406 | 0.414 | 0.321 | 0.117 |
| 2008 | 0.363 | 0.314 | 0.611 | 0.310 | 0.734 |
| 2009 | 0.417 | 0.489 | 0.851 | 0.850 | 0.516 |
| 2010 | 0.627 | 0.833 | 1.000 | 1.000 | 1.000 |
| 年份 | 住房保障 | 公共文化 | 基础设施 | 环境保护 | 权重值 |
| 2006 | 0.434 | 0.283 | 0.323 | 0.120 | 0.196 |
| 2007 | 0.576 | 0.243 | 0.496 | 0.531 | 0.400 |
| 2008 | 0.519 | 0.424 | 0.733 | 0.460 | 0.417 |
| 2009 | 0.913 | 0.655 | 0.874 | 0.666 | 0.622 |
| 2010 | 1.000 | 0.867 | 1.000 | 0.667 | 0.857 |

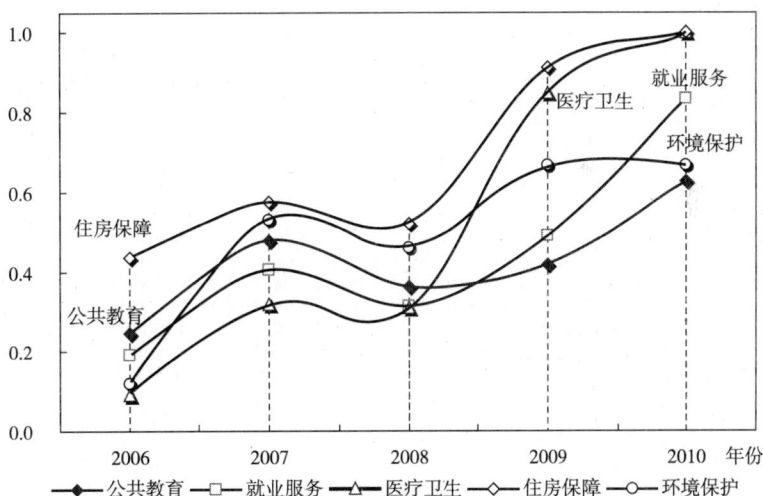

**图9-2 四川五项基本公共服务水平变化情况（2006—2010年）**

"5·12汶川地震"灾害对四川基本公共服务水平有直接影响，见图9-2。2008年，图中五项基本公共服务（公共教育、就业服务、住房保障、环境保护、医疗卫生）水平均有所下降，2009年恢复上升。

## （二）四川与全国平均水平比较

从"全国31个省、市、自治区基本公共服务水平综合得分（2010年）"可知，四川基本公共服务水平在全国31个省、市、自治区中名列第20位，见表9-4。其水平得分是排名第一位的地区（北京）的48%，是全国平均水平的97%。换句话说，四川基本公共服务水平接近全国平均水平，但不及最好地区的一半，水平差距十分明显。

表9-4　全国31个省、市、自治区基本公共服务水平综合得分（2012年）

| 地　区 | 权重值 | 权重值排序 | 地　区 | 权重值 | 权重值排序 |
|---|---|---|---|---|---|
| 全　国 | 0.3848 | / | 河　南 | 0.3991 | 13 |
| 北　京 | 0.7754 | 1 | 湖　北 | 0.3779 | 18 |
| 天　津 | 0.4177 | 10 | 湖　南 | 0.391 | 14 |
| 河　北 | 0.4133 | 11 | 广　东 | 0.4448 | 6 |
| 山　西 | 0.3745 | 19 | 广　西 | 0.3898 | 15 |
| 内蒙古 | 0.3516 | 23 | 海　南 | 0.3462 | 25 |
| 辽　宁 | 0.4523 | 5 | 重　庆 | 0.4263 | 9 |
| 吉　林 | 0.4017 | 12 | 四　川 | 0.372 | 20 |
| 黑龙江 | 0.3631 | 21 | 贵　州 | 0.324 | 27 |
| 上　海 | 0.511 | 2 | 云　南 | 0.329 | 26 |
| 江　苏 | 0.4852 | 4 | 西　藏 | 0.2814 | 31 |
| 浙　江 | 0.4974 | 3 | 陕　西 | 0.388 | 17 |
| 安　徽 | 0.3885 | 16 | 甘　肃 | 0.3144 | 29 |
| 福　建 | 0.4319 | 8 | 青　海 | 0.2888 | 30 |
| 江　西 | 0.3476 | 24 | 宁　夏 | 0.3163 | 28 |
| 山　东 | 0.4348 | 7 | 新　疆 | 0.3627 | 22 |

从四川各项基本公共服务水平在全国31个省、市、自治区的排序来看（见表9-5）：人口计生排序最高，列全国第5位。医疗卫生其次，列全国第9位。排位靠前的有：社会保障（全国第10位）、就业服务

（全国第 13 位）、住房保障（全国第 15 位）、环境保护（全国第 18
位）。水平排序靠后的是公共教育（全国第 29 位）、基础设施（全国第
26 位）和公共文化（全国第 23 位）。

　　从四川基本公共服务水平与最好地区的差距来看，公共教育的差距
最大，四川仅是最好地区（北京）的 28.93%，不到 1/3；就业服务亦
然，四川是最好地区（北京）的 29.46%；人口计生、公共文化、住房
保障差距大，四川分别是最好地区的 52.85%、54.82%、58.58%，仅
能达到最好地区的一半水平；社会保障、医疗卫生的差距较大，四川是
最好地区水平的 2/3。环境保护差距最小，四川是最好地区的 76.58%，
即 3/4 有余。

表 9 - 5　四川各项基本公共服务得分在全国的排序（2010 年）

| 地区 | 公共教育 | 排序 | 地区 | 就业服务 | 排序 | 地区 | 社会保障 | 排序 |
|---|---|---|---|---|---|---|---|---|
| 北京 | 0.882 | 1 | 北京 | 0.932 | 1 | 北京 | 0.697 | 1 |
| 四川 | 0.255 | 29 | 四川 | 0.275 | 13 | 四川 | 0.421 | 10 |
| 地区 | 医疗卫生 | 排序 | 地区 | 人口计生 | 排序 | 地区 | 住房保障 | 排序 |
| 北京 | 0.747 | 1 | 辽宁 | 1 | 1 | 上海 | 0.565 | 1 |
| 四川 | 0.507 | 9 | 四川 | 0.529 | 5 | 四川 | 0.331 | 15 |
| 地区 | 公共文化 | 排序 | 地区 | 基础设施 | 排序 | 地区 | 环境保护 | 排序 |
| 北京 | 0.86 | 1 | 浙江 | 0.638 | 1 | 浙江 | 0.811 | 1 |
| 四川 | 0.472 | 23 | 四川 | 0.328 | 26 | 四川 | 0.621 | 18 |

　　2010 年，四川经济发展水平在全国排名第 25 位（以人均 GDP 为指
标排序），基本公共服务在全国排名为第 20 位，基本公共服务发展状态
优于经济发展水平。由此可见，通过政府"十一五"期间的努力，基
本公共服务发展已初见成效，民生发展逐渐取代经济增长，政府在"经
济型"向"服务型"的转型中有了质的飞跃，成为四川科学发展、跨
越式发展、健康发展的风景线。

### （三）各市州基本公共服务水平

计算得到 2010 年四川 21 个市州基本公共服务水平综合得分，见表 9-6。分析可知：

第一，考虑发展权重，2010 年四川 21 个市州基本公共服务水平超过四川平均水平的有 11 个地区，分别为成都、自贡、攀枝花、绵阳、广元、乐山、宜宾、雅安、资阳、阿坝、甘孜。不考虑发展权重，基本公共服务水平超过四川平均水平的有 8 个地区，分别为成都、攀枝花、乐山、广安、雅安、资阳、阿坝和甘孜。无论考虑权重与否，表现较好的地区为成都、攀枝花、乐山、雅安、资阳、阿坝和甘孜。

第二，三个民族自治州中有两个地区（阿坝和甘孜）基本公共服务水平高，在全省排序靠前（分列第 3 位和第 4 位）。三个民族自治州中，凉山的发展相对较弱，全省排名第 17 位。

第三，巴中是 21 个地区中表现最差的一个。无论权重值还是均值都排序在倒数 3 名以内。

表 9-6　四川 21 个市州基本公共服务水平综合评价（2010 年）

| 地区 | 基本公共服务水平（权重值） | 权重值排序 | 地区人均GDP 排序 | 地区 | 基本公共服务水平（权重值） | 权重值排序 | 地区人均GDP 排序 |
|---|---|---|---|---|---|---|---|
| 成都 | 0.602 | 1 | 2 | 眉山 | 0.3626 | 13 | 9 |
| 自贡 | 0.4268 | 6 | 4 | 宜宾 | 0.3965 | 9 | 7 |
| 攀枝花 | 0.5439 | 2 | 1 | 广安 | 0.3606 | 14 | 14 |
| 泸州 | 0.2906 | 19 | 12 | 达州 | 0.2783 | 20 | 16 |
| 德阳 | 0.3662 | 12 | 3 | 雅安 | 0.401 | 8 | 8 |
| 绵阳 | 0.3916 | 11 | 6 | 巴中 | 0.2705 | 21 | 21 |
| 广元 | 0.438 | 5 | 19 | 资阳 | 0.3957 | 10 | 13 |
| 遂宁 | 0.3131 | 18 | 17 | 阿坝 | 0.4757 | 3 | 15 |

| 地区 | 基本公共服务水平（权重值） | 权重值排序 | 地区人均GDP排序 | 地区 | 基本公共服务水平（权重值） | 权重值排序 | 地区人均GDP排序 |
|---|---|---|---|---|---|---|---|
| 内江 | 0.3248 | 15 | 10 | 甘孜 | 0.4459 | 4 | 20 |
| 乐山 | 0.4176 | 7 | 5 | 凉山 | 0.318 | 17 | 11 |
| 南充 | 0.3242 | 16 | 18 | | | | |

逻辑上看，地区经济发展水平的优劣，对应着地方财政的贫富，对应着地方政府基本公共服务支出能力的大小。对四川基本公共服务的分析引发了我们对另一个问题的好奇，即"好经济是否对应好服务"。从国内学者的研究来看，大部分学者赞成"经济发展好的地区基本公共服务也较好"。就四川来看，若排除甘孜、阿坝、广元和德阳4个地区，四川17个市州基本公共服务水平与经济发展呈现较高的相关度，相关水平为0.8237，好经济确实对应着好基本公共服务。

做进一步的分析，可以发现：21个地区中基本公共服务排序低于地区经济排序的有12个：达州、泸州、遂宁、凉山、内江、眉山、德阳、绵阳、宜宾、乐山、自贡和攀枝花。21个地区中基本公共服务排序高于地区经济排序的有6个地区：成都、南充、资阳、广元、甘孜和阿坝。21个地区中基本公共服务排序与地区经济排序相等的地区有3个：巴中、广安、雅安。

使用两个维度（经济发展水平和基本公共服务水平），且每个维度分为高或低两个水平，可将21个市州基本公共服务与经济的关系做一个简单归类，见图9-3。

A区间（经济发展水平高，基本公共服务水平低）：包括自贡、德阳、绵阳、内江、眉山，共5个地区。

B区间（经济发展水平高，基本公共服务水平高）：包括成都、攀枝花、乐山、雅安、宜宾，共5个地区。

C区间（经济发展水平低，基本公共服务水平低）：包括泸州、广

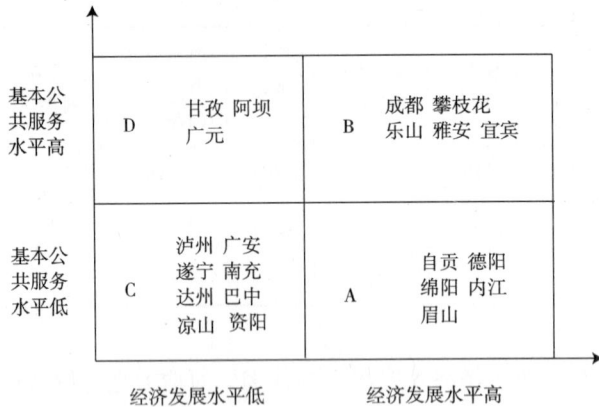

图 9-3　四川 21 个市州基本公共服务与经济发展水平分布情况

安、遂宁、南充、达州、巴中、凉山和资阳，共 8 个地区。

D 区间（经济发展水平低，基本公共服务水平高）：包括甘孜、阿坝、广元，共 3 个地区。

无论是经济还是基本公共服务，当前最应该得到扶持的地区为泸州、广安、遂宁、南充、达州、巴中、凉山和资阳。

## 四、基本公共服务均等化程度

本节我们对四川 21 个市州城乡基本公共服务均等化进行定性与定量的分析，以此把握四川基本公共服务均等化发展状况。

### （一）基本公共服务均等化状况

"最大最小值之比"和"变异系数"是测度基本公共服务均等化程度的常用系数。其中，"最大最小值之比"是指 21 个市州中基本公共服务水平评价的最高得分与最低得分的比较，衡量 21 个市州最好地区与最差地区的差距大小。"最大最小值之比"越大，区域发展差距越大，均等化程度越低；反之，"最大最小值之比"越小，区域发展差距越小，均等化程度越高。

计算公式为：最大最小值之比 $= \dfrac{\max(x_i)}{\min(x_i)}$　$i = 1,2,\cdots,21$

式中，$x_i$ 表示 21 个市州的基本公共服务水平值。

"变异系数"主要用于反映总体分布数列中变量值的差异程度。从数理意义上看，其反映了 21 个市州基本公共服务发展水平在均值周围的分布情况。"变异系数"越大，分布越远离均值，均等化程度越低；"变异系数"越小，分布越靠近均值，均等化程度越高。

四川 21 个市州基本公共服务均等化程度，见表 9－7。其中，21 个市州基本公共服务变异系数为 0.1494，最大最小值之比为 1.8335，说明 21 个市州基本公共服务均等化程度较高。

表 9－7　四川 21 个市州基本公共服务均等化程度（2010 年）

| 均等化系数 | 基本公共服务 | 公共教育 | 就业服务 | 社会保障 | 医疗卫生 |
|---|---|---|---|---|---|
| 最大最小值之比 | 1.8335 | 3.5279 | 5.6438 | 22.3934 | 2.9588 |
| 变 异 系 数 | 0.1494 | 0.2724 | 0.3822 | 0.7032 | 0.2611 |
| 均等化系数 | 人口计生 | 住房保障 | 公共文化 | 基础设施 | 环境保护 |
| 最大最小值之比 | 346.2941 | 2.8032 | 2.6125 | 12.3308 | 2.659 |
| 变 异 系 数 | 0.6032 | 0.3301 | 0.1919 | 0.4996 | 0.2038 |

尽管四川 21 个市州基本公共服务均等化程度较高，但具体到各个地区，基本公共服务均等化程度仍有待推进。以下列举 9 个评价指标：一是小学生师比指标，最好地区（广元）是 13.03，最差地区（泸州）是 25.64；二是就业人口占总人口比重指标，最好地区（宜宾）是 69.49%，最差地区（南充）是 39.68%，两者相差近 30 个百分点；三是城镇登记失业率指标，最好地区（成都）是 2.53%，最差地区（遂宁）是 4.47%；四是城市最低生活保障人均低保资金指标，最好地区（南充）是 4244.7 元，最差地区（巴中）是 1633.3 元，最好地区是最差地区的 2.6 倍；五是每万人拥有卫生机构床位数指标，最好地区（攀枝花）是 60.3 张，最差地区（甘孜）仅 26.64 张；六是住房保障财政

支出占总财政预算支出的比重指标，最好地区（甘孜）是 8.67%，最差地区（广元）是 0.85%；七是每万人配备社会体育指导员人数指标，最好地区（绵阳）是 14 人，最差地区（巴中）是 0.05 人；八是每万人公共图书馆藏书量，最好地区（成都）是 8633 册，最差地区（眉山）是 762 册；九是每万人拥有公路里程，最好地区（甘孜）是 177 公里，最差地区（成都）是 12.76 公里，最好地区是最差地区的 13.9 倍①。

## （二）四川与全国均等化程度比较

2010 年，全国九项基本公共服务均等化程度排序从差到好依次为：就业服务、人口计生、公共教育、公共文化、住房保障、社会保障、基础设施、环境保护、医疗卫生，见表 9 - 8。同期，四川九项基本公共服务均等化程度排序从差到好依次为：社会保障、人口计生、基础设施、就业服务、住房保障、公共教育、医疗卫生、环境保护、公共文化。

表 9-8　全国 31 个省、市、自治区基本公共服务均等化程度（2010 年）

| 均等化系数 | 基本公共服务 | 公共教育 | 就业服务 | 社会保障 | 医疗卫生 |
|---|---|---|---|---|---|
| 最大最小值之比 | 2.431 | 6.3010 | 14.171 | 3.4460 | 2.9050 |
| 变异系数 | 0.1741 | 0.3666 | 0.5584 | 0.2853 | 0.1988 |
| 均等化系数 | 人口计生 | 住房保障 | 公共文化 | 基础设施 | 环境保护 |
| 最大最小值之比 | 15.773 | 5.7050 | 13.363 | 2.5930 | 4.2240 |
| 变异系数 | 0.4037 | 0.3370 | 0.3558 | 0.2515 | 0.2054 |

将四川均等化系数与全国均等化系数进行比较。2010 年，四川 21 个市州基本公共服务"变异系数"为 0.1494，全国为 0.1741；四川 21

---

① 基本设施均等化程度较低与四川所处区位有关，山区基础设施，特别是道路交通方面与城市相差较大。

个市州基本公共服务"最大最小值之比"为1.8335，全国为2.431。可见，四川21个市州基本公共服务的差距小于全国31个省、市、自治区，即四川基本公共服务均等化程度好于全国平均水平。

四川与全国基本公共服务均等化系数（变异系数）的比较，见表9-9。由表可知，在社会保障、基础设施、人口计生和医疗卫生四个方面，四川均等化情况劣于全国水平，其他五个方面优于全国。四川就业服务、公共文化的均等状况超过全国很多，在公共教育、住房保障方面的表现也不错。

在公共服务均等化发展策略的选择上，四川与全国既有一致性也有差异性。在发展的重点上，四川与全国都要将就业服务、人口计生和住房保障放在均等化推进的首位。在推进的次序上，四川与全国存在差异。四川首要推进的是社会保障、人口计生、基础设施、就业服务和住房保障的均等化。全国首要推进的是就业服务、人口计生、公共教育、公共文化和住房保障的均等化。

表 9-9　四川与全国均等化程度系数比较（2010 年）

| 项　目 | 全国 | 四川 | 项　目 | 全国 | 四川 |
|---|---|---|---|---|---|
| 医疗卫生 | 0.1988 | 0.2611 | 公共文化 | 0.3558 | 0.1919 |
| 环境保护 | 0.2054 | 0.2038 | 公共教育 | 0.3666 | 0.2724 |
| 基础设施 | 0.2515 | 0.4996 | 人口计生 | 0.4037 | 0.6032 |
| 社会保障 | 0.2853 | 0.7032 | 就业服务 | 0.5584 | 0.3822 |
| 住房保障 | 0.337 | 0.3301 | | | |

对四川而言，九项基本公共服务均等化推进顺序可以划分为三个层次：首先，将社会保障、人口计生、基础设施、就业服务放在均等化推进的首位，加快发展、重点扶持；其次，将住房保障、公共教育和医疗卫生放在积极突破、强化发展的位置；最后，将环境保护、公共文化作为巩固发展、持续推进的重点。

人口计生、住房保障是我国"十二五"时期新纳入的基本公共服务项目。从数据来看,两项服务在四川和全国范围的均衡性较为一致,四川的推进应与全国政策保持一致。但考虑到四川少数民族住房保障这块是政府工作的难点所在,因此,除去全国普行的政策,四川应制定适应自身发展的住房保障策略。四川与全国在"环境保护"上的均等程度基本相同,因此,保持现有服务水平并加以巩固十分必要。当前,四川在经济发展速度上远远超过经济发达地区(如东部地区),处于跨越式发展中的四川在"环境保护"问题上的压力更大。因此,如何改善公民生产、生活环境,创建可持续发展的环境,需要有创新思维与路径。

### 五、基本公共服务的发展特征

基本公共服务均等化有"高水平均等"和"低水平均等"两种类型。高水平均等(又称高水平趋同)是指基本公共服务在高水平平台上的均衡发展。低水平均等(又称低水平趋同)是指基本公共服务在低水平平台上的均衡发展。

从全国来看,四川的现状是"低水平均等",即基本公共服务水平偏低,但保持着较为均等的发展态势。该特征反映出四川基本公共服务发展的不健康态。需要特别指出的是,"低水平"是四川基本公共服务的整体情况,个别地区不计其中,如四川省会城市——成都。成都基本公共服务的发展从 2003 年,特别是 2007 年 6 月获批全国统筹城乡综合配套试验区以来,一直站在全国发展的前列。

# 第二节 均等化推进中的问题及成因

## 一、均等化进程中面临的三大问题

与大多数地区一样,四川在公共服务均等化进程中面临着资金、资源、人才方面的困惑。与大多地区不同的是，四川基本公共服务推进的难度更大、管理的复杂度更高。

## （一）资源稀缺性增加均等化推进难度

基本公共服务不均等问题的产生，有供给流程不合理导致的不公，也有供给资源不足导致的不公。在四川，公共服务资源稀缺导致的不公平更加严重。从国际经验看，人均 GDP 超过 1000 美元后人们对公共服务的需求进入高速增长期。2010 年四川人均 GDP 达到 2000 美元，城乡居民对公共服务的需求骤增。但与快速增长的需求相比，四川公共服务的供给总量和增长速度则相对不足。

造成四川公共服务资源稀缺性增加的原因有二：一是分享公共服务资源的群体增大。四川是人口大省，2010 年地区户籍人口总量达到 9001 万人，位居全国第四位。其中，农业人口占到总人口的 73.83%，非农业人口占 26.17%。农村居民多，公共服务需求总量大是不争的事实。在四川没有实施城乡统筹发展战略之前，基本公共服务的主要对应群体是城镇居民。农村居民分享经济发展成果的路径和渠道相对狭窄。在我国执行城乡统筹发展战略之后，农村居民在基础教育、医疗卫生、社会保障等方面逐步享有基本公共服务。随着城镇化的推进，城乡统筹的深入，农村居民与城镇居民享有的基本公共服务会逐步趋于一致，分享公共服务资源的群体会不断增大。2010 年四川城镇化率仅为 40.18%，同期全国城镇化率为 49.95%。四川总人口和农村人口基数大，决定了四川分享公共服务资源的群体比全国很多地区都大。随着城乡居民公共服务均等化的推进，分享公共服务资源的群体还会不断增加。二是城乡居民对公共服务资源的需求越来越多。基本公共服务的内容是不断递增和完善的，会随着区域经济社会的发展而进步，会随着城乡居民需求的增加而增加。不断拓展的服务需求，加大了政府供给的压力，也加大了资源分配的难度。

## （二）区域特征加大均等化推进难度

四川具有西部地区的统一特征——贫困地区多，连片贫困范围大。

落后的经济、众多的人口，令地方政府在基本公共服务供给中担负着更多的资金、资源和管理压力。

四川是多民族地区，有甘孜、阿坝、凉山3个民族自治州，马边、峨边彝族自治县，还有按民族县对待的米易、盐边、北川、石棉、仁和、金口河6个县（区），以及106个民族乡。人口组成的复杂性增加了基本公共服务需求的多样性，加大了政府公共服务供给的难度。

从地理条件看，四川分为东部四川盆地和川西高原山地两大部分，平原、丘陵、山地和高原四种地貌类型齐全。复杂的地理特征增加了政府公共服务供给的服务半径与服务难度，提高了人民群众对"基础设施"供给的要求，特别是对交通基础设施的需求。

## （三）结构差异寻求差别化发展路径

对四川而言，阻碍基本公共服务均等化进程的不仅有区域经济发展滞后的问题，更有区域内部（21个市州）结构发展差距导致的推进阻力。

以关键指标对21个市州进行分类，可发现地区发展的共性与特性。将人均地区生产总值、人均固定资产投资、人口密度、城镇化率、第一、二、三产业生产总值（共7个指标）设为分类指标，利用层次聚类分析进行分类。

样本距离使用欧式距离平方进行测量。计算公式如下：

$$EUCLID = \sqrt{\sum_{i=1}^{k}(x_i - y_i)^2}$$

可将21个市州分为5类：第一类包括成都市、攀枝花市；第二类包括自贡市、泸州市、德阳市、绵阳市、遂宁市、内江市、乐山市、南充市、眉山市、宜宾市、广安市、达州市、资阳市、凉山彝族自治州；第三类包括广元市、雅安市、甘孜藏族自治州；第四类包括巴中市；第五类包括阿坝藏族羌族自治州。利用SPSS 17.0作出的层次聚类分析树形图，见图9-4。

五类地区的具体特征如下（见表9-10）：

```
CASE            0..........5.........10.........15.........20.........25
Label    Num +.........+.........+.........+.........+.........+
泸州市          4
资阳市          18
广安市          14
达州市          15
内江市          9
南充市          11
眉山市          12
凉山彝族自治州   21
宜宾市          13
遂宁市          8
德阳市          5
乐山市          10
绵阳市          6
自贡市          2
广元市          7
甘孜藏族自治州   20
雅安市          16
巴中市          17
阿坝藏族羌族自治州 19
成都市          1
攀枝花市        3
```

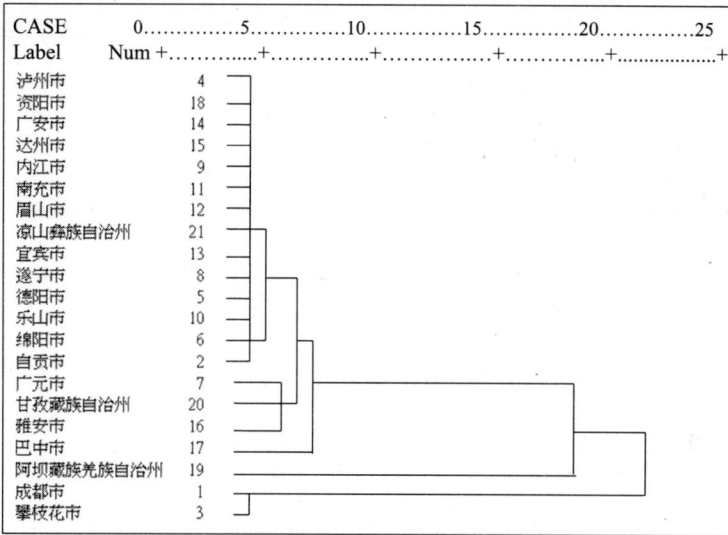

**图 9 – 4　层次聚类分析树形图（Dendrogram）**

**表 9 – 10　四川五类地区特征**

| 类　别 | 特　征 | 地　区 |
|---|---|---|
| 第一类 | 经济发达，区域固定投资较大，城镇化程度很高，人口密度很大，三次产业中第二产业占比大 | 成都市、攀枝花市 |
| 第二类 | 经济较发达，区域固定投资较小，城镇化程度高，人口密度大，三次产业中第二产业占比较大 | 自贡市、泸州市、德阳市、绵阳市、遂宁市、内江市、乐山市、南充市、眉山市、宜宾市、广安市、达州市、资阳市、凉山州 |
| 第三类 | 经济不发达，区域固定投资较大，城镇化程度较高，人口密度较小，三次产业中第二、第三产业占比靠近，第二产业占比稍大 | 广元市、雅安市、甘孜州 |
| 第四类 | 经济欠发达，区域固定投资很小，城镇化程度较高，人口密度大，三次产业中第一、第二、第三产业占比靠近，第三产业占比稍大 | 巴中市 |

| 类　别 | 特　征 | 地　区 |
|---|---|---|
| 第五类 | 经济不发达，区域固定投资很大，城镇化程度较高，人口密度很小，三次产业中第二、第三产业占比靠近，第二产业占比稍大 | 阿坝州 |

第一类地区经济发达，区域固定投资较大，城镇化程度很高，人口密度很大，三次产业中第二产业占比大。

第二类地区经济较发达，区域固定投资较小，城镇化程度高，人口密度大，三次产业中第二产业占比较大。

第三类地区经济不发达，区域固定投资较大，城镇化程度较高，人口密度较小，三次产业中第二、第三产业占比靠近，第二产业占比稍大。

第四类地区经济欠发达，区域固定投资很小，城镇化程度较高，人口密度大，三次产业中第一、第二、第三产业占比靠近，第三产业占比稍大。

第五类地区经济不发达，区域固定投资很大，城镇化程度较高，人口密度很小，三次产业中第二、第三产业占比靠近，第二产业占比稍大。

五类地区对基本公共服务发展的需求不同。如城镇化高的地区，城乡统筹难度小，主要任务集中在公共服务精细化和覆盖深入化方面。对人口密集地区，主要任务集中在公共服务的集聚化方面。对经济欠发达地区，既需要通过经济发展提升本地财政支付能力，又需要通过加大转移支付力度改善人民群众生产、生活的环境。在地区分类中采用的7个关键指标与基本公共服务的供给关系紧密，任何一个指标的差异都会导致供给难度的不同。因此，寻求差异化的发展路径是减小结构差距对基本服务发展影响的根本思路。

## 二、基本公共服务失衡的主要原因

### (一) 政府供给能力有限

政府公共服务供给能力多表现在地方财政。2009 年、2010 年,四川各项公共服务的财政一般预算支出之和占到地方财政总支出的 45% 以上,见表 9 – 11。

表 9 – 11 地方财政一般预算支出占总支出比重

| 地方财政一般预算支出占总支出比重 | 2009 年 | 2010 年 | |
|---|---|---|---|
| | 四 川 | 四 川 | 全 国 |
| 教育支出比重 | 12. 57% | 12. 70% | 13. 96% |
| 文化体育与传媒支出比重 | 1. 27% | 1. 39% | 1. 72% |
| 社会保障和就业支出比重 | 11. 76% | 12. 06% | 10. 16% |
| 医疗卫生支出比重 | 6. 10% | 6. 18% | 5. 35% |
| 环境保护支出比重 | 3. 19% | 2. 65% | 2. 72% |
| 城乡社区事务支出比重 | 3. 92% | 4. 21% | 6. 66% |
| 交通运输支出比重 | 4. 75% | 4. 53% | 6. 11% |
| 住房保障支出比重 | 2. 07% | 2. 51% | 2. 64% |
| 总支出比重 | 45. 63% | 46. 23% | 49. 32% |

资料来源:根据《四川统计年鉴 2011》《中国统计年鉴 2011》整理计算得到。

虽然支出比重较大,但支出基数较小,2009 年、2010 年人均支出仅为 2001 元和 2448 元(按常住人口计算)。2010 年,全国平均水平为 3305 元/人,四川仅为全国平均水平的 73.1%。从全国财政支出预算的中央、地方财政支出比重来看,2010 年地方财政是公共服务支出的主力军,支出比重占 92.44%,中央仅占 7.56%。显然,公共服务的财政支付主要依靠地方财政收入。作为经济欠发达的西部地区之一，四川2010年人均GDP的全国排名为第25位，地方财政能力的局限直接影响了四川基本公共服务的发展。

## （二）财政失衡诱发不均

有学者认为，我国基本公共服务非均等化以及导致的经济社会问题，是公共财政职能缺位在经济社会发展中的一种表现。从表9-12可知：四川21个市州公共财政收支存在较大差异。从人均财政收入来看，最好的地区为3751元，最差的地区为238元，最好地区是最差地区的15.7倍；从人均财政支出来看，最高的地区达到22673元，最低的地区仅有2497元，最高地区是最低地区的9倍多。

表9-12 四川21市州公共服务财政收入及支出情况（2010年）

| 地区 | 公共服务财政支出占比 | 地震灾后重建支出占比 | 公共服务与地震灾后支出占总支出的比重 | 人均财政支出（元） | 人均财政收入（元） | 人均财政支出/人均财政收入 |
|---|---|---|---|---|---|---|
| 成都市 | 39.00% | 14.93% | 53.93% | 5534 | 3751 | 1.48 |
| 自贡市 | 65.67% | 1.66% | 67.33% | 3030 | 815 | 3.72 |
| 攀枝花市 | 61.44% | 0.47% | 61.91% | 6183 | 3195 | 1.94 |
| 泸州市 | 70.19% | 0.64% | 70.83% | 3000 | 1128 | 2.66 |
| 德阳市 | 31.29% | 53.11% | 84.40% | 6206 | 1267 | 4.90 |
| 绵阳市 | 27.70% | 57.83% | 85.53% | 7484 | 980 | 7.64 |
| 广元市 | 31.90% | 56.90% | 88.80% | 8910 | 673 | 13.23 |
| 遂宁市 | 65.54% | 7.74% | 73.28% | 2732 | 546 | 5.00 |
| 内江市 | 71.30% | 1.88% | 73.18% | 2497 | 551 | 4.54 |
| 乐山市 | 65.02% | 5.05% | 70.07% | 3662 | 1414 | 2.59 |
| 南充市 | 65.93% | 9.33% | 75.26% | 2956 | 514 | 5.75 |

续表

| 地 区 | 公共服务财政支出占比 | 地震灾后重建支出占比 | 公共服务与地震灾后支出占总支出的比重 | 人均财政支出（元） | 人均财政收入（元） | 人均财政支出/人均财政收入 |
|---|---|---|---|---|---|---|
| 眉山市 | 61.56% | 6.73% | 68.29% | 3272 | 837 | 3.91 |
| 宜宾市 | 66.69% | 1.63% | 68.32% | 3205 | 1244 | 2.58 |
| 广安市 | 71.50% | 1.87% | 73.37% | 3043 | 664 | 4.58 |
| 达州市 | 71.58% | 1.43% | 73.01% | 2748 | 559 | 4.91 |
| 雅安市 | 50.29% | 23.71% | 74.00% | 5142 | 1039 | 4.95 |
| 巴中市 | 64.85% | 14.48% | 79.33% | 3137 | 238 | 13.18 |
| 资阳市 | 70.48% | 3.34% | 73.82% | 2759 | 668 | 4.13 |
| 阿坝州 | 30.04% | 50.47% | 80.51% | 22673 | 1854 | 12.23 |
| 甘孜州 | 65.56% | 0.68% | 66.24% | 12086 | 1493 | 8.09 |
| 凉山州 | 68.60% | 0.34% | 68.94% | 4207 | 1383 | 3.04 |

资料来源：《四川统计年鉴2011》。

四川21个市州公共服务财政支出占比也存在较大差异。从公共服务财政支出占比看，最好的地区占比达到71.58%，最差地区仅有27.70%，最好的地区是最差地区的2.6倍。需注意的是，"5·12特大地震"灾后重建对公共服务财政支出影响较大。21个市州"公共服务与地震灾后支出占总支出的比重"这一指标的地区差异有所减小。最好的地区仅为最差地区的1.5倍。综上，地区财政不均等仍是四川基本公共服务非均衡态的直接影响因素，促进四川基本公共服务分布的均衡，首先应从财政均衡角度入手。

## （三）农村供给效率偏低

相比其他地区，四川农村公共服务供给的成本更高。基本公共服务供给效率受生产生活方式和环境条件的影响很大。四川地域广阔，地形地貌复杂多样，自然地理条件差异极大。与城市相比，农村在道路交通、人才储备、生活环境上存在明显劣势。加之，农村居民居住分散，放大了公共服务的供给半径，严重阻碍了公共服务供给的规模效益，影响了公共服务投入与产出效果。这个问题在民族地区尤其严重。四川是民族大省，民族地区多是边远山区，地处偏远，远离城市，出行困难。对公共部门而言，拓宽农村地区、民族地区公共服务的覆盖广度，是相当艰巨的任务。

众所周知，农村基本公共服务的供给是由基层政府负责的，而在管理中存在几个基本的问题：一是基层管理者的服务意识较弱，影响了农村公共服务供给质量；二是基层管理者素质较低，工作效能低下；三是机构膨胀，人才结构与服务需求失调，专门负责公共服务的人员少；四是权责不对等。地方政府出于绩效考核的考虑，将事权尽量下放，把财权尽量上收，直接导致了与基本公共服务最为贴近的县、乡政府的财权与事权的不对等。本应由上级政府提供的公共产品，却通过政府转移事权交由下级政府提供，落到乡镇政府和农民头上，致使乡镇政府事权大于财权，造成乡镇财政不堪重负，提供公共产品的能力十分微弱。基层政府在公共服务供给问题上的原则为"有多少力，做多少事"，影响了农村基本公共服务的覆盖与质量提升。

## （四）人才队伍明显不足

除去经济发展物质资源方面的差距，四川与东部地区更大的差距还在于人力资源，现有的基本公共服务人力资源队伍无法保障服务供给的需要。从四川现状来看，基本公共服务需要的人才（如教育、卫生、医疗）数量及质量都不能满足本地人民群众的需要。省内经济欠发达地区，人才问题更加严重。"引不进、留不住"已成为这些地区各类型人力资源队伍存在的普遍问题。教育、卫生、医疗这些传统项目的服务人才尚无法保障，更不用说信息、就业等服务项目的人才队伍建设。在调研中我们了解到的状况是，民族地区农村就业服务缺乏专职、有专业技能的服务人员。现有的服务人员多是政府其他部门的兼职工作人员，在服务专业性、服务积极性方面都十分欠缺。

### （五）服务需求偏差更大

在讨论公共服务供给不均时，大多数学者习惯从政府的角度出发，讨论财力不均、分配不均，以及成本不均导致的人民群众满意度不等，很少有学者从需求的角度去思考。前一种思维是从"分蛋糕"角度展开的，后一种思维则是从"要蛋糕"角度展开的。个体、群体对"蛋糕"需求的差异会导致大家对"到手的蛋糕"的满意度不同。进一步说，当个体、群体对基本公共服务需求存在差异时，即使分配上看似相同的公共服务也会产生不同的服务体验和评价。我们可将这种由需求导致的满意度差距称为"需求偏差"

人口众多使得四川在基本公共服务供给上有"规模"的压力，而人口构成又令四川在基本公共服务供给上有"满足需求偏好"的压力。"满足需求偏好"的压力来自于三个方面：一是四川人口的民族构成复杂，导致民族群体与非民族群体、民族群体之间的需求偏差。二是四川人口年龄结构是"两头大，中间小"，0—14岁和65岁以上的人口比重高于全国平均水平。这意味着在相同人口基数上，四川对基础教育、医疗卫生和社会保险方面的服务需求更大。三是四川农村人口占总人口的比重大，农村居民对公共服务的需求更多。农村经济发展滞后、基础设施建设差、公共服务成本大等特点使得农村居民对基本公共服务的需求更为急迫。正因为如此，相比其他省市四川基本公共服务供给的压力更大，需求偏差更为明显。

## 三、政府公共服务管理面临的问题

公共部门中参与基本公共服务生产、供给、监督和管理的部门较多。从九项基本公共服务内容来看，其与教育、人保、民政、卫生、人口计生、住房城乡建设、文化、交通、水利、环境保护部门直接相关。从重点扶持区域和人群来看，其与农业、林业、扶贫、民政、民委、人口计生委、妇联、残联部门直接相关。从组织管理看，其与财政、司法、发改、经信、工会、团委、通信部门的关系也密不可分。

　　基本公共服务的管理存在"多部门管理"的一些弊端。多部门管理不可避免会产生资源争夺、侵占和浪费，导致管理成本增加和内部信息隐匿。在资源争夺问题上，权利大的部门资源多，主抓的公共服务发展好；权利小的部门资源少，公共服务发展则相对滞后。多部门管理容易令管理者忽视基本公共服务的综合发展情况。尽管每个部门会对各自负责的公共服务提出年度评价或工作报告，但上级管理者很难对部门工作进行横向比较，也难以就公共服务的发展权重提出细化的改进建议。

表 9 - 13　四川十大民生工程及责任单位（2012 年）

| 工程名称 | 责　任　单　位 |
|---|---|
| 就业促进工程 | 人力资源社会保障厅、财政厅、省经济和信息化委、教育厅、农业厅、省扶贫移民局、省总工会、团省委、省妇联、省残联 |
| 扶贫解困工程 | 省扶贫移民局、民政厅、司法厅、省人口计生委、省总工会、省妇联、省残联 |
| 民族地区帮扶工程 | 省民委、省发展改革委、教育厅、财政厅、住房城乡建设厅、卫生厅、省人口计生委、省扶贫移民局、团省委 |
| 教育助学工程 | 教育厅、省发展改革委、财政厅、人力资源社会保障厅、省体育局、省总工会、团省委、省妇联 |
| 社会保障工程 | 民政厅、人力资源社会保障厅、团省委、省残联 |
| 医疗卫生工程 | 卫生厅、省总工会、团省委、省残联 |
| 百姓安居工程 | 住房城乡建设厅、省发展改革委、财政厅、国土资源厅、农业厅、林业厅、水利厅 |
| 民生基础设施工程 | 交通运输厅、水利厅、省通信管理局 |
| 生态环境工程 | 林业厅、国土资源厅、农业厅、环境保护厅、省畜牧食品局 |
| 文化体育工程 | 文化厅、省发展改革委、财政厅、省新闻出版局、省体育局、省广电局、团省委 |

　　资料来源：根据四川省政府办公厅文件《2012 年全省"十项民生工程"实施方案》整理得到。

四川 2012 年十大民生工程及责任单位，见表 9 – 13。由表 9 – 13 可知，四川基本公共服务管理的复杂性。由于基本公共服务涉及面广、服务对象多、管理部门分散，公共部门对资金、人力资源、信息资源的管理难度非常大。

拿农村劳动力转移就业服务来说。政府在管理中的角色有六个，分别为：转移前培训与转移后协助维权、就业信息收集与就业信息发布、部门工作统筹与人力资源管理、就业市场培育与社会力量参与、就业服务供给与就业服务监督、拓展就业容量与调整产业结构。这些工作任务由农委办、农业局、就业局、经信局、教育局、科技局等诸多部门承担。要实现部门工作统筹运作、资源优化管理，对管理者的要求高、难度大。拿农村劳动力就业前的培训一项工作来说，其由农委办、农业局、就业局、教育局、科技局的专项资金支撑。对农村居民而言，他们接受培训的机会并不少，但有针对性的培训，能满足他们培训需求的则不多。如何提升培训有效性，减少培训资金浪费，是一个长期存在的，至今悬而未决的难题。

当前四川基本公共服务在管理中存在的主要问题是：

第一，缺乏一个专职部门、长效机构，对各部门分管的基本公共服务进行统一管理，收集部门基本公共服务实施情况，提出协调发展战略及措施。

第二，缺乏一个有针对性的绩效考核制度和激励机制，明确基本服务考核的重点、权重、考核部门、考核对象、考核方式以及奖惩方法。

第三，缺乏一个专业规划，对处于不同发展阶段的四川基本公共服务发展趋势进行判断，基于均衡原则作出区域、群体以及项目发展的合理安排。

第四，缺乏一个专职部门，定期、长期对城乡居民的基本公共服务满意度进行评价，及时反馈人民群众的公共服务需求变化及满意度，提出基本公共服务供给纠偏措施。

# 第三节 四川基本公共服务政策分析

## 一、基本公共服务政策归纳

2008 年至今，四川针对基本公共服务出台了一系列政策，内容涵盖公共教育、就业服务、社会保障、医疗卫生、人口计生、住房保障、公共文化、基础设施和环境保护九个方面。整理归纳省政府出台的与基本公共服务相关的政策，见表 9 – 14。表 9 – 14 中的政策文件是政府政策信息公布中的可见部分，一些下属部门的政策、文件、方案或区域性文件，考虑到政策范围小于省域或隶属于部门规划、政策，未列入。

这些政策围绕四川基本公共服务问题展开，既有针对单项目的具体措施和办法（如《农村社会养老保险试点实施办法》《藏区牧民定居行动计划暨帐篷新生活行动》），也有针对多项目的实施方案（如《2012年全省"十项民生工程"实施方案》）。

对较弱的服务项目有所倾斜：（1）向公共教育倾斜，出台了《四川省人民政府办公厅关于藏区免费职业教育的实施意见》《四川省民族地区教育发展十年行动计划（2011—2020 年)》《"9 + 3"免费教育计划》等。（2）向就业服务倾斜，转发《国务院关于加强职业培训促进就业意见的通知》，出台了《四川省人民政府关于加快中小企业发展的决定》《四川省人民政府关于进一步做好就业工作的通知》《四川省藏区"9 + 3"免费教育计划学生就业促进工作》等。（3）向住房保障倾斜，出台了《关于推进富民安康工程实施牧民定居计划的通知》《四川省人民政府关于加快发展公共租赁住房的通知》《藏区牧民定居行动计划暨帐篷新生活行动》《彝区"三房"改造行动计划》等。（4）向基础设施倾斜，出台了《四川省交通运输"十二五"发展规划》《四川省农村公路"十二五"建设规划》《推行农村小型公共基础设施村民自建的意见》《加快西部信息网络枢纽建设的指导意见》等。

对弱势地区和群体有所倾斜：（1）向农村地区倾斜，出台了《四川省农村扶贫开发规划》《四川省新型农村社会养老保险试点实施办法》《推行农村小型公共基础设施村民自建的意见》《四川省农村公路"十二五"建设规划》《四川省农村民居最低生活保障办法》《农村五保供养工作条例实施办法》。21个市州也相续出台了一些政策、方案，如《成都市统筹城乡综合配套改革试验总体方案》等。（2）向民族地区倾斜，出台了《四川省民族地区教育发展十年行动计划》《藏区牧民定居行动计划暨帐篷新生活行动》《"9+3"免费教育计划》《彝区"三房"改造行动计划》《四川省民族地区卫生发展十年行动计划》《四川省藏区"9+3"免费教育计划学生就业促进工作》。2010年，四川财政厅下达民族地区转移支付资金9.76亿元。该项资金主要用于保证机构正常运转、保障和改善民生以及偿还当期债务，重点增加对教育、医疗卫生、社会保障和就业、保障性住房等民生领域的投入。（3）向贫困人群倾斜，出台了《四川省农村扶贫开发规划（2001—2010年）》《四川省人民政府关于调整全省最低工资标准的通知》《四川省农村扶贫开发纲要》。

对地震灾区的服务有所倾斜。必须提及的是，四川在推进基本公共服务均等化的道路上采取了一项特别政策，即对口支援。对口支援是我国特有的一种横向财政转移支付形式，其目的是通过转移支付弥补地区间的财力差异，实现地区间的财政均等化，从而达到基本公共服务均等化。从四川实际来看，"512汶川特大地震"促使中央对四川重建采取了特殊策略（对口支援）。有研究者通过灾后重建数据分析得到以下结论：从总量来看，对口支援的政策实施对各地区间财政缺口的减轻起到了很大作用，不仅保证了受援地区的财政支出能力，而且也基本维持了各地间的财力均衡。①

---

① 花中东：《对口支援促进基本公共服务均等化效应分析——以四川地震灾区为例》，《西安财经学院学报》2010年第9期。

**表 9－14　四川出台的有关基本公共服务的文件（2008—2012 年）**

| 序号 | 文 件 名 称 | 序号 | 文 件 名 称 |
|---|---|---|---|
| 1 | 四川省农村扶贫开发规划（2001—2010 年） | 18 | 四川妇女发展纲要（2011—2020 年） |
| 2 | 关于推进富民安康工程实施牧民定居计划的通知 | 19 | 四川儿童发展纲要（2011—2020 年） |
| 3 | 四川省人民政府关于加快中小企业发展的决定 | 20 | 四川省交通运输"十二五"发展规划 |
| 4 | 四川省人民政府关于进一步做好就业工作的通知 | 21 | 四川省农村公路"十二五"建设规划 |
| 5 | 关于进一步加强流动人口计划生育工作的意见 | 22 | 四川省"十二五"城镇化发展规划 |
| 6 | 四川省新型农村社会养老保险试点实施办法 | 23 | 四川省"十二五"生态建设和环境保护规划 |
| 7 | 四川省人民政府办公厅关于藏区免费职业教育的实施意见 | 24 | 四川省"十二五"文化改革发展规划 |
| 8 | 四川省人民政府关于调整全省最低工资标准的通知 | 25 | 四川省农村扶贫开发纲要（2011—2020 年） |
| 9 | 四川省人民政府关于加快发展公共租赁住房的通知 | 26 | 四川省民族地区卫生发展十年行动计划（2011—2020 年） |
| 10 | 四川省民族地区教育发展十年行动计划（2011—2020 年） | 27 | 关于促进基本公共卫生服务逐步均等化的实施意见 |
| 11 | 藏区牧民定居行动计划暨帐篷新生活行动 | 28 | 四川省人民政府关于加快推进牧区跨越式发展的意见 |
| 12 | "9＋3"免费教育计划 | 29 | 加快西部信息网络枢纽建设的指导意见 |
| 13 | 彝区"三房"改造行动计划（实施彝家新寨工程） | 30 | 推行农村小型公共基础设施村民自建的意见 |
| 14 | 转发国务院关于加强职业培训促进就业意见的通知 | 31 | 关于做好农村居民基本公共卫生服务工作的通知 |

续表

| 序号 | 文　件　名　称 | 序号 | 文　件　名　称 |
|---|---|---|---|
| 15 | 四川省城镇居民社会养老保险试点实施办法 | 32 | 2012 年全省"十项民生工程"实施方案 |
| 16 | 关于进一步加大财政教育投入的意见 | 33 | 四川省农村民居最低生活保障办法 |
| 17 | 四川省全民健身实施计划（2011—2015 年） | 34 | 《农村五保供养工作条例》实施办法 |

向经济性和社会性服务倾斜。从基本公共服务政策倾斜来看，主要走向为"经济性与社会性并举"。在项目倾斜上，基础设施、住房保障为经济性公共服务。这两项的选择一方面与四川 2008 年"5·12 汶川地震"灾害有直接关系，另一方面也与我国近几年对住房保障的重视有关。在社会性的公共服务项目中，公共教育、就业服务也与地区经济的发展密切相关。相比而言，项目的选择更加倾斜经济，这是四川经济发展现实基础上的必然选择。在地区和群体上，向经济发展滞后的农村地区、民族地区和贫困人群倾斜，体现了基本公共服务均等化目标和公平的价值取向。

"十二五"伊始，四川陆续出台了《四川省全民健身实施计划（2011—2015 年）》《四川省"十二五"文化改革发展规划》《四川省"十二五"生态建设和环境保护规划》《四川妇女发展纲要（2011—2020 年）》《四川儿童发展纲要（2011—2020 年）》《四川省"十二五"人口发展规划》。这些规划的出台体现出四川对基本公共服务的关注逐步从经济性向社会性倾斜，从追求经济增速向发展质量转型，从寻求效率向"效率公平并重"过度。

## 二、基本公共服务政策效果

政策效果是政策执行后对客体及环境所产生的影响和效果。对政策效果的理解需注意两点：一是避免将政策效果和政策输出混为一谈。政策输出泛指政策从事的工作或已经做过的那些事情以及与此相关联的一系列统计或经济数字。这些数据可以向人们描述政府做过什么，而不能说明政府的政策行为产生了什么结果或影响。政策效果描述既定的政策行为对相关的各种环境或政治系统所引起的变化，包括政策对目标团体的影响，对目前和未来的影响，政策所负担的各种直接或间接的成本等。二是不能把政策效果等同于政策预定目标。对某一政策而言，政策效果包含以下内容：政策预定目标的完成程度、政策的非预期影响、与政府行为相关的各种环境变化、投入政策的直接成本等。[①] 对一个政策群而言，政策效果可分为：直接效果、附带效果、潜在效果、意外效果等。

## （一）直接效果

### 1. 对四川居民的直接效果

2005—2010 年间，四川域内所有居民享受到的公共服务有所增加，但与全国相比尚有差距。2010 年四川基本公共服务水平为 0.8566，是 2006 年的 4.37 倍。2010 年四川基本公共服务水平在全国 31 个省、市、自治区，列第 20 位。其水平得分是排名第一位的地区（北京）的 48%，是全国平均水平的 97%。从四川基本公共服务水平与最好地区的差距来看，公共教育的差距最大，四川仅是最好地区的 28.93%；就业服务亦然，四川是最好地区的 29.46%；人口计生、公共文化、住房保障差距大，四川分别是最好地区的 52.85%、54.82%、58.58%，仅是最好地区的一半水平；社会保障、医疗卫生的差距较大，四川是最好地区水平的 2/3。环境保护差距最小，四川是最好地区的 76.58%，即 3/4 有余。

城乡居民享受到的公共服务有所增加与近年来四川出台的一系列政策密切相关，如加快发展公共租赁住房、进一步加大财政教育投入、加强职业培训促进就业、"十二五"全民健身实施计划、交通运输"十二

---

① 陈振明：《政策科学导论（第二版）》，中国人民大学出版社 2003 年版，第 469 页。

五"发展规划、"十二五"生态建设和环境保护规划、"十二五"文化
改革发展规划、"十项民生工程"实施方案，以及"促进基本公共卫生
服务逐步均等化的实施意见"等。这些政策群对四川基本公共服务起到
了直接的作用，把基本公共服务推向一个更高、更新的平台。

2005—2010 年间，四川民族地区居民享受到的公共服务有较大程
度的上升。三个民族自治州的经济在全省排名靠后，但基本公共服务水
平在全省排名靠前。民族地区基本公共服务所需的资金资源由财政转移
支付而来，地区基本公共服务的改善与一系列民族优惠、扶持政策的出
台分不开。近十年来，四川在民族地区推行的有地区特色的民族政策
有：民族地区教育发展十年行动计划、藏区牧民定居行动计划暨帐篷新
生活行动、藏区"9＋3"免费教育计划、彝区"三房"改造行动计划、
民族地区卫生发展十年行动计划等等。这些特色政策与普行的全国性政
策对四川民族地区基本公共服务起到了良好的推动作用。

2005—2010 年间，四川农村居民享受到的公共服务有很大程度的
提升。以大病统筹为主的新农合（新型农村合作医疗）作为农村医疗
保障的重要制度，受到农村居民的欢迎，被称为"民心工程"和"德
政"。农村基本公共服务的推进首先与财政改革分不开，其次与一系列
针对性强的政策相关，如农村扶贫开发规划、农村扶贫开发纲要、农村
公路"十二五"建设规划、推行农村小型公共基础设施村民自建、做
好农村居民基本公共卫生服务工作、农村民居最低生活保障办法、农村
五保供养工作条例实施办法等。这一系列政策的出台从根本上改善了农
村基本公共服务的供给状态。

2. 对基本公共服务的直接效果

从四川各项基本公共服务水平在全国 31 个省、市、自治区的排序
来看：人口计生排序最高，列全国第 5 位。医疗卫生其次，列全国第 9
位。排位靠前的有：社会保障（全国第 10 位）、就业服务（全国第 13
位）、住房保障（全国第 15 位）、环境保护（全国第 18 位）。水平排序
靠后的是公共教育（全国第 29 位）、基础设施（全国第 26 位）、公共
文化（全国第 23 位）。

四川九项基本公共服务在"十一五"期间的良好表现可以归纳为：各项基本公共服务水平呈现向上发展趋势，"十一五"比"十五"有大幅增加。其中，增速最大的有社会保障、住房保障和基础设施。其他项目增速从大到小依此为：人口计生、医疗卫生、环境保护、就业服务、公共文化和公共教育。从波动情况看，"十一五"保持持续增长的是社会保障、医疗卫生、基础设施；2007 年、2008 年，公共文化、公共教育、就业服务、住房保障、环境保护有小幅下降。人口计生、住房保障、医疗卫生、社会保障、基础设施波动幅度大，公共教育、环境保护、公共文化、就业服务波动幅度小。由于四川"十一五"发展受"512 特大地震"影响大，灾后重建对基本公共服务供给也产生了一定影响。如灾后重建在基础设施建设上面投入巨大，使得"基础设施"这一项在整个"十一五"期间的指标持续向上。而就业服务、住房保障、环境保护服务基本公共水平的下降也在情理之中。

### （二）附带效果

政策实施过程中可能对非直接作用的组织、集团、环境产生效能，这种效能超出政策制定者原来的目标和期望时，就会产生政策的副产品。拿"藏区'9+3'免费教育计划"来说，该计划的本意是通过新型人才的培养化解藏区发展的瓶颈，为藏区建设提供强有力人才和智力支持。但实施中面临的问题很多，如藏族学生在非民族学校、非民族班的学习与融入，藏族学生毕业后的就业问题，专业设置与藏族学生所在地区经济发展的契合问题。诸多问题使得该计划推进速度与深度都受到一定程度的影响，而这些问题的产生原本不在政策制定者的思考之内。

再拿"藏区牧民定居行动计划暨帐篷新生活行动"来说，该行动计划本意是改变牧民群众生产生活条件，解决原始游牧生活导致的教育、医疗等诸多问题。在实施过程中，该计划直接改变了当地牧民长久以来保持的生活模式，对该民族传统习俗产生了影响。这些问题的产生原本也不是政策制定者的初始想法。

## （三）潜在效果

基本公共服务的潜在效果是指，基本公共服务的政策在短期内不易为人们察觉，但可能在今后相当长的时间内表现出来。如四川的民族政策。短期内看到的仅仅是中央及省级部门向民族地区投入大量的资源，改善民族地区居民基本生活条件，提高民族地区居民生活水平。长远地看，当发达地区土地资源受限、城市承载力过大、资金投入边际效益递减的时候，民族地区将成为区域非均衡发展战略在新时期的重点区域或增长极。如四川凉山州被定位为四川"十二五"经济发展的增长极。

## （四）意外效果

民族地区基本公共服务发展领先。不考虑发展目标权重，四川2010年基本公共服务水平得分为0.4495，超过该值的地区有8个，分别为成都、攀枝花、乐山、广安、雅安、资阳、甘孜和阿坝，其余13个地区水平得分低于全省平均值。考虑发展目标权重，2010年四川基本公共服务水平得分为0.3772，超过该值的地区有11个，分别为成都、自贡、攀枝花、绵阳、广元、乐山、宜宾、雅安、资阳、阿坝和甘孜，其余10个地区水平得分低于全省平均值。无论均值还是权重值，表现较好的地区为成都、攀枝花、资阳、雅安、乐山、甘孜和阿坝。三个民族地区中有两个地区（阿坝和甘孜）基本公共服务水平高，在全省排序靠前，凉山的平均值和权重值排序分列第15位和第11位，表现也不错。

表9-15　排名分类表

| 排名分类 | 四川基本公共服务水平<br>全国排名（31个省、市、自治区） | 四川基本公共服务均等<br>化程度排名（21个市州） |
|---|---|---|
| 好 | 第1名—第6名 | 第1名—第2名 |

续表

| 排名分类 | 四川基本公共服务水平<br>全国排名（31 个省市自治区） | 四川基本公共服务均等<br>化程度排名（21 个市州） |
|---|---|---|
| 较好 | 第 7 名—第 12 名 | 第 3 名—第 4 名 |
| 一般 | 第 13 名—第 18 名 | 第 5 名 |
| 较差 | 第 19 名—第 24 名 | 第 6 名—第 7 名 |
| 差 | 第 25 名—第 31 名 | 第 8 名—第 9 名 |

九项基本公共服务发展失衡。一方面九项基本公共服务在全国范围内的排序差距较大，另一方面九项基本公共服务均等化指标得分差距较大。若将基本公共服务水平、均等化程度从高到低分为五类，依此为好、较好、一般、较差、差，分别对应基本公共服务水平的全国排名、均等化程度的四川排名，见表 9 – 15。可得四川九项基本公共服务的发展概况，见表9 – 16。

表 9 – 16　四川九项基本公共服务状况

| 序号 | 分　类 | 服务水平及均等化状态 |
|---|---|---|
| 1 | 公共教育 | 水平差，均等化程度一般 |
| 2 | 就业服务 | 水平一般，均等化程度较差 |
| 3 | 社会保障 | 水平较好，均等化程度差 |
| 4 | 医疗卫生 | 水平较好，均等化程度较好 |
| 5 | 人口计生 | 水平好，均等化差 |
| 6 | 住房保障 | 水平一般，均等化程度较好 |
| 7 | 公共文化 | 水平较差，均等化程度好 |
| 8 | 基础设施 | 水平差，均等化程度较差 |
| 9 | 环境保护 | 水平一般，均等化程度好 |

由表 9 - 16 知，若将"基本公共服务水平"与"均等化程度"作为两个评价维度，九项基本公共服务中，表现最好的是医疗卫生，水平与均等化程度都不错；表现最差的是基础设施，水平与均等化程度都差；表现较好的是住房保障、环境保护，水平与均等化程度处于中游水平；表现较差的是公共教育（水平低，均等化程度一般）、就业服务（水平一般，均等化程度低）、社会保障（水平较好，均等化程度差）、人口计生（水平好，均等化差）。可见，在基本公共服务水平与均等化程度两个维度的评价中，四川基本公共服务发展较为理想的仅有医疗卫生，其他服务项目，要么是水平不够，要么是均等化程度差，都存在一定问题。

# 第四节 基本公共服务与区域经济协调发展建议

围绕民生这个核心问题，以个体发展为主线，以发展环境优化为辅助，把对个体可行能力有提高作用的公共教育、就业服务、社会保障、医疗卫生、住房保障、人口计生作为主要服务内容，把对个体发展环境有改善、起优化作用的基础设施、公共文化、环境保护作为辅助服务内容。

## 一、基本公共服务推进原则

提升水平，强化均等。既注重整体水平的提升，又注重区域、群体及项目差距的缩小。"抓整体"是对四川基本公共服务整体水平的控制，"扶短板"是对弱势地区、弱势人群进行扶持，从广度、深度两个不同层面推进四川基本公共服务。

重点突出，有序提升。针对四川基本公共服务现状，提出三大发展重点和三个推进阶段（2012—2015 年，2015—2017 年，2017—2020 年）。强化整体发展和局部扶持同步进行，明确不同阶段的重点发展项目并有序实现目标。

公平为重,效率并举。将公平放在基本公共服务的首位,积极扶持弱势地区和弱势群体,基本公共服务供给向农村、欠发达地区、民族地区和困难群体倾斜,在扩大覆盖广度的基础上,逐步提升服务质量,保障公民的底线公平。承认不同地区、城乡、群体的服务需求偏好和服务合理差别,提升公共资源利用效率,推动公平与效率共同进步,实现发展速度与发展质量的有效统一。

四流合作,协同保障。四流是指人流、物流、资金流和信息流,是管理的四大要素。短期来看,财政转移支付给予弱势地区和群体以经济支持,在消除地区居民收入、地方财政差距上见效较快。应保障财政转移支付总量与四川经济增速的一致性,逐步增加投入总量与比例。长期来看,培养弱势区域经济增长实力,提高弱势群体个体发展能力,消除阻碍社会流动性的制度性壁垒,减小信息隐匿造成的服务成本,对地区基本公共服务至关重要。

## 二、基本公共服务要实现的目标

将基本公共服务发展分为两个维度,一是供给数量发展,二是供给质量发展。

在数量发展上实现"总体规模增加""地域分布均衡"两大目标。其中,"总体规模增加"要完成"覆盖广度更大、供给内涵更多"的任务;"地域分布均衡"要完成"优质资源共享、地区差距减小"的任务。

在质量发展上实现"服务获取便利""群众满意提升"两大目标。其中,"服务获取便利"要完成"完善服务网络、减少服务等待"的任务;"群众满意提升"要完成"增加服务特色、提高服务参与"的任务。

到2020年,四川基本公共服务水平要达到全国平均水平,在西部位居前列。全省基本建成覆盖城乡、功能完善、分布合理、水平靠前、效率领先的基本公共服务体系;促进基本公共服务多元供给机制建设,实现省域居民基本公共服务信息及资源的共享；基本实现区域、群体间基本公共服务的标准一致、制度统一和水平相当；力争在基本公共服务覆盖广度、服务内容延伸以及服务质量多个方面实现质的飞跃。

## 三、基本公共服务推进策略

### （一）核心推进区域

全力扶持巴中地区基本公共服务与经济发展；大力推动泸州、广元、遂宁、南充、达州、凉山六个地区基本公共服务发展，加快自贡、德阳、绵阳、内江、眉山、宜宾六个地区基本公共服务发展速度；继续巩固成都、攀枝花、乐山、雅安、广安、资阳、甘孜和阿坝八个地区基本公共服务水平。

### （二）有序推进重点

将四川基本公共服务的推进阶段（2012—2020 年）分为三个部分，每个阶段推进重点不同。

第一阶段（2012—2014 年）是基本公共服务水平提升加速期。促进 21 个市州基本公共服务水平的普遍提升，重点扶持经济与基本公共服务水平双差地区；提升农村地区基本公共服务水平，全力改善农村居民生活环境，通过交通改善促进城乡融合，减小城乡之间资源流动的经济成本、时间成本和心理成本；促进公共教育、公共文化、基础设施水平提升，努力实现九项基本公共服务水平基本达到全国平均水平。

第二阶段（2015—2017 年）是基本公共服务加速覆盖期。通过基本公共服务体系、制度和服务节点建设，提升四川基本公共服务供给能力，减小农村、民族地区、贫困人群获得服务的成本；提升基本公共服务的空间覆盖半径和群体覆盖深度，扩大城乡居民共享基本公共服务的内容，拓宽农村转移劳动力分享城镇居民服务的渠道。

第三阶段（2018—2020 年）是基本公共服务区域均衡期。区域均衡包括了城乡均衡、民族地区与非民族地区均衡和 21 个市州均衡。该阶段主要解决三个问题：一是针对当前突出的城乡二元结构问题，以城乡基本公共服务均等化实现"缩小城乡发展差距，缓解城乡居民矛盾，城乡统筹协调发展"的目标；二是针对四川民族地区与非民族地区经济发展的不均衡问题，以地区间基本公共服务均等化实现"减小社会发展矛盾，维护地区经济社会稳定发展"的目标；三是针对四川区域内 21 个市州发展不均衡问题，以地区基本公共服务均等化实现"缩小区域发展差距，释放区域发展潜能，实现地区均等发展"的目标。

## （三）差异推进策略

在公共服务均等化发展策略的选择上，四川与全国既有一致性也有差异性。在发展的重点上，四川与全国都要将就业服务、人口计生和住房保障放在均等化推进的首位。在推进的次序上，四川与全国存在差异。全国首要推进的是就业服务、人口计生、公共教育、公共文化和住房保障的均等化。四川应首要推进的是社会保障、人口计生、基础设施、就业服务和住房保障的均等化。

对四川而言，九项基本公共服务均等化推进顺序可划分为三个层次：首先，将社会保障、人口计生、基础设施、就业服务放在均等化推进的首位，加快发展、重点扶持；其次，将住房保障、公共教育和医疗卫生放在积极突破、强化发展的位置；最后，将环境保护、公共文化作为巩固发展、持续推进的重点。

## 四、基本公共服务推进路径

## （一）发挥四大动力联合作用

基本公共服务涵盖范围广，同步、同力、全面推进必然导致政府财政困窘，加大政府工作的难度。应考虑四川发展的远忧近虑，紧抓四大动力，实施基本公共服务均等化。

主动力——公共教育：教育发展与就业、创业、农村富余劳动力转移等诸多问题密切相关。应调整好普职结构、促进教育现代化，巩固9年义务教育，普及12年基础教育，缩小区域之间教育发展差异。

推动力——社会保障与医疗卫生：社会保障与医疗卫生对稳定社会成员对未来的预期，有效扩大内需有重要作用。应完善城镇职工基本养老制度，全面推进新型农村社会养老保险。提高城乡最低生活保障，提升对弱势群体的帮扶力度，逐步形成城乡统筹的社会保障体系。建立较为完善的基本医疗卫生制度，保障人民群众多层次医疗卫生需求，提升人民群众健康水平。

助动力——就业服务：就业服务对统一城乡劳动力资源，促进生产要素区域合理流动，实现全省各类劳动者和谐就业，保障居民基本生存需求尤其重要。应建立城乡统一的就业和创业服务体系。建立就业、失业调查统计和指标体系。完善非民族地区与民族地区就业援助制度。提升各地政府就业服务供应能力，加强政府就业供应力度，实现区域就业服务资源的统筹。

联动力——机制建设：公共服务通常以属地化配置为原则，供给过程涉及众多组织、单位和部门，易出现职能交叉、信息不畅、利益相争、分配不当等问题。应明确增强部门间联系，强化部门间协作。建立部门联动会议机制，通过定期会议加大部门沟通、掌握实施情况、吸纳各方意见、处理各方矛盾。

## （二）改善发展环境促进均衡

四川公共服务均等化的推进路径有四：一是内功培养，促进经济发展；二是借力使力，加大转移支付；三是促进流动，消除地方割据；四是观念转换，扩大文化包容。

缩小欠发达地区与发达地区经济发展差距。加强与灾后重建对口援建地区的多方协作、合作，转换"授之以鱼"为"授之以渔"模式，抓住东部沿海地区产业转移、灾后重建，以及通道经济发展的大好机遇，增强地区经济的造血功能，提升地方经济实力。

促进地区间基本公共服务均等化的财力供求大体均衡。基本公共服务投入占地区财力的比重稳步增加，逐年加大基本公共服务支出的力度，根据经济发展梯度制定各地区基本公共服务支出占一般预算支出的比重；加大横向转移支付力度，保障欠发达地区的基本公共服务支出需求。

逐步消除不同区域居民间差别对待，促进人口转移。促进农村人口向城市和城镇转移，欠发达地区向发达地区迁移。逐步消除城乡居民差别对待，扩大基本公共服务覆盖面；加强职业技能培训，提高转移就业人口综合素质；完善流动人口子女义务教育制度，建立流动人口居住保障、社会保障、医疗保障等制度。

扩大文化包容，转换身份观念。处于不同地区、民族的群体或个体，在服务供给问题上存有不同的标准和意识。促进群众观念兼容，促进民族地区与"非民族地区"文化共同发展，加大群体参与力度，是提升不同群体服务满意度，推进基本公共服务均等化的有效措施。

## （三）扩大集聚效应提升效率

集聚效应（Combined Effect）是指各种产业和经济活动在空间上集中产生的经济效果，以及吸引经济活动向一定地区靠近的向心力，是导致城市形成和不断扩大的基本因素。通常而言，大城市具有多种集聚效应，如经济、文化、人才、交通乃至政治。大城市对人力资源的集聚效应为基本公共服务集中供给奠定了基础，而基本公共服务的集中供给可发挥基本公共服务供给的规模效应，提升服务供给的效率。

发挥公共服务聚集效应有三条路径：一是通过基本公共服务标准一致化的推进，发挥基本公共服务供给的规模效应。二是通过农村人口城镇化，促进城乡基本公共服务均衡。顺应农村人口城镇化的大势，通过居民身份转换、生活习惯养成，促进城乡融合，实现基本公共服务均衡。三是通过大城市公共服务能量辐射，提升周边地区公共服务质量，提高公共资源使用效率。

## （四）融合区域战略实现多赢

改革开放以来四川先后提出和实施过：依靠盆地、开发两翼（1984），一线、两翼（1992），两点、两线、两翼（1995），一点、一圈、两片、三区（1997），西部大开发下的四川五大区域协调发展战略（2000）。"十一五"期间，四川进一步提出五大经济区的区域发展战略和政策，重点推进与协调发展得到较好体现。"十二五"期间，四川提出"加快推进成渝经济区四川部分'一极一轴一区块'建设，建立健全区域协调互动机制，促进五大经济区协调发展"。以成渝通道轴经济发展为基础，抓住"成都都市圈增长极"培养、"天府新区"建设的契机，依托成都经济区、川南经济区、川东北经济区、攀西经济区、川西北生态经济区的协调发展，构建比较优势突出、区域特色鲜明、区际良性互动的多极发展格局。

应综合考量均等化推进策略与区域发展战略。通过加强交通基础设施建设，强化成渝经济圈、天府新区、经济发达城市对民族地区、欠发达地区、乡村的辐射力度；积极发挥"对口援建"在后灾后重建时期的作用，推行更为宽松的人口流动政策；通过推进城乡统筹战略，推进城乡基本公共服务均等化。

## 五、基本公共服务均等化保障措施

## （一）制定《四川省基本公共服务发展规划》

四川基本公共服务水平在全国排名靠后，与发达地区差距较大，民族地区、老少边穷地区情况更是如此。当前，四川灾后重建已顺利完成，随着通道经济打开、西部大开发新十年开始、藏区发展大跃进以及天府新区建设推进，四川经济发展将迈上新平台。在东部一些地方政府已经制定基本公共服务均等化地方规划并积极推进的大形势下，作为西部大省的四川应主动切合这一趋势，制定基本公共服务发展规划，发挥四川对西部的辐射带动和先行示范作用。

首先需要提出的是，广东、浙江等经济发达地区的基本公共服务水平较高，因此，这些地区更需强化的是"基本公共服务均等化"。对四川而言，基本公共服务是"低水平均等"，因此，在重视发展水平的基础上推行均衡才是当前工作的重点。从国家层面来看，2012 年 7 月出台的是"基本公共服务体系规划"而非"均等化规划"原因也在于此。故而，我们提出四川应制定《基本公共服务中长期发展规划》或《基本公共服务体系中长期规划》。该规划的制定既可响应国家对基本公共服务的关注，又考虑到了四川基本公共服务的发展状况。

《四川省基本公共服务中长期发展规划》的规划期应为 10—15 年，也就是从"十二五"开始，跨越 2—3 个五年规划，最终基本实现县（市、区）域内基本公共服务均衡发展，农村和老少边穷地区基本公共服务水平明显提高。建议由省发改委牵头，与省财政厅、省科研单位一起，组成编制组开展工作。该规划与中央部委出台的相关政策要吻合，并与《四川省国民经济与社会发展第十二个五年规划纲要》以及其他相关专项规划统筹、协调、衔接。

## （二）将基本公共服务纳入绩效考核体系

强化领导对基本公共服务的认识，将基本公共服务纳入领导考核体系。应建立基本公共服务绩效评价指标体系，建立公共服务均等化考核机制。在基本公共服务绩效评价指标体系下，强化对基本公共服务生产、供给部门的监督和约束，提升基本公共服务供应部门的绩效水平。通过拓宽公众参与渠道，建立社会多元参与机制，形成多元化的考评主体，按照公平、公开、公正的原则，设计符合公共服务供应部门工作特征、管理特性的科学、合理的考评体系，全面反映和考评基本公共服务均等化的水平以及体制机制、政策实施效果。建立长效组织机构，负责公共服务多部门间的工作协调、公民需求反馈、公共服务绩效评价及区域基本公共服务规划制定及执行工作。

## （三）均衡基本公共服务的财力供求

推进基本公共服务均等化，须有稳定可靠的财力来源保障，确保与全省财力发展状况相适应。到 2020 年，应实现四川基本公共服务领域的财政资金增长速度与财力增长水平相当。在保证基本公共服务支出增长略高于一般财政增长的前提下，通过加快区域经济增速、加大中央及省级财政转移支付力度、推进对口支援等措施实现全域人均基本公共服务支出均等的目标。

# 第十章　基本公共服务与区域经济包容性增长的专题研究

基本公共服务与区域经济发展这个话题在新型城镇化、经济一体化、民生改善、财政改革等视角有很多值得探讨的东西。该部分是课题组围绕当下有热度的话题所做的一些专题讨论，是在理论延展基础上扩大应用的积极尝试。

## 第一节　基于民生改善视角

古人云：天下顺治在民富，天下和静在民乐，天下兴行在民趋于正。民生关乎民心、民意、民喜与民乐，是关系人心向背的国之大事。自2002年胡锦涛同志提出"权为民所用，情为民所系、利为民所谋"之后，我国陆续推出一系列重大的民生工程，如实施农村免费义务教育、建立新型农村合作医疗制度、推进基本公共服务均等化等。这些民生工程对提高人们群众生产生活水平，促进社会和谐发展起到了很好的作用。

### 一、从供需角度看

基本公共服务立足民生、强调分享，是社会稳定、和谐发展的必然选择。谈民生必谈基本公共服务，是国内学术界、舆论界近年来形成的习惯。大多数人在思考民生与基本公共服务关系时，会就民生说基本公共服务，或就基本公共服务说民生。这个做法在一定层面上是正确的，因为基本公共服务与民生在内涵上有太多的契合。

拿需求来说，基本公共服务与民生具有很好的内在一致性，基本公共服务本身就是为了满足民众需求而产生的服务。只是，从需求角度看民生，看到更多的是"民之民生"，而非"国之民生"。众所周知，供需关系是共生的，就如作用力与反作用力，谁也缺不了谁。从需求角度看到的民生，其强调的是需求关系，更关心老百姓需要什么，不需要什么。因此，基本公共服务是否脱离、滞后人民群众所需，是否与时俱进，是衡量公共服务有效性的重要维度。党的十八大报告也专门就人民群众最为关心、急迫需求的教育、就业、收入、社会保障、健康等民生问题进行了阐述。

从供给角度看民生，是国之民生，强调的是供给关系，关心的是什么供、什么不供、如何供、供给谁的问题。国之民生不仅关注老百姓需要什么，也关注国家具备多大的公共服务能力，如何提高供给效率，让老百姓更加满意。党的十八大报告中就如何供给的问题提出了改革创新的思路，明确要求从"加快形成党委领导、政府负责、社会协同、公众参与、法治保障的社会管理体制，加快形成政府主导、覆盖城乡、可持续的基本公共服务体系"等路径，提升政府公共服务供给的效果、效率与效益。

明晰"国之民生"与"民之民生"之别，便可知晓党的十八大报告中提出的，"我国仍处于并将长期处于社会主义初级阶段的基本国情没有变，人民日益增长的物质文化需要同落后的社会生产之间的矛盾这一社会主要矛盾没有变""只有推动经济持续健康发展，才能筑牢国家繁荣富强、人民幸福安康、社会和谐稳定的物质基础"的深刻含义。民生改善不是一步到位的，应与国家经济发展同步前进，应与国家供给能力相匹配。民生供给不足，会造成发展中国家普遍存在的"民生缺失陷阱"；民生供给过量，又会造成发达国家存在的"高福利陷阱"。量力而行、不断拓展、逐步升级，寻求民生供需平衡是党和政府着眼发展现状，促进社会和谐，实现全面建成小康社会奋斗目标的英明决策。

## 二、从经济角度看

领悟政府推进民生改善、实施基本公共服务策略的精妙之处，必须跳出基本公共服务与民生这两点的局限，因为民生改善与实施基本公共服务都离不开"经济发展"这个重要的因素。

经济发展与经济增长是两个不同的概念，是包含与被包含的关系。经济增长是经济发展的基础，但良好的经济增长并不等同于良好的发展。中国30年来的高速增长付出的代价是高昂的，资源短缺，环境破坏、贫富差距悬殊等问题已威胁到社会稳定。党和政府坚持民生优先，推进民生改善、实施基本公共服务策略的根本目的在于，清除一部分官员头脑中的"唯 GDP 发展观"，加快转变国民经济发展方式，提高经济发展质量，推动经济又好又快发展。

民生发展是在经济增长基础上对经济发展质量的诉求。没有经济增长也就没有经济发展，民生发展也是空谈。党的十六大报告、十七大报告提出"全面建设小康社会"，党的十八大报告提出"全面建成小康社会"的奋斗目标。在小康社会这一宏伟目标的细化指标中，既包括经济类指标，也包括诸如增加居民收入、健全社会保障、保护生态环境、促进教育均衡等民生类指标。把民生类指标放入发展指标体系，并赋予很高的权重是党和政府关心民生，重视民生，将民生视为衡量发展质量关键内容的具体表现。

## 三、民生发展双轨

民生发展有两条并行轨道，即发展水平提高和公平程度改善。这与基本公共服务的分析视角是一致的。进一步说，以基本服务促进民生改善可从两条路径去突破：一是通过提升基本公共服务水平拉高民生；二是通过推进基本公共服务均等化，践行民生公平。

提升基本公共服务水平，就是提升民生发展水平。2012 年 7 月我国发布了《国家基本公共服务体系"十二五"规划》。该《规划》对基本公共服务范围作出了界定：基本公共服务包括保障基本民生需求的教育、就业、社会保障、医疗卫生、计划生育、住房保障、文化体育等领域的公共服务，也包括与人民生活环境紧密关联的交通、通信、公用设施、环境保护等领域的公共服务，还包括保障安全需要的公共安全、消费安全和国防安全等领域的公共服务。基本公共服务涵盖了民生诸多方面，全面启动基本公共服务，对改善人民群众生产、生活环境，提高个人可行能力具有良好的作用。

推进基本公共服务均等化，就是推进民生公平。在我国，推进基本公共服务均等化的当前任务是区域均衡（发达地区与欠发达地区、民族地区与非民族地区等）和群体均衡。一部分学者赞成"经济发展好的地区基本公共服务也较好"这个观点。该论断的基本逻辑是，地区经济发展水平的优劣，对应着地方财政的贫富，对应着地方政府基本公共服务支出能力的大小。但现实情况是，经济不发达地区的基本公共服务也可以很好。从四川来看，甘孜、阿坝这两个经济欠发达的民族自治区在全省21个市州的基本公共服务水平排名靠前，超过了省内一些经济发达的地区。可见转移支付制度和民族发展政策在支撑基本公共服务方面具有非常重要的作用，可以促进经济欠发达地区基本公共服务的跨越式发展，促进民生在区域之间、群体之间的公平。

## 四、政府任重道远

如果说"国计民生"中的"国计"是由经济发展来支撑的话，那么"民生"就是由基本公共服务来实现的。虽然民生与基本公共服务存在巨大的交集，但二者并不完全相等。改善民生主要采用提高基本公共服务水平来实现，但也要以其他手段作为补充。民生的范围不应太广，从政府工作、政府职能和政府财政支出来看，可以讲归根到底都是为了人民，但如果将民生概念"泛化"，则"改善民生"的提法就没有任何意义。例如对于公共设施和公用事业，只有对民众免费的部分，以及由政府补贴没有按市场价格向民众收费的部分，才可称为公共服务，才是改善民生的手段。政府投资的营利性、全收费的基础设施只会挤占与基本民生直接相关的公共服务开支。总之，不能把"民生"当作个筐，什么都往里面装。

党的十六大以来的十年，我们实施城乡免费义务教育，谋求"新农合"与"新农保"的广泛覆盖，频出以基本公共服务保障和改善民生的大手笔。但是，正如党的十八大报告所指出的："提高人民物质文化生活水平，是改革开放和社会主义现代化建设的根本目的。"我们必须以基本公共服务为抓手，多谋民生之利，多解民生之忧，使改革发展成果更多更公平惠及全体人民，保证人民过上更好生活，开创社会和谐人人有责、和谐社会人人共享的生动局面。

# 第二节　基于财政改革视角

中国经济三十多年的高速增长在改善人们物质生活条件的同时，也激发了人们分享公共服务的强烈愿望。众所周知，公共服务供给离不开公共财政的支撑。"长期以来，我国财政体制的诱致性变迁发挥了重要作用，尤其是财政分权体制赋予了地方政府剩余索取权及地方政府官员的晋升锦标竞赛，为中国经济快速增长奠定了一系列重要动力源[①]。"但庆幸之余，我们注意到，在现行财政制度下，区域间、群体间在公共服务供给过程中产生了较为明显的排斥和对抗。从我国现状来看，政府是基本公共服务的主要供应者，实施均等化战略需要大量的财政收入，必然导致区域间、群体间的竞争。优先发展 A 地区还是 B 地区，资金倾斜 C 群体还是 D 群体，面临两难冲突。从"经济增长"角度来看，"A 与 B"、"C 与 D"的关系似乎不可调和，饼的大小一旦确定，两手抓难免厚此薄彼。但从"包容性增长"角度来看，两者的关系不再是单一的线性，存在双赢的空间。

---

① 付文林、沈坤荣：《均等化转移支付与地方财政支出结构》，《经济研究》2012 年第5 期。

包容性增长（包容性发展）是强调以人为本，坚持经济社会协调、可持续发展的增长。包容性增长视角下的发展涵盖了经济增长、民生改善和社会进步，倡导的是权利公平、规则公正、成果共享和利益共容。在该视角下，对基本公共服务与公共财政展开讨论，既拓展了现有研究的框架，又对实践有所帮助。

## 一、相关研究文献评述

以"基本公共服务""财政"为主题词，在 CNKI 数据库中查询到相关研究成果 1400 余篇。从研究内容看，可分为六个板块：基本公共服务均等化与财政关系（刘尚希，2008；倪红日，2012）[①]、区域公共服务均等化与财政（田发，2013）[②]、民生财政与公共服务均等化（崔惠民，2011）[③]、弱势群体公共服务均等化与财政（张立承，2013）[④]、政府间财政关系与基本公共服务（安体富、任强，2010）[⑤]，以及各类公共服务均等化与财政，如文化（张启春，2014）[⑥]、卫生（卢洪友、田丹，2013）、社会保障（任海霞，2013）等。此外，在区域公共服务均等化与财政的研究中又细化为城乡（彭健，2009）、民族（刘梅，2010）和主体功能区（闻传国，2013）等多个分支。

学者认为，基本公共服务均等化中的财政作用有二：一是基本公共服务领域财政能力的均衡化；二是对政府投入及基本公共服务产出结果的评价和反馈。大部分学者认为，不完善的转移支付制度以及中央与地

---

① 刘尚希：《基本公共服务均等化与公共财政制度》，《经济研究参考》2008 年第 4 期。

② 田发、周琛影：《区域基本公共服务均等化与财政体制测度：一个分析框架》，《改革》2013 年第 1 期。

③ 崔惠民、张厚明：《公共财政走向民生财政：基本公共服务均等化的选择》，《经济问题探索》2011 年第 6 期。

④ 张立承：《以农民工基本公共服务均等化为导向的财政体制改革》，《经济研究参考》2013 年第 13 期。

⑤ 安体富、任强：《政府间财政转移支付与基本公共服务均等化》，《经济研究参考》2010 年第 47 期。

⑥ 张启春、李淑芳：《公共文化服务的财政保障：范围、标准和方式》，《江汉论坛》2014 年第 4 期。

方的税收分权是导致区域间公共服务供给差异的主要原因①。当然，单位成本和管理制度的作用也不可忽视。为促进均等化的实现，需要以财税制度改革引导公共资源配置。有的学者提出应通过大经济区划分，将现有财政均衡制度改革为大区域间的横向均衡制度（孙红玲、王柯敏，2007）。有的学者则指出，我国现阶段要加强对中西部地区的转移支付，逐步通过一般转移支付和专项转移支付替代税收返还②。在从发展型政府向服务型政府的过渡中，政府要充分借鉴西方国家经验，通过合同承包、许可经营、服务购买、凭单制等多种方式，为社会组织和市场力量参与公共服务供给创造条件（余洁、余佳，2014），实现市场化、社会化和社区化。有的学者还认为，应在公共财政支出的偏好均等化、支出效率均等化上做好文章③。

通过观察可知，以上研究是从财政角度分析推进我国基本公共服务均等化的方法、路径及对策建议，讨论主要集中在财政支出结构、财政能力均衡、政府职能转型等方面。由于基本公共服务均等化的实质是城乡之间、地区之间、群体之间的均等，而区域间、群体间的排斥、对抗（不包容）正是非均等的现实表现。因此，从包容性角度切入对两者的分析，具有重要的理论与现实意义。

## 二、以服务均等化促进四个包容

在包容性增长视角下，实现基本公共服务均等化要促进区域间包容，需要强化区域与其他区域的联系。从我国现状看，区域间不包容主要表现在：地方经济发展水平差距大；人力资源区域间流动不畅；区域间竞争多过合作；基本公共服务标准不一致。促进区域间包容，可从四个角度切入：一是成立行之有效的社会协作组织；二是促进基本公共服

---

① Laurence Kotlikoff, Bernd Raffelhueschen, "How Regional Differences in Taxes and Public Goods Distort Life Cycle Location Choices", NBER Working Papers 3598, National Bureau of Economic Research, Inc, 1991.

② 黄莹：《我国基本公共服务均等化问题研究》，《经济纵横》2012年第7期。

③ 冷毅：《地方财政支出与基本公共服务供给：一个总体框架》，《改革》2013年第11期。

务标准一致化；三是破除限制人力资源流动的制度性障碍；四是建立快速、融合的公共交通体系。行之有效的协作组织是从管理角度解决行政割据导致的发展困境。在全球成功的区域融合发展案例中，协作组织的建设都是亮点。如非官方和非营利性组织"纽约区域规划协会"负责编制纽约都市区规划；"巴罗委员会"负责英国伦敦大都市圈规划。促进基本公共服务标准一致化，是从环境角度减小人力资源区间流动的阻力。建立快速且高度融合的公共交通体系是实现跨区域合作的首选。在经济关联度高的城市群内，人们跨城市居住、工作、学习和购物的现象十分普遍。许多国家把"通勤率"纳入都市圈的衡量标准，反映出其对快速交通体系的依赖（王伟波，2012）。

在包容性增长视角下，实现基本公共服务均等化要促进群体间包容。从我国现状看，群体间不包容主要表现在：随着城乡二元结构向"城、半城、乡"三元结构转化，市民、准市民（农村转移人口）、农民三种异质性的社会群体不包容；处于不同机构组织的社会群体不包容；少数民族与非少数民族群体的不包容。基本公共服务均等化要立足群体需求的满足，从五个方面推进包容。一是关注群体需求满足的成本差异，避免因成本支出差异导致的不公平感。二是关注群体在需求实现过程中感知的程序公平。要强调个体努力与结果之间的正向关系，强调以阶层流动打破阶层固化。三是注重结果公平，要让个体获得的公共服务与其从事的工作、社会地位和家庭背景无关。四是关注代际公平。实现不同群体间的包容，需要将此代与下一代或更多代进行比较，实现此代与下一代资源共享，倡导可持续发展。五是注重群体需求偏好及服务差异化选择。包容性增长视角下，公共服务须考虑受众的民族、性别、年龄等特征，提供差别化的服务。大致相等的服务并不是指内容设计一致，而是在考虑偏好的条件下实现的均等。

包容性增长视角下，推进基本公共服务均等化不能让政府"独占鳌头"，需要发挥市场配置资源的作用，促进政府与市场包容。公共产品（服务）具有消费的非竞争性和非排他性，存在市场失灵的问题，因此，政府参与服务供给是必然之选。但必须明确的是，公共服务供给者未必要承担生产责任。特别在公共服务需求激增,服务内容细分的背景下,政府运用公共财政,在一些服务项目上,退出生产者角色是发展趋势。如果说,"政府采取计划性财政拨款形式向公共服务(产品)供给方直接投资的模式,是计划经济的产物"(王俊华,2002)。那么,从"计划采购"向"政府购买"模式转换,其本质是促进基本公共服务的市场化,是基本公共服务供给模式的创新。可从四个角度推进政府与市场的包容:一是弱化政府公共服务生产者角色,提升供给能力;二是搭建公共服务购买平台,确保社会组织的公平竞争;三是建立并完善公共服务购买制度,规范政府购买行为;四是完善公共服务供给监督制度,实施供给前后的绩效评估。政府购买公共服务是指,通过公开招投标,将服务交给有资质能力的社会组织来完成,并按市场劳务价格签订服务合约,对受委托社会组织的服务质量进行评估检验后,再支付服务费用的管理模式(常江,2014)。

包容性增长视角下,推进基本公共服务均等化要发挥社会的积极作用,促进政府与社会的包容,实现政府与社会的协调发展、兼容并进。当前,我国已形成"大政府、小社会"的局面。这里的"大"和"小"可从政府组织与社会组织的规模差距,以及政府组织与社会组织管理职能的广度和深度来衡量。我国"大政府"的形成与计划经济和政府管理职能的无限扩展有直接关系。新中国成立以来,我国实行的是计划经济,在此基础上形成了一套完整的行政管理体系,以实现政府在经济、社会、文化方方面面的管理。近年来,随着人们公共服务需求的增加,政府的供给责任不断加大,细化分工也导致了机构规模的扩张。加之,一些行政机构以及非行政机构热衷于设立下级行政机构,繁衍自身的科层体系,不断给行政组织创造出"腿和脚"(李新萌,2010),进一步加剧机构的冗余。"大政府"给国家发展带来三个问题:一是政府机构臃肿,加大财政负担;二是官员过多,机构运行效率低下;三是社会参与不足,政策执行及服务供给难度加大。促进政府和社会相容的基本路径有两条:一是抑制"大政府"成长,约束政府职能无限扩张;二是促进"小社会"成长,让社会替代政府的某些职能,增加人们参与国家管理的意识。可从两个角度切入政府和社会的包容：首先，鼓励社会组织建设，拓宽社会组织参与公共服务供给的渠道，提升社会组织的公共服务供给意识和能力。其次发挥社区作用。社区是社会组织的基层形式，具有快速收集信息、及时反馈需求的作用，是公共服务供给的重要阵地。抓住社区工作，就将基本公共服务的供应链延伸到了基层组织。

### 三、以公共财政转型促进包容

财权重心下移，促进各级政府财权与事权对等。在我国，基本公共服务事权由属地管理，供给责任主要由基层政府部门承担，由以县为单位的地方政府买单，但财权仍控制在上级政府、中央政府。这种安排对欠发达地区不利。一方面这些地区的财政收入有限，财政资源和服务供给能力不足，达到国家的公共服务供给标准难度很大。另一方面，转移支付制度可能造成地方财政支出的贴蝇纸效应，偏离转移支付的基本公共服务均等化目标。越是经济欠发达地区的政府对基本建设和行政管理支出项目的诉求越强烈（付文林、沈坤荣，2012）。因此，需要在财权重心下移的基础上规范分配程序，强化地方财政决策的监督机制。从目前的制度设计看，中央向地方政府的转移支付中，专项转移支付的力度大于一般转移支付。这对规范地方政府的资金使用起到了一定效果，但也造成了多部门、多口径重复投入的浪费。增加一般转移支付的比重，"松绑"专项转移是公共财政转型的重点。

促进政府购买，形成小政府、大社会发展格局。强化公共服务政府购买对拉动内需、降低行政成本，推动地方经济发展有正面影响，也是完善市场经济体制的有效举措。与此同时，政府购买对鼓励企业竞争，构建多元化社会管理体制，推动社会治理也有着积极意义，利于政府与社会组织形成稳固的伙伴关系。政府向社会组织购买公共服务可从三个方面促进"小政府、大社会"的形成。首先，政府将公共服务生产或供给的部分责任交由社会组织承担，规避了政府机构随服务供给职能增加而扩张的风险。其次，可以通过市场竞争提高公共服务供给的质量和效率，激励社会组织的成长。第三，人们需求的多样化、差异化对社会组织介入提出要求。拓宽人们群众参与公共服务供给的渠道，既能提高服务的满意度，又能促进社会和谐。增进政府购买的积极性与社会组织参与的热情同等重要。当前，政府购买公共服务的行为仍在试行和探索阶段。一些政府部门担心职能削弱，权力流失，不愿意将供给职能交由社会组织，而是要求增添编制、增拨经费、扩大办公场地。《政府采购法》（2003）中所列服务限于政府自身运作的后勤，未将基本公共服务（如公共教育、医疗卫生等）纳入，购买行为缺乏必要的制度保障。公共财政预算中缺乏购买公共服务的科目，经费无法保障。因此，从促进政府与社会包容的角度看，公共财政的转型既要依赖政府购买的制度化发展，也要有足够的资金支撑。

实行有效干预，倾斜弱势地区和弱势群体发展。包容性增长具有向善性，强调对弱势群体和弱势地区的关怀。而转移支付制度则是公共财政倾斜弱势地区和弱势群体的重要手段。以转移支付促进包容有四条主要路径：一是向农村倾斜，强化公共财政对农村发展的支撑作用。二是向欠发达地区倾斜，强化公共财政的均衡作用。三是向弱势群体（如城乡贫困家庭、受灾群众、低保对象）倾斜，以公共财政强化公共服务兜底作用。四是向矿产资源开发、生态保护任务重地区，向限制开发区和禁止开发区倾斜，通过转移支付实现这些地区财力与其他地区的均衡。

实施跨界合作，逐步减小公共服务的碎片化。改革开放以来，我国渐进式的社会保障体制建设已不可避免地导致了碎片化问题，对社会和谐产生危害。首先，碎片化不利社会公正，城镇居民、农村居民的社会保障标准不统一，企业、事业单位离退休职工的养老金存在较大差距，这些必然会加深城乡居民、单位职工的对抗性。其次，碎片化不利于人才流动。身份转化过程中社保关系难以转续，打压了人才从城市向农村、从事业单位向企业、从一个部门向另一个部门流动的积极性。第三，不利于财政风险的控制。减小公共服务的碎片化，要实施跨界合作，以跨界合作促进碎片的"粘合"。要从区域跨界合作、行业跨界合作和组织跨界合作三个层面入手，从信息网络平台建设、跨界合作机制建设、组织形态及功能调整多角度推进。

# 第十一章　结论与对策建议

基本公共服务与经济发展的关系比较复杂，往往因时滞而看不到明显因果。加之管理者趋利心态使其对区域发展的短期策略有极大偏好，影响基本公共服务均等化的推行广度与深度。本研究以问题为导向，从"包容性增长"而非"经济增长"的视角审视基本公共服务，通过让管理者了解基本公共服务作用区域经济的机理，转变管理者"唯经济增长"的观念，增强管理者推进基本公共服务均等化的信心。

## 一、主要结论

### （一）包容性增长视角下，发展基本公共服务与发展经济一脉相承

在实现"人的发展"这个目标上，基本公共服务与区域经济发展保持高度一致。包容性增长的前提是"增长"，重点是"包容"。这与区域经济强调"增长"，公共服务重视"包容"刚好吻合。两者都遵循"共同发展"和"均衡发展"的原则。"共同发展"是把蛋糕做大，"均衡发展"是把蛋糕分好。基本公共服务和区域经济无疑都要走先提升水平、再实现均衡的道路。包容性增长视角下，两者具有共享的特性。区域经济发展不能排斥弱势群体、贫穷地区以及下一代，而基本公共服务的本意就是让改革发展的成果能更好地惠及广大人民群众。

## （二）我国基本公共服务水平呈逐年递增态势

相比而言，社会保障水平增长最快，其次为公共安全、公共文化、医疗卫生和环境保护；公共教育和基础设施发展平稳；就业服务发展缓慢。基本公共服务的发展速度低于全国人均 GDP 增速和财政收入增速，存在改善力度不足的问题。总体而言，2005—2010 年我国基本公共服务均等化程度逐年增加，与 2000—2004 年形成强烈对比。

## （三）我国基本公共服务与区域经济的发展关系从不包容向包容转变

本研究从基本公共服务水平和均等化两个角度，分析基本公共服务与区域经济增长和包容性增长的关系。实证研究发现：从基本公共服务水平来看，2000—2004 年我国基本公共服务与经济增长高相关，但与包容性增长相关度较低；2005—2010 年我国基本公共服务与经济增长、包容性增长高相关，发展趋势基本一致。从基本公共服务均等化来看，2000—2004 年我国基本公共服务均等化与经济增长、包容性增长高相关。因均等化系数为逆指标，基本公共服务均等化与经济增长、包容性增长方向不一致。2005—2010 年我国基本公共服务均等化与经济增长、包容性增长高相关（相关系数为负），基本公共服务均等化与经济增长、包容性增长方向趋于一致。2000—2010 年我国基本公共服务水平与经济增长、包容性增长是并驾齐驱的，即经济状况越好，基本公共服务水平越高。以 2005 年为分水岭，基本公共服务不均等问题有了较大改善。2000—2010 年，基本公共服务均等化与经济增长、包容性增长从发展方向"相左"向发展方向"一致"转型。概言之，以 2005 年为分水岭，我国基本公共服务与区域经济的发展关系已从不包容向包容转变。

## （四）基本公共服务与区域经济的包容性隐含在两者的作用机理中

经济学角度：基本公共服务通过公共支出作用区域经济，但两者相关度的大小以及正、负相关并不确定。经济性公共服务通过投资与技术进步拉动经济增长，社会性公共服务主要作用于民众个体，其与区域经济的发展关系最易遭到质疑，但具有提高劳动效率的作用。基本公共服务通过效率改善促进经济增长。可将基本公共服务分为提高交易效率和提高劳动效率两大类。公共交通、通讯网络、电视电台服务、天气预报等基本公共服务具有提高交易效率的功能。医疗卫生、公共教育、基础设施、技术推广、公共文化等可以改善劳动条件，提高劳动者受教育水平、心理素质和劳动技能，具有提高劳动效率的作用。提高基本公共服务水平或是推进基本公共服务均等化都会促进国民收入向社会福利转移。从补偿原则看，随着经济发展水平提升，政府有更多的财力用于公共服务供给，提高财政支出用于公共服务的比例会改变原有的利益结构，使得社会福利总量得以增进。从社会福利理论来看，公共服务的供给并非均等就好，而应兼顾个体、群体需求的"相对均等化"，要关注个体、群体甚至区域发展的偏好。

管理学角度：从需求层次理论看，发展基本公共服务与发展区域经济是相辅相成的。第一，基本公共服务的良好实施对减小社会贫富差距，营造和谐公平的发展氛围有良好作用。第二，没有得到满足的需要和得到满足的需要都会促进人们向着新的需要水平发展。第三，一个地区基本公共服务的优劣是人才流动的决定性因素。从公平理论来看，公共服务将社会财富向弱势群体、欠发达地区转移，打破了"经济发展差→基本公共服务差→经济发展更差"因果链，对弱势地区经济发展有直接的带动作用。从期望理论来看，提高基本公共服务水平，提升基本公共服务均等化程度，需要关注官员期望和公民期望，建立"官员努力→官员目标""个人努力→个人目标"的逻辑线，促进官员、民众积极作为。

系统理论角度：包容性增长强调的是包容多个层次（宏观、中观和微观）、多个阶段（起点、过程和结果）、多个要素（人、资源、环境）的增长，强调的是这些层次、阶段和要素之间是兼容并进的关系。基本公共服务影响区域经济增长有作用于投资、消费和效率（资源利用效率）等多个路径。具体而言，投资和消费是拉动区域经济增长"三驾马车"中的两驾，基本公共服务通过直接促进投资和消费促进区域经济增长；基本公共服务通过降低社会风险，减小分工成本和交易成本，以及提高个体劳动生产率促进区域经济增长；基本公共服务促进要素流动，促进区域统一市场的形成，优化资源配置，促进区域经济增长。基本公共服务影响包容性增长的路径有提高个体可行能力，提高公民满意度，增进机会公平，促进包容性增长；通过效率提升，公平实现，促进社会福利增进，促进群体间包容性增长；通过统一市场形成，逐步消除区域发展阻碍，减小区域发展差距，促进区域间包容性增长。

## （五）基本公共服务与区域经济的静态结构关系

本书运用解释结构模型法建立了"基本公共服务作用区域经济发展 – ISM"模型（参见第六章，图 6 – 3），实现了三个目标：一是归纳、整理了学界对基本公共服务与区域经济关系的现有成果；二是利用计算机将复杂不清的要素关系进行了整理，明确了从下至上 26 个要素共 9 个层次的关系；三是对基本公共服务作用区域经济的路径进行了系统描述。研究结论如下：

"基本公共服务作用区域经济发展解释结构模型"分为 9 层，分别为最终目标层、次级目标层、作用路径层、直接作用经济增长要素层、间接作用经济增长要素层、劳动者素质作用要素层、基本公共服务层、基本公共服务影响要素层和理念层。其中，基本公共服务、经济增长和消费是核心要素，在整个系统的要素关系间起到桥梁的作用。

"以基本公共服务促进区域经济发展"的七条路径：发展基础教育、基础医疗，以劳动者素质提升，推动科学技术进步，促进区域经济增长；通过社会保障制度的完善，转变养儿防老、土地养老、储蓄养老等多种传统养老观念，提升不同年龄群体的消费欲望，释放消费空间；以转移支付实现区域间经济发展的均衡，扩宽经济不发达地区公民的消费需求；以基本公共服务促进个体就业，提升个体和家庭的收入，提高消费能力；以基本公共服务促进区域投资（基础设施），拉动经济增长；以基本公共服务细化社会分工，促进交易效率提升；以基本公共服务推动财富的再分配，促进社会公平，提升经济发展质量。

## （六）基本公共服务与区域经济的动态时间关系

信息和物质传递需要一定的时间，于是带来了输入和输出、原因和结果的滞后，这个滞后被称为时滞。时滞是干扰基本公共服务与区域经济关系认知的重要原因。设定系统内存在三种时滞，即基本公共服务时滞（基本公共服务影响就业、社会保障、基础设施所需时间）、财政调节时滞（经济增长、绩效影响财政调节所需时间）和经济发展时滞（经济增长影响经济发展所需时间）。

考核"经济增长"的系统动力学模型。财政调节速度越快，"经济增长"和"绩效"能越快地反映到财政部门，对"经济增长"和"绩效"都好，反之则不然。"财政调节时滞"对"基本公共服务"的影响远远大于政策制定者。因此，"加快财政调节的频率"这个目标很难纳入政策制定者的"法眼"。短期来看，基本公共服务"投入"与"产出"之间的时间间隔长短对"经济增长"和"绩效"作用不大，这也是基本公共服务不受政府官员关注的主要原因之一。但长期来看，基本公共服务"投入"到"产出"的时间越短，对系统内部要素的发展越好。

考核"经济发展"的系统动力学模型。短期来看，财政调节的速度对"经济发展""经济增长""绩效"没有太大影响。但长期来看，财政调节的速度越快，基本公共服务就更好。"经济增长"到"经济发展"需要的时间越长，经济成长就越好。也就是说，好的"经济发展"需要等待的时间较长。"经济发展时滞"对"绩效"影响明显，且时滞越大"绩效"越低。这意味着"经济发展"需要的时间越长，"绩效"表现越差。这也是大部分官员倾向"经济增长"考核，而非"经济发展"考核的原因。

考核"经济增长"与考核"经济发展"的比较。在关心"经济增长"的背景下，减小"基本公共服务时滞"对"经济增长"是有效的。

但需注意的是，以减小时滞促进"经济增长"并不是短期内可以看出来的。在关心"经济发展"的背景下，减小"经济发展时滞"对提升"经济发展"质量有着很好的效果。从实践角度看，提升财政调整速度、增加"经济增长"到"经济发展"的时间对"基本公共服务"都是有利的。也就是说，提高基本公共服务水平，政府应及时纠偏或制定中长期规划。

### （七）我国基本公共服务的政策分析

首先，本书从就业服务、社会保障、医疗卫生、公共教育、生态环保、公共文化六个方面，对我国2000—2015年间公共服务发展的阶段性目标进行了比较，提出了这些方面公共政策的特征。其次，对公共服务的推进重点的变化进行了分析。第三，提出现行政策的四个倾斜方向：一是向公共教育、就业服务、住房保障和基础设施建设倾斜；二是向农村地区、贫困地区和弱势群体倾斜；三是向经济性和社会性服务倾斜；四是强化服务体系建设。

基本公共服务政策改革的关键点：（1）强化重点。时间上，短期目标与长期目标相结合；空间上，突破隔阂与统筹管理同步；管理上，减少包办与强化监督并举；制度上，体系建设与监督执行共推；项目上，强化推进与持续巩固兼行。（2）侧重均衡。"关心经济"与"关心个体"、"短期发展"与"长期发展"、"空间均衡"与"群体均衡"、"经济合作"与"产业衔接"都要注重均衡。（3）凸显效果。优化资源配置，减小区域发展差距；改善生态环境，促进可持续性发展；提高群体素质，均衡人才区域分布；提升政府效能，促进服务质量改善。

## 二、对策建议

基于包容性增长视角，基本公共服务与区域经济共赢发展的思路如下：

把握好基本公共服务的快进节奏与快速通道。保证基本公共服务与区域经济发展水平相当，在避免过度福利的同时，允许一部分服务适度

超前（如基础教育）。引导"消极福利"向"积极福利"转型，主张
"工作替代福利"。探寻政府干预与市场自由的中间路线，走"第三条
道路"，力求"人文关怀＋经济效率"双轨并进。服务供给层面逐步实
现"公私合作"，以服务合同外包、建立"合作政府"等带动公共服务
供给能力大幅提升。持续增加基本公共服务支出，提高具有扶贫济困性
质的一般转移支付规模和比例，鼓励发达地区对口支援贫困地区。

以基本公共服务一体化促进区域经济一体化。区域开放度增加导致
的直接结果是，各地对发展多边经济的诉求不断增强。同城化、都市
圈、城市群以及近期备受关注的"一带一路"战略都是经济一体化的
具体表现。配合经济一体化的发展趋势，基本公共服务一体化势在必
行。基本公共服务一体化是指，某区域内的公民享受到的服务具有资源
共享、制度对接、流转顺利的特征。可从区域跨界、项目跨界和组织跨
界三个层面推进。其中，区域跨界重交通基础设施建设，意在提高区间
人员通勤率和生产要素流动率。项目跨界重在基础教育、社保医疗等公
共服务的大区域统筹，实现人力资源区域间流动无障碍。组织跨界强调
政府、企业和社会组织三方合作，以信息平台搭建、组织机构设立和互
动机制建设为着力支撑点。

以基本公共服务助推新型城镇化，拓展经济发展空间。新型城镇化
既加速了社会分工，又创造了巨大的消费市场，是经济发展的强大引
擎。以基本公共服务带动新型城镇化需要强化"三宜"，即宜居、宜业
和宜人。具体做法是，做好住房保障工作，改善人民群众居住条件；创
造更多的非农就业岗位，带动农民工从"好就业"向"就好业"转型；
完善公共基础设施，构建现代公共文化服务体系，改善人民群众生产生
活的环境。

以标准化提升服务品质，优化经济发展软环境。标准化是被广泛采
用的技术支撑，依循"工业→农业→服务业"的渗透规律。目前德国、
美国和英国等发达国家出台的公共服务标准数量最多，我国则处在起步
阶段。由于服务标准迥异，导致服务对象在跨区域、跨行业和跨机构的
流动中存在横向无法打通、纵向难以连贯的尴尬局面。我国应将基本公

共服务标准化作为均等化的考核内容，强化公共服务标准化理论的研究，开展公共服务领域基础通用标准的制定，鼓励标准化组织发展，增加标准化试点，力争在一些地区先行先试、逐步推广。

以基本公共服务民营化、市场化和社会化激发经济成长内生动力。"三化"（民营化、市场化、社会化）的实质是基本公共服务供给载体扩大化，通过政府购买带动市场、社会的参与，既借助了市场力量优化资源配置，又可为政府服务垄断、机构冗余解套。在符合《政府采购法》的基础上，不断扩大发包的领域，明确对非营利组织的优惠政策，是调动企业、社会组织积极性，实现公共服务精细化管理的极优路径。当然，也可通过联合生产、公共服务民营化，鼓励社会组织参与公益性服务等方式实现公共服务广度、深度的拓展，激发区域经济成长的内生动力。

# 附　　录

## 附录1　基本公共服务综合绩效及人均GDP

各地区基本公共服务综合绩效及人均GDP（2000—2004年）

| 地区 | 绩效得分 | 人均GDP（元） | 地区 | 绩效得分 | 人均GDP（元） |
|------|---------|---------------|------|---------|---------------|
| 北　京 | 0.6318 | 29110 | 山　西 | 0.3991 | 6666 |
| 上　海 | 0.6313 | 42920 | 内蒙古 | 0.3987 | 7971 |
| 天　津 | 0.5112 | 23722 | 陕　西 | 0.3982 | 5867 |
| 广　东 | 0.4705 | 15713 | 湖　南 | 0.3910 | 6986 |
| 江　苏 | 0.4632 | 15320 | 新　疆 | 0.3883 | 8933 |
| 辽　宁 | 0.4447 | 13362 | 河　南 | 0.3821 | 6969 |
| 福　建 | 0.4338 | 13931 | 四　川 | 0.3815 | 6066 |
| 山　东 | 0.4224 | 12450 | 江　西 | 0.3814 | 6154 |
| 吉　林 | 0.4201 | 8618 | 宁　夏 | 0.3781 | 6111 |
| 黑龙江 | 0.4157 | 10721 | 安　徽 | 0.3766 | 6026 |
| 青　海 | 0.4106 | 6626 | 云　南 | 0.3764 | 5415 |
| 海　南 | 0.4051 | 7920 | 广　西 | 0.3772 | 5450 |
| 河　北 | 0.4043 | 9714 | 贵　州 | 0.3661 | 3306 |
| 重　庆 | 0.4035 | 6795 | 甘　肃 | 0.3604 | 4697 |
| 湖　北 | 0.4207 | 8566 | / | / | / |

资料来源：陈昌盛、蔡跃洲：《中国政府公共服务：体制变迁与地区综合评价》，中国社会科学出版社2007年版。

# 附录 2　基本公共服务政策

### 表 1　公共教育类政策

| 序号 | 规划、政策、文件名称 |
|---|---|
| 1 | 财政部　国家发展改革委　教育部　人力资源社会保障部关于扩大中等职业学校免学费政策覆盖范围的通知 |
| 2 | 教育部关于"十二五"期间加强中等职业学校教师队伍建设的意见 |
| 3 | 教育部关于大力加强中小学教师培训工作的意见 |
| 4 | 国务院关于当前发展学前教育的若干意见 |
| 5 | 教育部等九部门关于加快发展面向农村的职业教育的意见 |
| 6 | 教育部关于加快推进职业教育信息化发展的意见 |
| 7 | 国务院关于加强教师队伍建设的意见 |
| 8 | 财政部　教育部关于建立普通高中家庭经济困难学生国家资助制度的意见 |
| 9 | 教育部　发展改革委　民政部　财政部　人力资源社会保障部　卫生部　中央编办　中国残联关于进一步加快特殊教育事业发展的意见 |
| 10 | 教育部关于进一步完善职业教育教师培养培训制度的意见 |
| 11 | 教育部关于切实做好2011年普通高等学校家庭经济困难新生入学"绿色通道"等资助工作的通知 |
| 12 | 教育部关于全面实施教育收费治理工作责任制的通知 |
| 13 | 国务院关于深入推进义务教育均衡发展的意见 |
| 14 | 农业部　教育部关于实施基层农技推广特设岗位计划的意见 |
| 15 | 国务院扶贫办关于实施面向贫困地区定向招生专项计划的通知 |
| 16 | 教育部　财政部关于实施职业院校教师素质提高计划的意见 |
| 17 | 教育部关于实施卓越工程师教育培养计划的若干意见 |
| 18 | 教育部关于推进高等职业教育改革创新引领职业教育科学发展的若干意见 |
| 19 | 教育部关于推进中等和高等职业教育协调发展的指导意见 |

续表

| 序号 | 规划、政策、文件名称 |
|---|---|
| 20 | 教育部关于印发《教育信息化十年发展规划（2011—2020 年）》的通知 |
| 21 | 财政部　教育部关于印发普通高中国家助学金管理暂行办法的通知 |
| 22 | 教育部办公厅　财政部办公厅关于做好 2011 年"中小学教师国家级培训计划"实施工作的通知 |
| 23 | 教育部办公厅　财政部办公厅关于做好 2011 年农村义务教育阶段学校教师特设岗位计划有关实施工作的通知 |
| 24 | 教育部办公厅关于做好 2011 年秋季开学进城务工人员随迁子女义务教育就学工作的通知 |
| 25 | 教育部关于做好 2012 年全国普通高等学校毕业生就业工作的通知 |
| 26 | 教育部办公厅关于做好少数民族双语教师培训工作的意见 |
| 27 | 国家中长期教育改革和发展规划纲要（2010—2020 年） |
| 28 | 教育部　国家发展改革委　财政部关于举办内地新疆中职班的意见 |
| 29 | 教育部关于印发《全国教育人才发展中长期规划（2010—2020 年）》的通知 |
| 30 | 国务院办公厅关于转发教育部等部门特殊教育提升计划（2014—2016 年）的通知 |

### 表 2　医疗卫生类政策

| 序号 | 规划、政策、文件名称 |
|---|---|
| 1 | 国务院关于印发"十二五"期间深化医药卫生体制改革规划暨实施方案的通知 |
| 2 | 卫生部　财政部　国家人口和计划生育委员会关于促进基本公共卫生服务逐步均等化的意见 |
| 3 | 卫生部　中央编办　国家发展改革委　财政部　人力资源社会保障部关于公立医院改革试点的指导意见 |
| 4 | 卫生部　民政部　财政部　农业部　中医药局关于巩固和发展新型农村合作医疗制度的意见 |
| 5 | 人力资源和社会保障部　财政部关于基本医疗保险异地就医结算服务工作的意见 |
| 6 | 国务院医改办公室印发《关于集中开展县级及县以下基层人员医改培训的意见》 |

| 序号 | 规划、政策、文件名称 |
|---|---|
| 7 | 六部门印发关于加强卫生人才队伍建设的意见 |
| 8 | 国务院办公厅关于进一步加强乡村医生队伍建设的实施意见 |
| 9 | 国务院办公厅关于建立健全基层医疗卫生机构补偿机制的意见 |
| 10 | 国务院办公厅转发发展改革委卫生部等部门关于进一步鼓励和引导社会资本举办医疗机构意见的通知 |
| 11 | 国务院办公厅关于进一步加强乡村医生队伍建设的指导意见 |
| 12 | 关于开展提高农村儿童重大疾病医疗保障水平试点工作的意见 |
| 13 | 国务院办公厅转发发展改革委财政部卫生部关于清理化解基层医疗卫生机构债务意见的通知 |
| 14 | 人力资源和社会保障部　财政部关于全面开展城镇居民基本医疗保险工作的通知 |
| 15 | 卫生部等4部门关于商业保险机构参与新型农村合作医疗经办服务的指导意见 |
| 16 | 中共中央　国务院关于深化医药卫生体制改革的意见 |
| 17 | 卫生部　国家发展改革委　财政部关于推进新型农村合作医疗支付方式改革工作的指导意见 |
| 18 | 人力资源和社会保障部　财政部　国务院国有资产监督管理委员会　监察部关于妥善解决关闭破产国有企业退休人员等医疗保障有关问题的通知 |
| 19 | 财政部　国家发展改革委　人力资源和社会保障部　民政部　卫生部关于完善政府卫生投入政策的意见 |
| 20 | 卫生部　财政部关于做好2011年基本公共卫生服务项目工作的通知 |
| 21 | 卫生部　财政部　民政部关于做好2012年新型农村合作医疗工作的通知 |
| 22 | 财政部　卫生部关于印发《基层医疗卫生机构财务制度》的通知 |
| 23 | 国务院办公厅关于印发建立和规范政府办基层医疗卫生机构基本药物采购机制指导意见的通知 |
| 24 | 卫生部关于印发《居民健康卡管理办法（试行)》的通知 |
| 25 | 财政部　民政部关于印发《农村医疗救助基金管理试行办法》的通知 |
| 26 | 国务院批转《卫生事业发展"十一五"规划纲要》的通知 |

续表

| 序号 | 规划、政策、文件名称 |
|---|---|
| 27 | 财政部　人力资源社会保障部关于印发《新型农村社会养老保险基金财务管理暂行办法》的通知 |
| 28 | 国务院关于印发医药卫生体制改革近期重点实施方案（2009—2011年）的通知 |

### 表3　就业服务类政策

| 序号 | 规划、政策、文件名称 |
|---|---|
| 1 | 国务院关于批转促进就业规划（2011—2015年）的通知 |
| 2 | 人力资源和社会保障部《关于采取有效措施缓解当前部分地区就业中结构性短缺问题的通知》 |
| 3 | 国务院办公厅转发人力资源社会保障部等部门关于促进以创业带动就业工作指导意见的通知 |
| 4 | 人力资源和社会保障部关于加强高校毕业生职业培训促进就业的通知 |
| 5 | 人力资源和社会保障部关于加强就业援助工作的指导意见 |
| 6 | 国务院办公厅关于加强普通高等学校毕业生就业工作的通知 |
| 7 | 国务院关于加强职业培训促进就业的意见 |
| 8 | 人力资源和社会保障部　财政部关于进一步规范农村劳动者转移就业技能培训工作的通知 |
| 9 | 人力资源和社会保障部　财政部关于进一步完善公共就业服务体系有关问题的通知 |
| 10 | 人力资源和社会保障部关于进一步加强基层平台就业工作若干问题的意见 |
| 11 | 人力资源和社会保障部　财政部关于进一步落实就业政策加强就业专项资金管理工作的通知 |
| 12 | 人力资源和社会保障部、财政部《关于进一步落实就业政策加强就业专项资金管理工作的通知》 |
| 13 | 国务院办公厅关于进一步做好农民工培训工作的指导意见 |
| 14 | 国务院关于进一步做好普通高等学校毕业生就业工作的通知 |
| 15 | 人力资源和社会保障部办公厅《关于开展2010年农民工劳动合同签订"春暖行动"的通知》 |

续表

| 序号 | 规划、政策、文件名称 |
|---|---|
| 16 | 人力资源和社会保障部 财政部关于实施 2012 年国家级高技能人才培训基地建设项目的通知 |
| 17 | 国务院办公厅关于切实做好当前农民工工作的通知 |
| 18 | 人力资源和社会保障部《关于开展创建创业型城市工作绩效考核评估的通知》 |
| 19 | 人力资源和社会保障部 国家发展和改革委员会员会 教育部 科学技术部 工业和信息化部 财政部 中国人民银行 国家工商行政管理总局 共青团中央关于实施大学生创业引领计划的通知 |
| 20 | 人力资源社会保障部办公厅关于推广使用全国职业培训补贴实名制管理系统的通知 |
| 21 | 人力资源和社会保障部办公厅关于推荐农村劳动力转移就业工作示范县的通知 |
| 22 | 财政部 国家税务总局关于支持和促进就业有关税收政策的通知 |
| 23 | 劳动保障部关于做好被征地农民就业培训和社会保障工作指导意见的通知 |
| 24 | 人力资源和社会保障部办公厅《关于做好当前失业保险工作稳定就业岗位有关问题的通知》 |
| 25 | 人力资源和社会保障部关于做好失业动态监测工作有关问题的通知 |
| 26 | 人力资源和社会保障部 国家发展和改革委员会 财政部 工业和信息化部 国务院国有资产监督管理委员会 国家能源局 中华全国总工会关于做好淘汰落后产能和兼并重组企业职工安置工作的意见 |

表 4　社会保障类政策

| 序号 | 规划、政策、文件名称 |
|---|---|
| 1 | 民政部关于印发"农村五保供养服务设施建设霞光计划"实施方案（2011—2015 年）的通知 |
| 2 | "十一五"流浪未成年人救助保护体系建设规划 |
| 3 | 国务院关于开展城镇居民社会养老保险试点的指导意见 |
| 4 | 国务院办公厅关于积极稳妥推进户籍管理制度改革的通知 |
| 5 | 人力资源社会保障部 财政部 国家卫生和计划生育委员会关于进一步做好基本医疗保险异地就医医疗费用结算工作的指导意见 |

| 序号 | 规划、政策、文件名称 |
|---|---|
| 6 | 国务院办公厅关于加快推进残疾人社会保障体系和服务体系建设的指导意见 |
| 7 | 财政部　民政部关于加强城乡最低生活保障资金预算执行管理工作的通知 |
| 8 | 国务院办公厅关于加强孤儿保障工作的意见 |
| 9 | 国务院关于建立健全普通本科高校高等职业学校和中等职业学校家庭经济困难学生资助政策体系的意见 |
| 10 | 民政部　国家发展改革委　财政部　国家统计局关于进一步规范城乡居民最低生活保障标准制定和调整工作的指导意见 |
| 11 | 国务院关于进一步加强和改进最低生活保障工作的意见 |
| 12 | 民政部　财政部　卫生部　人力资源和社会保障部关于进一步完善城乡医疗救助制度的意见 |
| 13 | 人力资源和社会保障部　财政部　卫生部关于开展城镇居民基本医疗保险门诊统筹的指导意见 |
| 14 | 人力资源和社会保障部关于开展社会保险标准化工作的指导意见 |
| 15 | 人力资源和社会保障部关于推进工伤保险市级统筹有关问题的通知 |
| 16 | 人力资源和社会保障部办公厅关于做好当前新型农村和城镇居民社会养老保险试点工作的通知 |
| 17 | 人力资源和社会保障部　卫生部　财政部关于印发《流动就业人员基本医疗保障关系转移接续暂行办法》的通知 |
| 18 | 人力资源和社会保障标准化规划（2011—2015年） |
| 19 | 人力资源和社会保障部关于印发《人力资源和社会保障事业发展"十二五"规划纲要》的通知 |
| 20 | 国务院办公厅关于印发社会养老服务体系建设规划（2011—2015年）的通知 |
| 21 | 财政部　民政部关于印发《中央财政流浪乞讨人员救助补助资金管理办法》的通知 |

### 表5　环境保护类政策

| 序号 | 规划、政策、文件名称 |
|---|---|
| 1 | 交通运输部关于印发《公路水路交通运输环境保护"十二五"发展规划》的通知 |

| 序号 | 规划、政策、文件名称 |
|------|------------------------|
| 2 | 国务院关于加强环境保护重点工作的意见 |
| 3 | 国务院办公厅转发环保总局等部门关于加强农村环境保护工作意见的通知 |
| 4 | 国务院办公厅厅关于进一步推进三北防护林体系建设的意见 |
| 5 | 环境保护部办公厅关于开展环境与经济形势分析试点工作的通知 |
| 6 | 国家发展改革委 财政部 国家林业局关于开展西部地区生态文明示范工程试点意见通知 |
| 7 | 国务院关于落实科学发展观加强环境保护的决定 |
| 8 | 国务院办公厅关于深入开展全民节能行动的通知 |
| 9 | 国务院关于印发国家环境保护"十二五"规划的通知 |
| 10 | 财政部关于印发《国家重点生态功能区转移支付办法》的通知 |
| 11 | 国务院关于印发节能减排"十二五"规划的通知 |
| 12 | 财政部 国家能源局 农业部关于印发《绿色能源示范县建设补助资金管理暂行办法》的通知 |
| 13 | 财政部 国家林业局关于印发《天然林资源保护工程财政专项资金管理办法》的通知 |
| 14 | 国家发展改革部 农业部 财政部关于印发完善退牧还草政策的意见的通知 |
| 15 | 财政部关于印发《中小河流治理财政专项资金绩效评价暂行办法》的通知 |

### 表6 扶贫类政策

| 序号 | 规划、政策、文件名称 |
|------|------------------------|
| 1 | 国务院办公厅转发科技部农业部关于发挥科技支撑作用促进当前农业抗灾保丰产意见的通知 |
| 2 | 国务院办公厅关于进一步做好减轻农民负担工作的意见 |
| 3 | 国务院办公厅转发人口计生委扶贫办关于进一步做好人口计生与扶贫开发相结合工作若干意见的通知 |
| 4 | 财政部 国家税务总局关于中国扶贫基金会所属小额贷款公司享受有关税收优惠政策的通知 |

续表

| 序号 | 规划、政策、文件名称 |
|---|---|
| 5 | 国务院办公厅关于做好当前减轻农民负担工作的意见 |
| 6 | 扶贫办　民政部　财政部　统计局　中国残联关于做好农村最低生活保障制度和扶贫开发政策有效衔接扩大试点工作的意见 |
| 7 | 中共中央　国务院印发《中国农村扶贫开发纲要（2011－2020年)》 |
| 8 | 国务院办公厅关于印发兴边富民行动规划（2011—2015年）的通知 |

### 表7　住房保障类政策

| 序号 | 规划、政策、文件名称 |
|---|---|
| 1 | 住房城乡建设部　发展改革委　财政部关于印发2009—2011年廉租住房保障规划的通知 |
| 2 | 住房和城乡建设部关于印发《城乡建设防灾减灾"十二五"规划》的通知 |
| 3 | 国家发展改革委　建设部关于印发《城镇廉租住房租金管理办法》的通知 |
| 4 | 住房和城乡建设部　国家发展改革委　财政部　国土资源部　中国人民银行　国家税务总局　银监会关于加快发展公共租赁住房的指导意见 |
| 5 | 住房和城乡建设部关于加强经济适用住房管理有关问题的通知 |
| 6 | 财政部　住房城乡建设部关于切实落实保障性安居工程资金加快预算执行进度的通知 |
| 7 | 国务院关于解决城市低收入家庭住房困难的若干意见 |
| 8 | 建设部　全国总工会关于印发《解决城镇居住特别困难户住房问题的若干意见》的通知 |
| 9 | 建设部　发展改革委　监察部　财政部　国土资源部　人民银行　税务总局关于印发《经济适用住房管理办法》的通知 |
| 10 | 财政部关于印发《中央补助廉租住房保障专项资金管理办法》的通知 |

### 表8　基础设施类政策

| 序号 | 规划、政策、文件名称 |
|---|---|
| 1 | 泛珠江三角洲区域合作公路水路交通基础设施规划纲要 |
| 2 | 交通运输部关于印发公路水路交通运输节能减排"十二五"规划的通知 |

续表

| 序号 | 规划、政策、文件名称 |
|---|---|
| 3 | 发展改革委 财政部 交通运输部关于进一步完善投融资政策促进普通公路持续健康发展的若干意见 |
| 4 | 国务院办公厅转发发展改革委关于实施新一轮农村电网改造升级工程意见的通知 |
| 5 | 环渤海地区现代化公路水路交通基础设施规划纲要 |
| 6 | 交通运输部关于印发《交通运输"十二五"发展规划》的通知 |
| 7 | 交通运输部关于印发道路运输业"十二五"发展规划纲要的通知 |
| 8 | 西部地区内河航运发展规划纲要 |
| 9 | 振兴东北老工业基地公路水路交通发展规划纲要 |

### 表9 公共文化类政策

| 序号 | 规划、政策、文件名称 |
|---|---|
| 1 | 文化部关于鼓励和引导民间资本进入文化领域的实施意见 |
| 2 | 文化部、财政部关于进一步加强公共数字文化建设的指导意见 |
| 3 | 文化部关于进一步加强文化市场管理工作的若干意见 |
| 4 | 中共中央宣传部 财政部 文化部 国家文物局关于全国博物馆、纪念馆免费开放的通知 |
| 5 | 国家"十二五"时期文化改革发展规划纲要 |
| 6 | 国家级非物质文化遗产项目代表性传承人认定与管理暂行办法 |
| 7 | 文化部关于实施《互联网文化管理暂行规定》有关问题的通知 |
| 8 | 文化部关于印发《文化标准化中长期发展规划（2007—2020）》的通知 |
| 9 | 文化部办公厅关于印发《文化部"十二五"文化科技发展规划》的通知 |

# 附录3　基本公共服务评价指标体系

| | 一级指标 | 二级指标 |
|---|---|---|
| 1 | | 小学生师比 |
| 2 | | 初中生师比 |
| 3 | 公共教育 | 每十万人拥有的初中程度以上受教育人口（人） |
| 4 | | 各地区人口文盲率（%） |
| 5 | | 教育支出占财政预算支出的比重（%） |
| 6 | | 就业人口占总人口比重（%） |
| 7 | 就业服务 | 城镇登记失业率（%） |
| 8 | | 城镇单位就业人员平均工资（元） |
| 9 | | 民政事业费占国家财政支出比例（%） |
| 10 | | 职工基本养老保险的人口数占常住人口比重（%） |
| 11 | | 城镇基本医疗保险的人口数占常住人口比重（%） |
| 12 | 社会保险 | 社会保障和就业占财政预算支出比重（%） |
| 13 | | 每千人口社会服务床位数（张） |
| 14 | | 参加新农合的人口数占总人口的比重（%） |
| 15 | | 城市居民最低生活保障平均标准（元/人/月） |
| 16 | | 农村居民最低生活保障平均标准（元/人/月） |
| 17 | | 每千人口医院和卫生院床位数 |
| 18 | | 每千人口卫生技术人员数（人） |
| 19 | 医疗卫生 | 每千农业人口乡镇卫生院床位数（张） |
| 20 | | 每千农业人口乡村医生和卫生员（人） |
| 21 | | 平均每村乡村医生和卫生员（人） |

续表

| | 一级指标 | 二级指标 |
|---|---|---|
| 22 | | 卫生总费用占 GDP 比重（%） |
| 23 | | 人均卫生费用（元） |
| 24 | 公共安全 | 每万人口受理案件数（起/万人） |
| 25 | | 人口火灾发生率（1/10 万人） |
| 26 | | 广播节目综合人口覆盖率（%） |
| 27 | | 电视人口综合覆盖率（（%） |
| 28 | 公共文化 | 每万人公共图书馆藏书量（册/万人） |
| 29 | | 农村广播覆盖率（%） |
| 30 | | 农村电视覆盖率（%） |
| 31 | | 文化体育与传媒占财政预算支出的比重（%） |
| 32 | | 用水普及率（%） |
| 33 | | 燃气普及率（%） |
| 34 | | 每万人拥有道路长度（公里） |
| 35 | | 人均拥有道路面积（平方米） |
| 36 | | 每万人拥有公交车辆（标台） |
| 37 | | 人均公园绿地面积（平方米） |
| 38 | 基础设施 | 每万人拥有公厕（座） |
| 39 | | 电话普及率（含移动电话）（部/百人） |
| 40 | | 每千人拥有公用电话数（部） |
| 41 | | 已通电话的行政村比重（%） |
| 42 | | 平均每一营业网点服务面积（平方公里） |
| 43 | | 平均每一营业网点服务人口（万人） |

| | 一级指标 | 二级指标 |
|---|---|---|
| 44 | | 生活垃圾无害化处理率（%） |
| 45 | | 工业固体废弃物综合利用率（%） |
| 46 | 环境保护 | 工业废水达标排放率（%） |
| 47 | | 森林覆盖率（%） |
| 48 | | 环境保护占财政预算支出的比重（%） |

# 参 考 文 献

[美] 彼得·圣吉：《第五项修炼——学习型组织的艺术与实务》，上海三联书店 2002 年版。

[美] 詹姆斯·E. 安德森：《公共政策制定（第五版)》，中国人民大学出版社 2009 年版。

[英] 安东尼·吉登斯：《第三条道路：社会民主主义的复兴》，郑戈译，北京大学出版社 2000 年版。

[英] 安东尼·吉登斯：《第三条道路及其批评》，孙相东译，中共中央党校出版社 2002 年版。

[英] 查尔斯·汉迪：《超越确定性：组织变革的观念》，华夏出版社 2000 年版。

安体富、任强：《公共服务均等化：理论、问题与对策》，《财贸经济》2007 年第 8 期。

安体富、任强：《政府间财政转移支付与基本公共服务均等化》，《经济研究参考》2010 年第 47 期。

包宁、田晓青：《经济增长与就业关系的比较研究——以少数民族地区与其他地区的比较为例》，《云南民族大学学报（ 哲学社会科学版)》2012 年第 5 期。

包兴荣：《社会公正话语下的城乡公共服务统筹刍议》，《四川行政学院学报》2006 年第 5 期。

北京师范大学管理学院：《中国基本公共服务均等化发展报告——

公平、繁荣与政府行为优化》，经济管理出版社 2011 年版。

卞纪兰、赵桂燕、林忠：《中国就业与经济增长关系分析》，《生产力研究》2011 年第 7 期。

［美］查尔斯·沃尔夫：《市场或政府》，中国发展出版社 1994年版。

陈昌盛、蔡跃洲：《中国政府公共服务：基本价值取向与综合绩效评估》，《财政研究》2007 年第 6 期。

陈功：《中西部开发的四大关卡》，《中国报道》2013 年第 11 期。

陈雷、江海霞：《英国"第三条道路"实践与中国社会保障改革——兼论政府、市场、社会"三位一体"社会保障构想》，《劳动保障世界》2009 年第 1 期。

陈振明：《政策科学导论（第二版）》，中国人民大学出版社 2003年版。

程竹汝、钱海梅：《以公共服务均等化促进经济一体化》，《解放日报》2008 年 4 月 19 日。

程竹汝、钱海梅：《公共服务均等化经济一体化的黏合剂》，《文汇报》2008 年 4 月 21 日。

崔大海：《我国财政社会保障支出与经济增长的相关关系研究》，《江淮论坛》2008 年第 6 期。

崔惠民、张厚明：《公共财政走向民生财政：基本公共服务均等化的选择》，《经济问题探索》2011 年第 6 期。

［德］迪尔特·格诺若、托马斯·海贝勒：《德国的行政改革——以公民参与及公共部门与私人部门之间关系为例》，《经济社会体制比较》2007 年第 1 期。

董拥军、邱长溶：《我国社会保障支出与经济增长关系的实证》，《统计与决策》2007 年第 4 期。

杜志雄、肖卫东、詹琳：《包容性增长理论的脉络、要义与政策内涵》，《中国农村经济》2010 年第 11 期。

樊继达：《统筹城乡发展中的基本公共服务均等化》，中国财政经济出版社 2008 年版。

冯海波：《"包容性增长"理念的学理澄明及其现实意义》，《南昌大学学报（人文社会科学版）》2010 年第 6 期。

付文林、沈坤荣：《均等化转移支付与地方财政支出结构》，《经济研究》2012 年第 5 期。

高云、谢倩：《构建和谐社会的动态进程与改善政府公共服务》，《云南行政学院学报》2005 年第 6 期。

国家发展改革委宏观经济研究院课题组：《促进我国的基本公共服务均等化》，《宏观经济研究》2008 年第 5 期。

国家发展改革委就业和收入分配司：《社会保障改革：风雨兼程三十年》，《中国经济导报》2009 年第 328 期。

韩保江：《包容性增长提出哪些新要求?》，《人民日报》2011 年 1 月 4 日。

韩保江：《领会"包容性增长"的深意》，《理论视野》2010 年第 10 期。

胡继亮：《公共投资对区域基本公共服务均等化影响的实证研究：1993—2007》，华中师范大学硕士论文，2009 年。

胡星斗：《建议勿提"包容性增长"，倡导"共享式发展"》，2010 年 10 月 1 日，见 http：// www. huxingdou. com. cn。

花中东：《对口支援促进基本公共服务均等化效应分析——以四川地震灾区为例》，《西安财经学院学报》2010 年第 9 期。

黄莹：《我国基本公共服务均等化问题研究》，《经济纵横》2012 年第 7 期。

霍慧丽：《凯恩斯的社会保障思想及其影响》，《决策与信息》2009 年第 4 期。

江明融：《公共服务均等化问题研究》，厦门大学博士学位论文，2007 年。

匡贤明：《公共服务促进经济增长的传导机制研究——基于分工成本的视角》，《中南财经政法大学学报》2009 年第 3 期。

冷毅：《地方财政支出与基本公共服务供给：一个总体框架》，《改革》2013年第11期。

李本松：《"包容性增长"的经济学解读》，《商业时代》2011年第6期。

李桂保：《我国财政社会保障支出和经济增长的实证研究——基于1990—2010年数据》，《河南工程学院学报（社会科学版)》2012年第3期。

李国璋、梁赛：《我国社会保障水平对消费率的影响效应分析》，《消费经济》2013年第6期。

李红松：《我国经济增长与就业弹性问题研究》，《财经研究》2003年第4期。

李军鹏：《国外公共服务的启示》，《人民论坛》2006年第3期。

李军鹏：《国外公共服务经验》，《决策与信息》2010年第9期。

李俊锋、王代敬、宋小军：《经济增长与就业增长的关系研究——两者相关性的重新判定》，《中国软科学》2005年第1期。

李平、王春晖、于国才：《实践基础设施与经济发展的文献综述》，《世界经济》2011年第5期。

李仁贵、章文光：《法国增长极战略实践及其启示》，《发展研究》2012年第7期。

李胜基、钟廷勇：《吉林省社会保障支出与经济增长关系实证研究》，《现代经济信息》2010年第15期。

李新萌：《从"大政府、小社会"到"小政府、大社会"引发的思考》，《改革论坛》2010年第3期。

梁炜、任保平：《中国经济发展阶段的评价及现阶段的特征分析》，《数量经济技术经济研究》2009年第4期。

廖楚晖、余可：《地方政府公共支出结构与经济增长——基于中国省际面板数据的实证分析》，《财贸经济》2006年第11期。

刘东皇、沈坤荣：《公共支出与经济发展方式转变：中国的经验分析》，《经济科学》2010年第4期。

刘海音：《怎样实现我国基本公共服务均等化：访财政部财政科学研究所副所长刘尚希》，《上海党史与党建》2007年第7期。

刘俊英：《公共支出与区域经济协调发展：理论综述与研究动态》，《经济问题探索》2012年第10期。

刘宁、雷雯：《后危机时代中国经济的反思：富国与富民的统一》，《开发研究》2011年第11期。

刘尚希：《基本公共服务均等化与公共财政制度》，《经济研究参考》2008年第4期。

刘曦、汤旖瓈：《推进基本公共服务均等化是转变经济发展方式的有效途径》，《辽宁经济》2013年第6期。

罗云力：《布莱尔"第三条道路"的三项原则》，《世界经济与政治》1999年第4期。

骆永民：《公共物品、分工演进与经济增长》，《财经研究》2008年第5期。

马骏、叶娟丽：《西方公共行政学理论前沿》，中国社会科学出版社2004年版。

马伊里、杨团：《公司与社会公益》，华夏出版社2002年版。

［美］迈克尔·P.托达罗、斯蒂芬·C.史密斯：《发展经济学》，机械工业出版社2009年版。

《包容性增长的核心是公平与合理》，《南方日报》2010年9月29日。

齐福全：《地方政府财政支出与经济增长关系的实证分析——以北京市为例》，《经济科学》2007年第3期。

钱小林、李晨赵：《关于公共支出与经济增长的国内外研究综述》，《经济研究导刊》2010年第35期。

秦敬云：《总部经济概念与现状》，《上海综合经济》2003年第11期。

清华大学社会学系社会发展研究课题组：《"中等收入陷阱"还是"转型陷阱"?》，《开放时代》2012年第3期。

裴援平、柴尚金等：《当代社会民主主义与"第三条道路"》，当代世界出版社 2004 年版。

汝绪华：《包容性增长：内涵、结构及功能》，《学术界》2011 年第 1 期。

邵雪松、杨燕红：《社会保障支出的国际比较研究》，《厦门特区党校学报》2011 年第 2 期。

申霞：《私人部门参与公共服务的制度建构》，《中国行政管理》2007 年第 4 期。

孙焕英：《国富民穷不是好特色》，《党政论坛》2009 年第 4 期。

唐钧：《"公共服务均等化"保障 6 种基本权利》，《时事报告》2006 年 7 月 7 日。

唐钧：《"包容性增长"，一个全新的时代命题》，《人民日报》2010 年 10 月 15 日。

唐祥来、倪琳、孔娇娇：《中国税制改革路径选择：从投资激励向消费激励转型》，《中央财经大学学报》2013 年第 5 期。

田发、周琛影：《区域基本公共服务均等化与财政体制测度：一个分析框架》，《改革》2013 年第 1 期。

汪应洛：《系统工程理论、方法与应用（第二版）》，高等教育出版社 1998 年版。

王春婷：《政府购买公共服务研究综述》，《社会主义研究》2012 年第 2 期。

王红茹：《胡锦涛主席公开倡导、或将写入十二五规划的这个概念，如此重要，却又如此陌生——什么是包容性增长?》，《中国经济周刊》2010 年第 38 期。

王浦劬、莱斯特·M. 萨拉蒙：《政府向社会组织购买公共服务研究》，北京大学出版社 2010 年版。

王谦：《城乡公共服务均等化问题研究》，山东大学博士学位论文，2008 年。

王伟波、向明、范红忠：《德国的城市化模式》，《城市问题》2012

年第 6 期。

王亚东：《中部地区基本公共服务均等化与有效供给的对策》，《北方经济》2013 年第 1 期。

薛勇军、扶涛、王焱：《基础设施对经济增长促进作用的实证研究——以云南为例》，《经济问题》2012 年第 7 期。

闫和成：《中国应当警惕社会阶层固化》，2010 年 4 月 2 日，见 ht-tp://www.360doc.com/ content/10/0403/ 08/191190_21387555. shtml。

杨帆、韩传峰：《中国交通基础设施与经济增长的关系实证》，《中国人口·资源与环境》2011 年第 10 期。

杨玲：《"第三条道路" 与福利国家改革》，《长白学刊》2004 年第 5 期。

余可：《地方财政支出结构与地区经济增长的空间计量分析》，《财经理论与实践》2008 年第 4 期。

岳彬：《包容性增长的时代价值与实践取向》，《安徽师范大学学报 (人文社会科学版)》2010 年第 11 期。

詹国枢：《关注包容性增长》，《人民日报》（海外版）2010 年 11 月 2 日。

张恒龙、陈宪：《政府间转移支付对地方财政努力程度财政均等化的影响》，《经济科学》2007 年第 1 期。

张立承：《以农民工基本公共服务均等化为导向的财政体制改革》，《经济研究参考》2013 年第 13 期。

张启春、李淑芳：《公共文化服务的财政保障：范围、标准和方式》，《江汉论坛》2014 年第 4 期。

张秀生、杨刚强：《中国地区间居民收入差距对经济社会发展的影响》，《武汉理工大学学报 (社会科学版)》2008 年第 2 期。

张序、李俊霞：《提升国民幸福指数需完善公共服务》，《人民日报》2012 年 5 月 7 日。

赵海均：《包容性增长的三大立足点》，《中国经济时报》2010 年 10 月 22 日。

赵佳佳、王建林:《从中国实例看公共支出与经济增长的因果关系》,《云南财贸学院学报(社会科学版)》2008年第1期。

赵佳佳:《公共服务结构对区域经济影响的实证分析——以东北地区为例》,《东北财经大学学报》2008年第11期。

赵建国、李佳:《财政社会保障支出的非线性经济增长效应研究》,《财政研究》2012年第9期。

赵建国:《经济增长促进就业的实证分析》,《财经问题研究》2003年第5期。

赵琳昕、杜钏:《产业融合下旅游业竞争力识别及评价思路研究——以四川省文化产业与旅游业的融合为例》,《旅游经济》2012年第6期。

赵蔚蔚:《我国社会保障支出和经济增长的关系——基于协整分析与Granger因果检验》,《吉林省经济管理干部学院学报》2011年第4期。

赵怡:《我国社会保障与经济增长关系研究》,《管理世界》2007年第12期。

赵忠良:《我国经济增长、社会不平等和公共支出相关关系的实证分析与政策建议》,《湖南社会科学》2006年第6期。

中国(海南)改革发展研究院编:《中国人类发展报告2007—2008:惠及13亿人的基本公共服务》,中国出版集团公司/中国对外翻译出版公司2008年版。

中国财政学会"公共服务均等化问题研究"课题组:《公共服务均等化问题研究》,《经济研究参考》2007年第58期。

周密:《"极化陷阱"之谜及其经济学解释》,《经济学家》2009年第3期。

庄腾飞:《公共支出与经济增长关系的新视角——基于省际面板数据的经验研究》,《财经科学》2006年第11期。

踪家峰、李静:《中国的基础设施发展与经济增长的实证分析》,《统计研究》2006年第7期。

Adams, J. S. , *Inequity in Social Exchanges*, New York: Academic Press, 1965.

Dollar, D. , Kraay, A. , "Growth is Good for the Poor", *Journal of Economic Growth*, Vol. 7, No. 3, 2002.

Laurence Kotlikoff, Bernd Raffelhueschen, "How Regional Differences in Taxes and Public Goods Distort Life Cycle Location Choices", NBER Working Papers, No. 3598, National Bureau of Economic Research, Inc. , 1991.

Ravallion, M. , "Growth and Poverty: Evidence for Developing Countries in the1980s", *Economics Letters*, Vol. 48, 1995.

Savas, E. S. ed. , "Privatization for New York: Competing for a Better Future", Report of the New York State Senate Advisory Commission on Privatization ( Lauder Commission) , 1992.

Tom Ling, "Delivering Joined-up Government in the UK: Dimensions, Lssues and Problems", *Public Administration*, Vol. 80, No. 4, 2002.

Young Chool Choi, *The Dynamics of Public Service Contracting: The British Experience*, Bristol: The Policy Press, 1999.

# 图 表 索 引

**附录 2**

**附录 3**

# 后　记

　　落笔，已是蓉城深秋。看着厚厚的稿子，有些许的轻松漫上心头。从 2012 年开始这项工作，到 2014 年项目截止日期逼近，前后经历了近 900 天的折腾。辛苦体现在左肩右臂，"头大"充实着白昼黑夜。只是没有一丝遗憾，真的没有。把自己的兴趣爱好与工作结合起来，这是人力资源规划者推崇的至高职业境界。从这个角度而言，我是相当幸运的。攻读博士期间开始体会科研的快乐，博士毕业后能够像飞蛾扑火般地迷上、恋上自己的职业，深陷自喜且带着几分傻气。于我，已是人生的奇迹。

　　科研工作是一项甜蜜的事业，但确也辛苦。甜的是，千回百转之后，绕过黑夜迎来了黎明。捧着自己的成果，有欣喜和快乐直冲云霄。苦的是，思想的过程如大浪淘沙，常常憋到透不过气，却一无所获。身体的累是一方面，心里的累则是更为沉重的另一面。从自然科学领域跨界到社会科学领域，是我人生的最大转型。一支本来只会写"因为"和"所以"的理科生的笔，要尝试着把垂直思维转向平行思维，还要把纯粹的笔磨得细腻点、劲道点，让人阅读而不生厌。这样的修炼委实不易。读诗歌也好、习散文也罢，抑或是做读书笔记，想什么写什么，有什么写什么，逐渐让自己的所想与所写合为一体，能够通畅地表达。为此，我花费了 6 年的时光。

　　本课题的顺利完成得益于团队伙伴的大力支持。尽管全书的撰写是我一个人完成的，但数据采集、资料收集，课题的先期讨论以及后期修改都离不开伙伴们的优质建议和鼎力协作。王小刚、张序、廖冲绪、郑建国、方儒林和段莉，他们都是科研团队的精英，承担着繁重的工作，能够在百忙中与我携手共进已是万幸。得到他们的指点，提高了我的研究效率，让我少走了许多弯路。此乃幸事。

当然，此书的结尾绝不是结束，而是另一段思考的开始。这个课题只是在原有设计的基础上达到了阶段性的目标。如何将公共服务与区域经济融合，在未来很长一段时间内仍是一个非常值得探讨的话题。眼下我国提出的"一带一路"战略，将经济一体化视角向"东进"、向"西拓"，从陆地到海洋，寻求多空间、多领域、多层次的开放合作模式已成发展大势。在经济转型的关键时期，要实现产业、企业、商业，业业发达，业业精良，依靠走老路子是行不通的。需要破除区域空间和行政壁垒，以体制机制创新打通血脉，实现国家的健康发展。诸如种种，如果延伸到公共服务和经济发展的领域则有太多的东西值得商榷。

前面仍有很长的路要去走，停是停不下来的。只是，今天可以告以段落了。

这是蓉城深秋的下午。放下草稿，打开书房的窗。我看见银杏树点缀的花园黄得耀眼，一丁点的绿点缀其间。有画眉上下跳跃，有野猫慵懒而行。于是，落笔。为一段辛苦的时光画上句号。准备下一段征程。

**方　茜**

**2014 年 11 月于蓉城府南河滨**